INTRODUÇÃO ÀS ARTES DO *Belo*

O QUE É FILOSOFAR SOBRE A ARTE?

Copyright © Librairie Philosophique J. Vrin, Paris, 2ème édition, 1998
http://www.vrin.fr
Publicado originalmente na França, em 1963, pela Librairie Philosophique J. Vrin, sob o título *Introduction aux arts du beau – Qu'est-ce que philosopher sur l'art?*.
Copyright © 2010 para esta edição É Realizações

Editor
Edson Manoel de Oliveira Filho

Produção editorial, capa e projeto gráfico
É Realizações Editora

Revisão técnica
Omayr José de Moraes Jr.

Revisão
Jessé de Almeida Primo, Heloisa Beraldo e Liliana Cruz

Reservados todos os direitos desta obra. Proibida toda e qualquer reprodução desta edição por qualquer meio ou forma, seja ela eletrônica ou mecânica, fotocópia, gravação ou qualquer outro meio de reprodução, sem permissão expressa do editor.

DADOS INTERNACIONAIS DE CATALOGAÇÃO NA PUBLICAÇÃO (CIP)
(CÂMARA BRASILEIRA DO LIVRO, SP, BRASIL)

Gilson, Étienne
Introdução às artes do belo – O que é filosofar sobre a arte? / Étienne Gilson; tradução Érico Nogueira. – São Paulo : É Realizações, 2010.

Título original: Introduction aux arts du beau.
ISBN 978-85-88062-97-9

1. Arte - Filosofia 2. Estética I. Título.

10-08197 CDD-701

ÍNDICES PARA CATÁLOGO SISTEMÁTICO:
1. ARTE : FILOSOFIA 701

É Realizações Editora, Livraria e Distribuidora Ltda.
Rua França Pinto, 498 · São Paulo SP · 04016-002
Telefone: (5511) 5572 5363
atendimento@erealizacoes.com.br · www.erealizacoes.com.br

Este livro foi reimpresso pela A. S. Pereira Gráfica e Editora Ltda., em outubro de 2023.
Os tipos são da família família Weiss BT e Inked God Regular. O papel do miolo é Avena 80 g., e Ningbo C2S 250 g.

INTRODUÇÃO ÀS ARTES DO *Belo*

O QUE É FILOSOFAR SOBRE A ARTE?

ÉTIENNE GILSON
DA ACADEMIA FRANCESA

Tradução
ÉRICO NOGUEIRA

4ª impressão

É Realizações
Editora

SUMÁRIO

PREFÁCIO 7

CAPÍTULO I
O que é filosofar sobre a arte? 11

CAPÍTULO II
As artes do belo 25

CAPÍTULO III
Corolários para a estética 45

CAPÍTULO IV
As artes poiéticas 61

CAPÍTULO V
Arte, conhecimento, imitação 85

CAPÍTULO VI
O ser poiético 105

CAPÍTULO VII
No limiar da metapoiética 125

CAPÍTULO VIII
A arte e o sagrado 149

CAPÍTULO IX
Arte e filistinismo 165

APÊNDICE
Uma antologia do filistinismo 189
I. O filósofo 191
II. O moralista 196
III. O escritor 199
IV. O imaginoso 205
V. O leitor 206
VI. O sentimental 210
VII. O meditativo 215
VIII. Acadêmicos 215
IX. Homenagem ao patriarca 220

ÍNDICE ONOMÁSTICO 223

PREFÁCIO

No oitavo volume da *Enciclopédia Francesa*, décima seção, página 7, H. Wallon cita a seguinte frase de Lucien Febvre: "Com certeza, a arte é um tipo de conhecimento". O presente livro, ao contrário, repousa sobre a firme e inveterada convicção do autor de que a arte não é um tipo de conhecimento, senão que depende de uma ordem distinta da do conhecer – no caso, a ordem do fazer –, ou, se é que podemos nos expressar assim, da "factividade". Do começo ao fim, este livro se põe a dizê-lo, di-lo e explica-o, e como isto se diz numa só frase, poder-se-ia perguntar qual a razão de escrever e publicar o referido livro.

Ora, a razão está na locução adverbial "com certeza", empregada por Lucien Febvre. Com efeito, a imensa maioria está certa de que a arte, em última instância, é um tipo de conhecimento. Precisamente aqueles que têm reservas quanto a isto devem se defender da convicção espontânea de que o artista "tem algo para dizer", e de que a função de sua obra é nos comunicar alguma ideia, noção, emoção ou sentimento, quase da mesma maneira como, por meio da escrita, um homem informa seus semelhantes sobre o que se passa no seu espírito. Quando a maioria, pois, fica embaraçada e não sabe dizer o que o artista quer exprimir, diz que ele se exprime a si mesmo. Esta visão é tão difundida que chega até as instituições de ensino. Há cerca de quarenta anos, ou mais,[1] numa cidade do estado da Virgínia, olhando com a devida admiração o caderno de classe de uma garotinha norte-americana então com oito ou nove anos de idade, meu olhar se deteve na seguinte observação de seu professor de educação artística: "Françoise é uma criança encantadora; pena que não consiga se exprimir na argila" – "*it's a pity she cannot express herself in clay*". Felizmente, Françoise tinha outras

---
[1] Este livro foi publicado em 1963. (N. T.)

maneiras de se exprimir. Faltava-lhe aquela, em suma, com que a natureza outrora regalou a Michelangelo e Donatello, por exemplo – supondo, é claro, que eles tenham esculpido suas estátuas para se exprimir.

Se, porém, como estou persuadido, isso é um erro, é preciso admitir que é um erro inocente, no sentido de que suas consequências não interessam à vida moral; não obstante, além de um erro nunca ser bom em si mesmo, este, em especial, gera inumeráveis consequências especulativas que se fazem sentir em todas as ordens direta ou indiretamente ligadas à arte. Sendo assim, tentei dar alguma clareza às minhas ideias sobre o assunto, de início para mim mesmo, depois, como seria natural, para todos os que se interessam por esse problema e não dispõem de tempo hábil para meditar livremente: pois ainda que a ordem seguida por mim não lhes confira a satisfação desejada, ajudá-los-á a encontrar uma ordem que os satisfaça. Em todo caso, trata-se unicamente, aqui, de filosofia – começando pelo começo, isto é, pela procura, ainda que breve, do tipo de questão que a filosofia pode se colocar acerca da arte. A partir daí, refletindo, na posição de filósofo metafísico, à luz dos princípios primeiros, esforçou-se por esclarecer sucessivamente as noções principais, à medida que se ofereciam ao espírito. Para tanto, foi amiúde necessário abstrair, isto é, expor-se conscientemente ao reproche de pensar em separado aquilo que, na realidade, se dá em conjunto; seguiu-se, então, o que pareceu ser a ordem natural das noções no pensamento, contando com o leitor para reconstruir o conjunto no seu próprio espírito. As conclusões do livro são uma como recompensa oferecida pelo autor, haja vista a austeridade da abstração a que teve de se ater já logo no início. Ele espera que este regalo agrade ao leitor. No entanto, não sairemos jamais da metafísica. Depois de *Pintura e Realidade*,[2] que se propunha a ir da arte para a filosofia, e precisamente de uma arte particular para a filosofia mais geral, quisemos, desta vez, chegar à noção mais geral da arte enquanto tal a partir da filosofia do ser. Daí a ausência quase total de artistas, com suas palavras sempre muito a propósito e amiúde arrebatadoras, pelo quê o autor sentiu um pesar contínuo, ainda que este não fosse o lugar de lhes ceder a palavra. Contudo, não pudemos

---

[2] Livro publicado pelo autor em 1958. (N. T.)

deixar de ceder-lha aqui e acolá, mas somente a título de exemplo. Como quer que seja, deve-se ter em mente que estes elementos de uma metafísica da arte não se eximem da filosofia de nenhuma das artes em particular. É na verdade impossível deduzir de uma metafísica da arte a noção particular de uma arte específica, como, por exemplo, a pintura ou a música. No entanto, essa metafísica não lhes é inútil. Desde logo, ela diz por que certas atividades humanas merecem o nome de belas-artes. Além disso, estabelecendo as regras gerais a que a interpretação de cada arte particular deve se ater a fim de não menosprezar a sua essência, ela é a proteção mais segura contra o onipresente risco de filistinismo, o qual consiste em não ver a arte onde ela está, e em admirá-la onde não existe.

Uma poiética[3] geral não dispensa nenhuma poiética particular, mas utiliza todas elas. Faltaria, pois, escrever um estudo que considerasse sucessivamente cada uma das artes maiores a fim de testar se as conclusões da poiética geral se verificam nelas e de que modo isso se dá. Tal não seria propriamente um sistema de belas-artes, pois elas podem formar um coro, uma dança, e, quem sabe, até mesmo uma ronda, mas não formariam um sistema. O autor se veria na dificuldade de falar de técnicas que não possui, mas é mister confessar que precisamente esse é o fardo do filósofo, pois quem perderia o seu tempo escrevendo sobre música, se a pudesse compor? Ao menos ele pode se abster de tomar a filosofia por arte e, ajudando outras pessoas a fazerem o mesmo, pode poupar o mundo de muita arte ruim, de muita filosofia ruim. Mas ainda isso, quem sabe, seria esperar demais.

---

[3] Do grego *"poieîn"*, i.e., "fazer", "produzir". (N. T.)

Capítulo I

O que é filosofar sobre a arte?

No fim de uma vida repleta dos prazeres da arte, é natural que um filósofo se interrogue sobre sua origem. O que é a arte? A resposta deve ser fácil de encontrar. Letras, música, pintura, escultura – a arte sob todas as suas formas lhe serviu as suas obras com requinte e abundância. Aquelas que sua época não produziu para ele, o trabalho dos historiadores e dos arqueólogos literalmente desenterrou e colocou sob os seus olhos. Os eruditos decifraram e recompuseram o poema de *Gilgamesh*, tornaram públicas as estátuas do Egito e da Grécia, deram voz a um sem-número de músicos cujas obras hibernavam, em estado de criptograma, dentro de velhos cofres, armários de sacristia ou bibliotecas nunca antes visitadas. Desse mundo de obras esquecidas, assim como das que teve a felicidade de ver nascer, o filósofo preguiçosamente se contentou com o desfrute. A arte não lhe deve nada. Ele morreu sem enriquecer a terra com o mais diminuto objeto que aumentasse a sua beleza. Sua única função sendo compreender e fazer compreender, resta-lhe interrogar-se sobre a origem de tantos prazeres, que lhe parecem nobres e benfazejos, mas cuja exata natureza lhe escapa. É ele próprio, sem dúvida, que deve cumprir essa incumbência, para si mesmo e para os outros. É precisamente essa a sua tarefa; enquanto filósofo, ele não se lhe pode furtar.

Não obstante, cada vez que ele aborda o problema um tipo de desânimo o paralisa de antemão e ele põe a pena de lado. A única esperança de vencer esse obstáculo é tomar o mesmo obstáculo como objeto de reflexão filosófica. Por que o filósofo não pode pretender escrever sobre a arte sem experimentar o irresistível sentimento da futilidade de tal empresa?

Uma primeira razão é o que lhe parece ser o fracasso dos que o fizeram antes dele. Na sua juventude, cheio de uma sensibilidade que o entrega totalmente à imperiosa dominação de obras-primas então novas, o filósofo se volta espontaneamente para os seus maiores a fim de aprender qual seja a origem de prazeres sem os quais, segundo sente, ser-lhe-ia impossível viver. Então, lhes pergunta: o que é isso que eu amo? Qual é o objeto do meu amor? E começa a ler escritos cujos títulos prometem uma resposta à sua questão, diversos "filósofos da arte" passam por suas mãos, mas logo ele constata que a maioria deles se contradiz em pontos essenciais, especialmente sobre a natureza da arte, isso quando não acontece de chegarem ao fim sem antes fazerem o esforço de definir o sentido da questão, o que é muito comum. A segunda parte da *Estética*, de Benedetto Croce, é instrutiva a esse respeito. Trata-se de uma história da estética escrita por um filósofo que foi ao mesmo tempo um mestre da escrita. Consiste numa avalanche de doutrinas desabando uma atrás da outra, das quais cada uma acredita enterrar para sempre as precedentes no mesmo momento em que é enterrada, por sua vez, por uma doutrina nova ou apenas renovada. Não se pode ler uma tal história das filosofias da arte sem sentir uma irresistível necessidade de se ocupar de outra coisa. É um lamaçal onde o sábio cuidará de não pôr o pé.

Uma segunda experiência reforça as conclusões da primeira: é a leitura do que os próprios artistas dizem ou escrevem a respeito da arte. Começamos a leitura confiantes, naturalmente, pois se aqueles que produzem arte não souberem o que ela é, quem saberá? No entanto, é preciso render-se às evidências e constatar que a desordem reina nas suas ideias, assim como no primeiro caso. Eles mesmos consultam os filósofos e herdam a sua confusão, depois do que eles acrescentam a sua própria, a qual consiste geralmente em definir sob a rubrica de arte o gênero particular de arte que convém ao seu talento. Sobre aquilo que lhes não agrada dizem "isto não é arte", e assim como é vão que se discutam gostos, torna-se igualmente vão, por isso mesmo, discutir-se a natureza da arte. O testemunho dos artistas, porém, está longe de ser dispensável. Muito pelo contrário, é naquilo que dizem sobre a arte que estão os mais profundos e verdadeiros pareceres sobre a criação artística, mas convém isolá-los de tudo o que os liga às particularidades da arte deste artista ou daquele outro.

Tal discernimento não é possível senão quando aquele que busca a verdade na confusão e nas incompreensões recíprocas das controvérsias tiver ele próprio alguma noção do que, afinal, tal verdade seja.

A culpa dessas confusões não é exclusiva da arte. Acrescente-se à sua a ausência de uma noção clara sobre o papel que a filosofia pode e deve desempenhar nesse domínio. Para evitar, se possível, aumentar a desordem, tentemos, pois, definir o objeto dessa reflexão. O que é que a filosofia pode pretender nos ensinar a respeito da arte?

A resposta consiste numa só palavra: ela nos pode revelar a sua *essência*. Essa noção é tão antiga quanto a mesma filosofia ocidental. Sua descoberta permanece ligada ao nome de Sócrates, cujo desejo era obter dos eventuais interlocutores uma definição quanto possível clara do significado das palavras que usavam. Sabemos que esse desejo elementar acabou por lhe custar a vida. Platão retomou a mesma concepção dialética da filosofia, e Aristóteles a transformou numa das verdades fundamentais de sua filosofia da natureza quando distinguiu, a propósito de toda coisa, duas questões possíveis, a saber, se a coisa existe, e, então, o que ela é. Aquilo que uma coisa é – eis o que os filósofos chamam de "essência" desta coisa. Interrogar-se, pois, sobre o que é a arte significa, para o filósofo, procurar qual é a sua essência.

Já que é próprio da essência dizer o que a coisa é, ela inevitavelmente diz o que a coisa não é. Ora, dizendo "isto é um círculo", digo também que não é um triângulo, nem um quadrado, nem tampouco um hexágono. Assim, e esta observação já foi feita na Antiguidade, cada vez que a essência diz o que a coisa é, diz mil vezes o que ela não é; não sendo, pois, a coisa nada do que sua essência não é, as essências são mutuamente excludentes, de maneira que a definição de cada uma delas cabe apenas e tão somente à coisa que define. Atribuir a uma essência as propriedades de outra essência é a origem primeira de confusão em matéria de filosofia. Interrogar-se, pois, sobre a essência da arte é procurar o que a define enquanto tal e, por isso mesmo, é preparar-se para negar tudo o que ela não é.

Desde o primeiro momento, esta investigação enfrenta uma dificuldade de 25 séculos de história, a qual não nos cabe resolver aqui, evidentemente, mas cuja presença deve ao menos ser reconhecida. Ela está ligada ao problema das ideias, ou, como se dizia na Idade Média, dos universais. Um universal é uma ideia geral, um conceito. Não há pensamento sem conceitos e, no entanto, não parece que os conceitos signifiquem objetos existentes fora do pensamento que os concebe. Só o individual existe. Não existe o homem em si, mas apenas homens. Donde a consequência embaraçosa de que, se as essências significam o que as coisas são, as mesmas essências, não obstante, não existem. Dir-se-ia hoje que, como puros objetos do pensamento, as essências têm ser, mas não têm existência, já que esta última continua sendo privilégio do individual concreto.

Donde provêm inúmeras dificuldades, desde logo porque o parentesco das duas noções é um convite para confundi-las. Assim que o filósofo deixa de policiar sua linguagem, e ainda mais no uso não filosófico dessas palavras, fica quase impossível pensar num ser que não tivesse existência, ou num existente que não tivesse ser. A linguagem multiplica os equívocos a esse respeito. Mas a dificuldade mais geral não se deve à linguagem; é que nenhum objeto real existente em ato é uma essência simples. Todo existente pressupõe que um complexo de essências copossíveis e mesmo reciprocamente ordenadas (mas distintas como essências) esteja simultaneamente fora da sua causa. Trata-se, aqui, de um fato primitivo, que não saberíamos deduzir de nada anterior, pois se liga à própria estrutura do real. Daí a necessidade de refletir nesse ponto e, desde logo, assegurarmo-nos de sua realidade.

Se se estabelece não considerar como puro senão o ser da essência enquanto tal, é certo que nada do que é atualmente existente será metafisicamente puro. O que, aliás, é uma tautologia, pois se a noção de "concreto" implica essa mistura, ele é impuro por definição. Isso não implica que procurar a definição das essências seja vão. Sem tocar no problema da estrutura metafísica do ser "concreto", pode-se dizer que, embora nenhum concreto seja uma essência simples, ele recebe o seu nome de uma delas. O homem em si não existe, mas onde quer que se encontre um animal dotado de conhecimento racional, eis aí um homem. Um tal ser é evidentemente uma essência composta de outras essências, tais como a animalidade e a racionalidade; não obstante, é uno, segundo a unidade própria do ser concreto.

Dá-se o mesmo com todas as essências reais, isto é, todas aquelas que não são simples abstrações. Por exemplo, não existe, provavelmente, elemento químico puro na natureza. Se se toma a palavra em sentido absoluto, o cobre "puro" provavelmente não existe como tal a não ser no pensamento ou nos livros, mas daí não se conclui que o cobre não exista. Falar-se-á até de bom grado de objetos de cobre puro, quando o cobre "domina" suas impurezas na matéria que as constitui. Para tanto, basta que o cobre seja, como se diz, "praticamente puro" de qualquer mistura. Tampouco o fato seguro de que, mesmo se fosse quimicamente puro, o cobre ainda assim seria um composto extremamente complexo de elementos atômicos não muda em nada a natureza do problema. Em todo caso, permanece importante conhecer a definição, quididade ou essência daquilo que se pode chamar de metal puro, ao menos para saber a que objetos se pode legitimamente dar um tal nome. A impureza do ouro, como quer que seja, permite que se estabeleçam leis para fixar o máximo de impureza além do qual um metal perde o direito de chamar-se ouro. O filósofo procede de maneira análoga na sua caça às essências puras. Ele não pretende defini-las como seres que existem, mas como razões ideais em virtude das quais os seres realmente existentes são o que são. Assim também, neste caso, a arte em si não existe; não existe quiçá nem um único objeto sequer que seja pura e integralmente uma obra de arte, livre de todo elemento que não o estritamente artístico, mas ainda assim é preciso saber a qual essência essa noção corresponde, para que se possa dizer o que faz com que certas obras do homem sejam verdadeiros produtos de uma arte.

Essa questão, evidentemente, interessa apenas aos filósofos e àqueles que, amando a arte por si mesma, também ousariam falar dela por amor à filosofia, pois é possível amar a arte como artista e tentar falar a seu respeito como filósofo, mas a combinação é rara e difícil de realizar. A arte e a filosofia exigem o dom de toda uma vida, e é difícil ser genuinamente artista e filósofo ao mesmo tempo. A menos que nos deixemos fascinar pelo gênio artístico de Leonardo da Vinci, o certo é que é bem difícil extasiar-se com as reflexões elementares que a pintura lhe sugere. Acrescente-se que, comparado ao número dos amigos da arte, o dos amigos da filosofia é bem restrito. Quando se coloca, pois, uma questão na posição de filósofo, convém não esperar nenhuma audiência superior a um pequeno número de espíritos especulativos e meditabundos, acostumados à abstração mesmo nas matérias que lhes calam mais fundo. O próprio filósofo, às vezes, sente um certo embaraço ao reduzir a conceitos e palavras aqueles objetos que, para ele, são como que a honra e a glória da realidade.

Tal é, contudo, sua condição particular como filósofo. A decisão de procurar a essência da arte importa inevitavelmente em realçar num relevo quase violento aquilo por que uma obra é uma obra de arte, deixando, pois, na sombra tudo o que, em si mesmo estrangeiro à arte, ainda assim permite à obra que exista. Isso pode até ser a maior parte dela, como o tema que o quadro retrata, os sentimentos que o poema exprime ou a história que o romance conta; em todo caso, esta é a parte mais visível e a mais imediatamente cativante no que toca às convenções da arte, porquanto elas não consideram a arte em si mesma, mas somente as obras que a arte produz. É, pois, previsível que uma especulação puramente filosófica acerca do elemento último que faz de uma obra uma obra de arte não interesse muito a quem, mais artista que filósofo, estima que a reflexão sobre a arte deva ela mesma ser uma obra de arte. Incapaz de respeitar ambas as ordens, e pouco disposto a trocar a arte pela filosofia, ele se inclina a pensar que quem fala sobriamente não sabe o que é a arte e a tomar suas efusões por filosofia. Esse risco está inscrito na própria natureza do objeto.

A confusão que reina na filosofia da arte, a qual trata da produção e natureza das obras, se reencontra no domínio da estética, que trata da sua apreensão. Desde logo, confunde-se a segunda com a primeira, da qual é diferente. Em seguida se define o seu objeto de várias maneiras distintas porque, com efeito, possuindo a arte um grande número de elementos diferentes, e todos eles concorrendo para o resultado final, acontece de tomar por essencial o que não é senão o mais imediatamente acessível. Uma obra realmente bela pode logo agradar pelo que tem de fraco. Ela ganha aprovação pelas facilidades que oferece. Muitos serão os exemplos disso no curso de nossa investigação. Baste-nos por ora, além do próprio fato, a razão mais geral que se possa alegar a seu respeito: a saber, que tudo aquilo que a arte utiliza para seus fins, e com o qual integra as suas obras, em certa medida faz parte dela própria e a constitui. Com efeito, sem elementos desse gênero a obra não seria possível e, faltando-lhe substância para nutrir sua forma, a arte estaria condenada à esterilidade.

A causa da mais geral confusão, tanto em filosofia da arte quanto em estética, permanece, porém, a substituição do ponto de vista do apreciador pelo ponto de vista do artista. Esse erro nos leva a confundir os problemas que se coloca o consumidor sobre a qualidade do seu produto com aqueles que o produtor deve primeiro resolver para depois produzi-lo, quando, na maior parte do tempo, para não dizer sempre, esses problemas são profundamente diferentes.

Nesse conflito, o ponto de vista do apreciador da arte tem um peso inevitavelmente superior ao ponto de vista do artista. O número está do lado do público, e a única coisa que se espera dele é o julgamento das obras, pois ainda que o artista possa julgá-lo incompetente, o fato é que lhe submete as suas obras e espera a sua aprovação. Repreender o público por julgar o que se lhe oferece para ler, ver ou ouvir não teria sentido algum, senão que, a partir do momento em que o autorizamos a fazê-lo, damos-lhe uma imensa vantagem sobre o artista, vantagem praticamente sem limites e, em todo caso, sem contrapartida alguma. A tarefa do artista é produzir, o que sempre coloca problemas; ao espectador não cabe senão apreciar o resultado, o que é muitíssimo mais fácil. A resposta tradicional, segundo a qual não é preciso saber fazer uma cadeira para poder dizer se ela é boa ou não, é simplesmente um despropósito. Uma boa cadeira é uma cadeira sobre a qual se está bem sentado, coisa que cada um pode julgar por si; mas no caso de dizer se uma cadeira é bela ou não, quem saberia responder? Ora, ninguém deixaria de dizer o que pensa a respeito, mas é precisamente por isso que as partes não são iguais, pois poucos sabem fazer, mas todos podem falar. Demais, é eminentemente natural que o homem fale daquilo que lê, vê ou ouve, e venha a formular, para si mesmo ou para os outros, as impressões que recebe e os pensamentos que pensa. Daí inextirpável convicção, vez por outra combatida, mas sempre recorrente, de que a arte é essencialmente linguagem, expressão, signo, símbolo, ou, numa palavra, comunicação de um sentido que ao artista cabe formular e, ao espectador, compreender. Às vezes a arte chega a ser concebida como um diálogo com a natureza ou com a realidade, para não dizer com o público e até com o próprio artista. Mas esses supostos diálogos são em realidade monólogos do crítico, do esteta ou do filósofo, os quais elaboram perguntas e respostas sem consultar nem a natureza, nem o artista. Como quer que seja, trata-se sempre de uma atividade essencialmente verbal, e já que a única coisa que o não artista pode fazer a respeito da arte é falar dela, é inútil que o filósofo tente lhe explicar que a arte, em essência, não é linguagem. Não obstante, o filósofo continua livre para pensar aquilo de que não espera convencer ninguém, mas sua ambição nunca deve ir além desse ponto.

Mesmo no interior de seu próprio pensamento, o filósofo não está livre para proceder ao bel-prazer. A natureza do objeto é quem dita o método. Já que se trata de definir uma noção – no caso, a noção de arte –, nenhum outro método se oferece além da análise tradicional, que procede por divisão de conceitos abstraídos da experiência sensível. Há apenas uma maneira de definir a arte e de definir, com Platão, o pescador de vara e anzol. Seguindo o exemplo de Sócrates, é preciso determinar o conceito atribuindo-lhe tudo o que lhe diz respeito, e excluindo o que não lhe pertence necessariamente. Desse modo, definimo-lo em si mesmo, e ao mesmo tempo o distinguimos dos outros; é necessário que seja assim, porque agora nos movemos no reino das essências, onde o conceito é rei.

É preciso reconhecer que esse método não tem nada de artístico – mas é precisamente aí que reside a sua excelência. Interditando os desvios da imaginação, ele se conforma à regra segundo a qual toda reflexão filosófica, mesmo a que trata da arte, é essencialmente um exercício especulativo da razão, ou seja, um movimento discursivo do intelecto. Com efeito, a melhor proteção contra as tentações da arbitrariedade consiste precisamente no esforço do espírito em discernir os objetos por meio de conceitos formados segundo as regras tradicionais, as quais exigem que a definição coincida totalmente com o definido, e coincida somente com ele. A menos que se aceite a secura desse método, não sabemos aonde vamos.

Assim como a filosofia da arte deve se proteger da tentação de ser arte, ela também deve renunciar à ambição de ser crítica de arte. Ambos os erros, aliás, têm a mesma origem: a circunstância de que tudo a cujo respeito um homem pode falar com talento o leva a acreditar que o possa fazer com competência, como se o tivesse produzido. O filósofo é tão pouco crítico de arte quanto artista. Sua tarefa, portanto, é dizer o que a arte é, o que a constitui, não discernir entre obras bem-sucedidas e malogradas. Ele não pode se recusar a tomar em consideração certas formas de arte, sob o pretexto de que sejam modernas demais, ou aberrantes, ou estejam em contradição formal com os cânones tradicionalmente aceitos. Tudo o que satisfaz a definição da obra de arte merece a sua atenção e pode nutrir a sua reflexão. Seus gostos pessoais não têm nenhuma função numa investigação como essa. Pode-se amar ou não certas formas herméticas de literatura, é possível apreciar ou detestar os modernos estilos de pintura "abstrata", mas em nenhum desses casos o julgamento estético das obras deve influenciar a reflexão do filósofo acerca da própria natureza da arte, a qual transcende todas as suas realizações particulares. Essa mesma transcendência, aliás, impede que o filósofo, partindo de suas conclusões, deduza qualquer regra de julgamento estético sobre o valor de tal ou qual obra de arte particular. Nenhum esteta jamais conseguiu fazê-lo, e basta que os leiamos para nos desfazer dessa ilusão; nós frequentemente admiramos o que eles têm desdenhado, e não é nada incomum que nos desconcertemos com o que admiram. Cada filósofo da arte relido com uma distância de três décadas nos faz constatar o quanto seus exemplos levavam a marca da época e do gosto dominante. Fosse hoje, ele nomearia outras obras e outros artistas. Só permanecem mais ou menos estáveis aqueles grandes nomes, cuja admiração se tornou convencional.

Contudo, não é preciso concluir daí que o conhecimento filosófico da natureza da arte não tenha utilidade nenhuma como princípio de julgamento, mas, supondo que se aceite um tal princípio, o único critério que fornece é o que distingue a obra de arte daquilo que ela não é. O que não é pouca coisa, segundo se verá. De resto, é particularmente importante, graças a um pequeno número de certezas fundamentais, poder discernir no seio desses complexos concretos que são as obras dos artistas aquele núcleo de arte pura que as coloca entre os produtos de uma das belas-artes. Por isso mesmo torna-se possível distinguir, na obra, o que não passa de enchimento ou suporte material, assim como as funções didáticas, morais, edificantes ou simplesmente mercenárias que ela venha a desempenhar. As confusões desse gênero são frequentes, e talvez impossíveis de dissipar, mas a função do filósofo não é reformar o julgamento alheio, senão ele próprio é que se deve converter à verdade e, então, proclamá-la aos quatro ventos. Quanto aos outros, somente os que acreditarem que a devem levar em consideração saberão o quanto ela pode ser útil ao esforço de cada um – esforço de uma vida inteira – para descobrir a beleza lá onde ela está e render-lhe uma justa homenagem. Mesmo esse serviço, porém, deve respeitar limites estreitos, pois não há mister de nenhuma filosofia para fruir as belezas da arte; muito pelo contrário, talvez; em todo caso, é preciso filosofar sobre a arte se, não contentes com fruí-la, ousamos falar a seu respeito.

A esta altura, algumas observações práticas virão bem a calhar. De tudo o que poderíamos esperar da filosofia da arte, o menos razoável é a facilitação do diálogo. Os prazeres da arte trazem em si mesmos a própria justificação e como, ao falar desses prazeres, acabamos por prolongá-los, não devemos esperar de quem os experimenta que renuncie a dizer o que sentiu. Para ele, filosofar sobre o prazer que sente não traz nenhuma satisfação. Demais, ele não está certo de que a filosofia, em qualquer uma das suas formas, seja um tema de conversa. Isso nunca dá certo e cada um dos interlocutores logo puxa para o seu lado, seguindo o fio do próprio pensamento. Os filósofos só se comunicam de fato por meio de seus livros; sendo assim, quando se trata de arte, o discurso entra num terreno onde a confusão alcança o seu máximo, porquanto há confusão no próprio objeto desse discurso. Querer pôr ordem nesse terreno, para si mesmo ou para os outros, é praticamente querer impor o silêncio, e como a confusão facilita a conversa, ninguém quer sair da confusão. Se ele teima em falar, o filósofo acaba tocando em verdades tão desagradáveis que se arrisca a passar por pedante ou pretensioso. A única razão para escrever sobre a arte como filósofo é, pois, a necessidade totalmente pessoal de colocar ordem nas próprias ideias, sem se gabar de não cometer nenhum erro em empresa tão modesta como a presente e esperando apenas que aqueles que, por sua vez, se interrogam sobre o mesmo problema talvez encontrem nelas alguma inesperada concordância com suas próprias reflexões.

Uma última questão preliminar diz respeito à própria possibilidade da empresa. Será que uma filosofia geral da arte é possível? Ninguém parece duvidar;

eis aí porque muito se publicou, e muito ainda se publicará sobre arte. De resto, nada é mais fácil do que falar da arte em geral, porque toda proposição sobre ela pode em si mesma ser justificada por um exemplo emprestado a alguma arte particular. Se o que se diz não vale para a pintura, pode valer para a música ou a poesia. É preciso ser muito infeliz no ponto defendido para que nenhuma arte lhe traga a justificação desejada. Mais eis que pelo mesmo motivo o ponto que uma arte justifica, outra nega. Uma filosofia geral da arte, portanto, só é possível se a razão se ativer ao que se pode dizer da arte precisamente enquanto é arte e, de modo ainda mais particular, arte do belo. É certamente impossível falar da arte em geral sem nunca se referir a nenhuma arte em particular, mas o que importa, neste caso, é considerar na arte em questão apenas aquilo por que é arte, e não *esta* arte; no fim dessa investigação geral, tornar-se-á possível testar como as suas conclusões se verificam em cada arte particular, o que importa numa investigação distinta cujo objeto, claro está, é especificamente diferente.

Uma vez tomadas essas precauções, resta precaver-se contra o risco de se desencorajar no curso da empresa. Um sentimento difuso de futilidade pesa continuamente sobre ela, sobretudo se o filósofo tende a concluir, contra a opinião geral, que a arte não é essencialmente linguagem. Como não se perguntar acerca da utilidade de um discurso sobre o que não é discurso? A razão de perseverar é apenas esta: o pensamento de que o papel da linguagem, aqui, é precisamente conduzir o espírito a uma ordem de realidade metaverbal,[1] que a rigor não depende da palavra e da intelecção. Segundo, porém, se verá, não se trata de procurar em vagas regiões do sentimento ou de alguma iniciação mística as respostas que o pensamento nos recusa. Muito pelo contrário, apenas a inteligência e a razão permitem delimitar uma zona em que os acontecimentos do espírito, justificáveis como tudo aquilo de que formamos uma ideia, provêm de um além do conhecimento e da palavra. Não obstante, não se trata de um além dentro da mesma linha, mas de um exterior que se situa numa outra ordem. O sentimento de que a tarefa é útil nos encoraja a insistir

---

[1] Ou seja: "supraverbal", assim como o vocábulo "metafísica", etimologicamente, significa "suprafísica", i.e., disciplina que se ocupa de fenômenos hierarquicamente superiores aos físicos. (N. T.)

no esforço ingrato de uma razão cuja única recompensa, ao fim e ao cabo, é reconhecer um de seus limites.

Uma outra causa de pessimismo é que, segundo dissemos, a filosofia se propõe a pensar em separado essências que não existem em separado. Portanto, é preciso resignar-se, tentando isolá-las para então defini-las, com a certeza de que, no final, haveremos de juntar tudo de novo. Mais ainda, no momento mesmo em que separa, o espírito sabe que isso que divide está unido na realidade, e nunca deixa de ser em conjunto. Essa dificuldade geral é particularmente sensível em filosofia da arte. Depois de haver isolado a pepita de arte pura da ganga onde está incrustada, é preciso reconhecer que ela nunca teria existido e jamais subsistiria sem o resto. Uma obra é dita de arte porque contém arte pura, mas precisa de impurezas para simplesmente existir. Além disso, ao mesmo tempo em que atinge a plena consciência de sua diferença específica, cada arte particular procura se unir às outras e tende mesmo a substituí-las nas suas funções próprias. O pintor quer falar, o escritor quer pintar, a música quer os dois e vez por outra pretende até filosofar para além de toda arte. Enquanto Mallarmé sonha escrever *o livro* que estaria para todos os livros como a ideia platônica da cama em si está para todas as camas, ou quando Wagner tenta criar, por meio do drama musical, um equivalente moderno da síntese concreta das artes que foi outrora, segundo ele, a tragédia grega, uma coisa muito diferente vem à tona, muito menos ambiciosa, mas que não obstante existe. Em todo caso, não cabe ao filósofo julgar essas empresas, que ele deve aceitar simplesmente como fatos. Aqueles que se queixam que a música de Wagner não é pura esquecem que a confusão mítico-filosófica que a acompanha sem dúvida lhe era necessária para existir, e mesmo para existir enquanto música. O filósofo não está na posição de julgar tais projetos, ou os seus resultados; sua única tarefa é levar a luz da razão a uma *selva oscura* cheia de fatos, todos diferentes entre si, mas dados em conjunto. Talvez o censurem, pois, por descrever com o nome de arte uma coisa que não existe – vaidade das vaidades – e, embora ele o saiba, sabe também que a coisa que chama por esse nome é aquilo em virtude do qual as obras de arte merecem ser chamadas assim. Portanto, sempre precisamos voltar ao fato fundamental: a filosofia da arte não é arte, mas conhecimento. As satisfações eminentemente intelectuais que ela proporciona carecem de encanto para os corações sensíveis, mas ela os não poderia tentar encantar sem tão logo deixar de existir.

Se se desconta a imensa literatura de massa produzida por escritores que exploram o domínio do "livro de arte", seguida da literatura erudita produzida por professores de história da arte, estética ou filosofia da arte, que tomam a arte como pretexto para seus livros, mas nada podem dizer sobre a própria arte simplesmente porque desconhecem a sua prática – e a arte é uma prática –, sobra pouca coisa para ler sobre um tema de que tanto se escreveu. Quem sabe ele não se preste a tanto, e não haja nada a reprovar aos que preferem praticá-lo em vez de difundir no público uma falsa noção do que ele seja. Evitar-se-á, em particular, o caminho (romanceado ou não) dos grandes artistas, não que lhe falte interesse em si mesmo, mas porque um tal interesse não diz respeito à arte, nem sequer à sua arte: a "Vida Amorosa de X" não é o que fez dele um artista; quando muito ela explica o que, semelhante à vida amorosa de muita gente que não é artista, acompanhou o nascimento da sua obra e, talvez, a ocasionou – mas não a causou. Em filosofia propriamente dita, não fosse a *Filosofia da Arte*, de Hippolyte Taine, em que tudo o que concerne às obras dos artistas, exceto a arte que as produziu, recebe um tratamento brilhante, o principal livro que se deve evitar é a *Crítica do Juízo*, de Immanuel Kant. Não que não se trate de uma obra-prima no próprio gênero, mas, sendo este último a filosofia do conhecimento, quem a lê sem desconfiança tende a confundir os problemas colocados pela filosofia da arte com aqueles que na verdade pertencem à estética. Precisamente por causa da autoridade de que desfruta, nenhum livro favorece mais a confusão, hoje generalizada, entre o domínio da apreensão da obra de arte, acompanhado do costumeiro julgamento sobre o que se apreende, e o domínio da arte que não é senão a causa eficiente da obra em questão. O que Kant chama de analítica do belo, ou do sublime, é uma analítica dos juízos pelos quais o leitor ou o espectador atribui beleza ou sublimidade às obras que lhe agradam. Eis por que, a propósito, uma tal análise inclui o sublime matemático e o sublime da natureza, além do sublime artístico. É de se lamentar, pois, a extrema discrição de Kant a respeito da própria arte, pois ninguém teria sido mais capaz que ele de perscrutar a natureza do gênero distinto de realidades que são as obras produzidas pela arte dos artistas. O pouco que ele diz a respeito, no § 43, "Da Arte em Geral", e no § 44, "Das Belas-Artes", é de uma justeza tal que toda a nossa recomendação ainda seria pouca. A partir do § 46, que define as belas-artes como as "artes do gênio", sem deixar de fazer jus ao seu propósito, Kant toma um caminho que não é o nosso. As definições do talento, do gênio e da maneira segundo a qual, por meio do gênio, a natureza estabelece as regras da arte, a despeito do que tenham de engenhoso, dão a impressão de que preparam uma crítica do juízo teleológico, e precisamente por isso completam o monumento das três *Críticas*, mas não elucidam a natureza da própria arte. Kant seguia, naturalmente, o seu próprio caminho; ele não cometeu o erro a que sua obra expõe; devemos lê-la como uma filosofia da estética que ocasionalmente trata da arte, e não como uma filosofia da arte que ocasionalmente trata de estética – o que, por sua vez, definiria muito bem a intenção do presente ensaio.

CAPÍTULO II

As artes do belo

Os atos que o homem executa são de espécies distintas: ele é, conhece, age e faz.

Ser é um ato: todas as ulteriores operações do homem o pressupõem e dele derivam. Mozart morre aos 35 anos: ninguém mais vai compor outra peça de Mozart; depois da morte de Schubert, aos 31 anos, esta inesgotável fonte de música se cala – e assim por diante, em todos os domínios. Precisamente porque o ato em virtude do qual o ser é se acha pressuposto por todas as suas operações ulteriores, ele é da alçada da metafísica: a filosofia da arte, pois, aceita esse ato como um princípio. Este é, na verdade, o primeiro princípio, que ela supõe estabelecido e reconhecido. As operações do conhecimento são objeto da noética, incluindo as ciências relacionadas, como a epistemologia, a lógica, a gramática e todas as ciências e artes da linguagem e da expressão. As operações da ordem da ação constituem o objeto da ética e de todas as disciplinas que comportam uma dose de deontologia. Na medida em que o comportam, seu domínio é o da moralidade. As operações da alçada da factividade, isto é, da produção ou fabricação sob todas as suas formas, constituem uma ordem distinta das precedentes. Com efeito, o conhecimento pressupõe que seu objeto está dado e se limita a concebê-lo tal como é. A ação produz à sua maneira, no sentido de ser a causa eficiente de certos efeitos, mas esses efeitos são atos do sujeito ou consequências naturais desses atos. A factividade, ao contrário, tem por efeito a produção de seres ou objetos distintos de sua causa e capazes de subsistir sem ela, durante um tempo variável. Nossos atos se nos seguem, mas nossas obras nos sobrevivem; "o busto", diz o poeta, "sobrevive à cidade". Portanto, são três as principais operações do homem: conhecer, agir e fazer, correspondendo a três ordens distintas: o conhecimento, a atividade e a factividade. Estas três ordens se realizam sob a forma de três disciplinas principais, que compreendem todas as operações do homem: a ciência, a moral e a arte.

O homem é uno e se coloca inteiramente em cada um dos seus atos, mas em graus diferentes e diferentes proporções. No que quer que faça, o homem conhece. Com efeito, já que sua natureza é a de um ser vivo dotado de razão, a atividade racional está necessariamente incluída em toda operação humana como condição de sua própria possibilidade. Por outro lado, operar é agir, e nossos atos muitas vezes têm consequências cuja causa somos nós, ainda que as não tenhamos causado diretamente. Enfim, problemas de moral costumam acompanhar a atividade do estudioso, do engenheiro ou do industrial, e sabemos muito bem que a arte está longe de se furtar a este gênero de questão. Não precisamos do filósofo para saber essas coisas; os jornais estão cheios de problemas assim, cuja importância prática arrebata a imaginação e a atemoriza com a sua dificuldade. Mas aqui o que nos cabe é distinguir, neste complexo de atividades que se implicam mutuamente, o que discerne a arte como tal.

Todas as artes, indistintamente, são da alçada da factividade – são o que é próprio do *homo faber*, que é o mesmo que o *homo sapiens*; ambos são um só com o *homo loquens*, mas a circunstância de que todas essas operações venham do mesmo sujeito não nos autoriza a confundi-los. A causa principal das confusões que atravancam a filosofia da arte é o fato de que o homem não seja "obreiro" senão porque é "sábio". É possível conhecer, se não sem agir, ao menos sem fabricar, mas não se pode fabricar sem conhecer. Não obstante, é preciso também levar em conta que a ordem do fazer, em essência, é distinta da do conhecer. É clássico, na tradição grega de Platão, Aristóteles e Plotino, considerar a vida de conhecimento e contemplação como diferente – e mais elevada – da vida de ação. A própria religião cristã simbolizou e difundiu, pelo evangelho de Marta e de Maria, o princípio da superioridade da contemplação sobre a ação. Durante séculos, enfim, sábios, letrados e filósofos negligenciaram um pouco a classe dos artistas, que então não se distinguia da dos escravos e, mais tarde, da de simples trabalhadores manuais. Isto, porém, são apenas sinais do problema que reterá nossa atenção. Pois teremos de distinguir a arte na medida em que não é um agir nem um conhecer, por mais estreitas que sejam as suas relações com essas outras ordens. Só há arte aí onde, no essencial, e como que na sua própria substância, a operação não consiste em conhecer nem em agir, mas em produzir e fabricar.

A justificativa desta decisão é que, conquanto ela demande as outras e até dependa delas em mais de um aspecto, a atividade de fabricação do homem deriva diretamente do seu ato de ser, sem passar pelo conhecer nem pelo agir, mesmo quando os implica. O *homo faber* é desde o início um *ens faber*, pois sua atividade de fabricação é como que uma promoção do seu ato de existir. Ela decorre diretamente dele e, aliás, é por isso que lhe é inseparável. A Pré-História não está certa da presença do homem senão quando pode comprovar, num sítio qualquer, a presença de objetos que não podem ser considerados obra da natureza. Não é sempre que se tem certeza de que uma pedra encontrada em determinado sítio seja um sílex lascado, mas se se estabelece que o é, tem-se logo a certeza de que é obra humana. O imenso desenvolvimento da produção industrial, sobretudo desde a invenção de máquinas que operam como ferramentas, atesta a pujança desta necessidade primitiva de fabricar e a fecundidade de que é capaz quando se ilumina com as luzes do conhecimento, numa série de trocas entre o conhecer e o fazer de que a ciência não se cansa de aproveitar.

A história da factividade nos escapa. Mas talvez não estivéssemos muito longe da verdade imaginando o seu começo como ligado à necessidade espontânea de fazer alguma coisa, algo que se observa facilmente nas crianças e que se afirma com vigor num grande número de adultos cujas mãos estão sempre ocupadas a fabricar. É impossível dizer com algum grau de certeza em que proporção esta atividade humana de fabricação foi exercida em vista de fins imediatamente úteis, e em que proporção em vista de fins desinteressados ou religiosos. Não se pode excluir *a priori* que muito cedo na história da espécie os homens pudessem fabricar simplesmente pelo prazer de fazê-lo. Tal e qual a função da linguagem articulada, também a factividade pode ter sido exercida por si mesma, como que para se assegurar da própria existência, ao mesmo tempo em que se especializava em vista de diversos fins. Como quer que seja, especulações deste gênero são um esforço vão, pois imaginamos a origem da arte segundo aquilo que, no momento presente, se configura como tal. Portanto, é a partir de nossa experiência da arte que devemos definir a sua natureza. O método mais cômodo para fazê-lo, tomando a questão em toda a sua generalidade, será determinar o fim próprio da arte nos diversos domínios da factividade.

O título de um tratado de Santo Agostinho, hoje perdido, sugere uma distinção muito antiga entre o belo e o útil: *De Pulchro et Apto*. Logo reencontraremos a mesma distinção, mas antes convém incluí-la numa outra ainda mais ampla concernente ao belo, a saber, a distinção entre a beleza dos seres naturais, a dos objetos fabricados e a das obras de arte. Segundo exigência do progresso mesmo da reflexão, tentemos aqui uma primeira aproximação da noção metafísica de beleza, sob a condição de retomá-la mais tarde e aprofundá-la. Digamos, pois, que o belo se reconhece por ser objeto de admiração. A palavra admirar significa "voltar o olhar na direção de"; admiração é a reação espontânea do homem, sensibilidade e inteligência, à percepção de todo objeto cuja apreensão agrada por si mesma.

O objeto em questão pode ser natural. Trata-se, então, como se diz, de um "produto da natureza". Quer seja um corpo humano, um animal, uma árvore ou uma paisagem, a admiração se produz quando se acham espontaneamente reunidas todas as condições necessárias para que a visão do objeto agrade por si mesma. É provável que a natureza possua belezas e produza sentimentos de admiração superiores a tudo o que a arte pode oferecer, tanto mais porque tais sentimentos e belezas vêm frequentemente acompanhados de impressões físicas de bem-estar, mas os objetos e espetáculos naturais não foram feitos com o fito de produzir essas impressões. Mais exatamente, eles não foram feitos, mas *causados* pelo jogo espontâneo das forças naturais. A menos que se apele à noção de arte divina, a qual coloca problemas metafísicos e teológicos dos mais complexos, é preciso dizer que, se se restringe ao plano da experiência, as belezas naturais não são produtos de nenhuma arte. Supondo que absolutamente se quisesse remontar a Deus, teríamos então de acrescentar que, ainda quando faz coisas belas, Deus não as faz em vista da sua beleza, isto é, considerando a beleza como o seu fim último. A arte divina não corresponde a nenhuma das belas-artes.

Desçamos agora até a factividade: para que se possa, pois, atribuir a beleza de um objeto a uma arte qualquer, é preciso que este objeto seja "feito" pelo homem. Precisamente aqui intervém a distinção entre o belo e o útil. A imensa maioria das atividades de fabricação se propõe como fim à produção e multiplicação de objetos úteis em todos os domínios da utilidade. É útil o que serve para alguma coisa. Não há oposição entre o útil e o belo, já que é possível que a beleza seja útil – o que, em certo sentido, ela sempre é. Não obstante, ela nunca é produzida em vista de sua possível utilização, mas apenas e tão somente por si mesma. De maneira inversa, é possível que um objeto feito em vista de sua utilidade seja ao mesmo tempo um objeto belo; na verdade, é sempre desejável que seja assim: *omne tulit punctum...* Muitos objetos da indústria – máquinas, navios, aviões, utensílios domésticos e outros – são mais belos que várias obras de arte concebidas unicamente em vista da sua beleza, mas malogradas ou francamente feias. Se se toma a palavra arte no seu sentido mais geral, isto é, aquele da expressão tradicional "artes e ofícios", pode-se dizer que em sentido lato os produtos da indústria, e todas as grandes obras do homem que modificam, talvez, o aspecto e a própria estrutura da natureza – uma ponte, um túnel, a abertura de um istmo, um dique –, são obras de arte.

Neste sentido, tais objetos têm a sua beleza, mas esta não é o mesmo gênero de beleza das obras produzidas pelas belas-artes. A beleza de uma turbina, de um automóvel, de um barco ou de um avião sem dúvida pertence à beleza das obras feitas pelo homem, por meio de uma das "artes e ofícios", mas tais produtos da arte não foram feitos em vista de sua beleza. Assim como a beleza dos seres naturais, também esta é uma beleza suplementar, com a diferença de que não se trata, evidentemente, de beleza da natureza, mas, por assim dizer, de uma como beleza da utilidade. Aliás, nós a percebemos precisamente como tal, pois é uma observação que se faz amiúde a de que um produto manufaturado é tanto mais belo quanto mais a sua forma é determinada pelo fim por que é produzido. A adaptação do objeto à sua função e a beleza própria deste objeto são em regra diretamente proporcionais. Trata-se, pois, do que muito bem se pode chamar de beleza "funcional". Tanto isto é verdadeiro que se vê com pesar os construtores desfigurando a beleza de suas máquinas, quando tentam embelezá-las com ornamentos supérfluos emprestados ao domínio das belas-artes. Assim como a beleza da natureza, também a da utilidade pode ultrapassar a da pintura ou da escultura, contanto que, fiel à sua essência, não as tente imitar. De resto, o contrário é igualmente verdadeiro, pois os pintores e escultores seduzidos pela beleza própria das máquinas, do mesmo modo que muitos o foram e ainda são pela da natureza, enganam-se profundamente quando querem se apoderar e como que se apropriar de tal beleza imitando-a na forma de suas pinturas e de suas estátuas. Eles acreditam que, ao imitar a beleza de uma máquina, transformam-na em beleza artística, mas isto é uma ilusão, pois apenas uma máquina pode ter a beleza de uma máquina. O que é próprio de uma beleza deste gênero é não acontecer, como se diz, "de caso pensado", enquanto a arte propriamente dita produz objetos expressamente planejados e concebidos tão só em vista de sua beleza. As artes deste gênero são as "belas-artes", pois são artes do belo, na medida em que os objetos que produzem não têm nenhuma outra função imediata e primeira senão a de serem belos. Este é o seu fim próprio, sua "razão de ser" e, consequentemente, sua natureza. A filosofia das artes do belo tem, pois, por objeto o conjunto dos domínios da factividade cujo fim próprio é produzir coisas belas, qualquer que seja o seu gênero de beleza. O mais das vezes, confunde-se filosofia da arte com estética. A confusão está tão profundamente enraizada, sobretudo desde o triunfo do idealismo kantiano, que chegamos a esperar de todo livro com "estética" no título que nos exponha uma filosofia da arte – o que, numa palavra, é um grave erro, porquanto não se deve confundir o ponto de vista do produtor com o do consumidor. Saber degustar é uma arte, mas a arte do *gourmet* não é a culinária; do mesmo modo, não se deve confundir a filosofia das artes que produzem o belo com a filosofia do conjunto de experiências em que apreendemos a beleza.

Frequentemente se objeta aos filósofos que os problemas de que tratam são totalmente indiferentes aos artistas. Isto é um exagero, mas, supondo que fosse verdade, é preciso dizer que não falamos a linguagem da arte aqui – a qual, de resto, nem vai muito longe –, senão a linguagem da filosofia da arte, cujo fim, sendo filosofia, não é a beleza, mas a verdade. Contrariamente a um preconceito muito difundido sobretudo pelos próprios filósofos, o homem pode mais do que aquilo que sabe – no que, aliás, ele se assemelha à natureza, que muito produz e não sabe nada. Gastamos nossa ciência tentando segui-la, e ainda que o saber do homem aumente consideravelmente o seu poder, as forças que este saber coloca à sua disposição não deixam de ser forças naturais. Também o artista, neste ponto, se assemelha à natureza: sobretudo ele pode muito mais do que aquilo que sabe. Por acaso havia estetas em Lascaux? Não, sem dúvida, mas pintores certamente havia. Um artista não precisa saber o que é a arte, contanto que saiba o que, afinal, ele quer que a sua arte seja. Os artistas não estão proibidos, evidentemente, de filosofar sobre a arte; na verdade, gostaríamos que o fizessem mais amiúde, porém não podem fazê-lo senão na posição de filósofos, e se a sua experiência pessoal concede autoridade ao que dizem, a limitação que ela lhes impõe também possui os seus inconvenientes.

Para quem pretende falar de filosofia, a ordem exige que comece por examinar a natureza do belo em geral, considerado, por assim dizer, antes do seu "descenso" às duas grandes espécies do belo natural (ou artificial) e do belo artístico. Um tal estudo é por definição anterior à filosofia da arte propriamente dita, de maneira que lhe é uma condição necessária.

A doutrina do belo como tal pode receber o nome de "calologia". Ela está para a filosofia da arte assim como a epistemologia para a ciência (entendida como conhecimento da verdade) ou a agatologia para a moral (compreendida como a ciência do bem). Cada uma dessas disciplinas tem por objeto um transcendental que, sendo convertível com o ser, está incluso no objeto geral da ontologia. Como conhecimento de um dos modos do ser como tal, a calologia é da alçada da metafísica. Compreende-se, pois, que o artista como tal não se interesse por este gênero de questões, mas, artista ou não, quem filosofa sobre as belas-artes se condena a não saber nada do que diz se desde logo não se interroga sobre a natureza do belo, que é o objeto mesmo que este gênero de arte se propõe a produzir.

Chama-se belo, dizíamos há pouco, àquilo que provoca a admiração e retém o olhar. Precisemos desde logo este ponto essencial: o belo artístico se define sempre, mesmo do simples ponto de vista de sua definição nominal, como dado numa percepção sensível cuja apreensão é desejável em si e por si mesma. A percepção-tipo que se costuma citar neste caso é a visão, e já que toda percepção do belo é desejável à medida que se acompanha de prazer, os Escolásticos definiam o belo como aquilo cuja visão dá prazer, ou antes, "o que agrada à visão" (*id quod visum placet*).

Não faltam objeções a esta definição. A mais comum assevera que, nestas condições, reduz-se a filosofia do belo a uma variedade de eudemonismo. Mas dizer isto é cometer um erro. Não se trata de dizer que o próprio belo consiste no prazer que produz, mas antes que se reconhece a presença do belo pelo prazer de que sua apreensão se acompanha. É verdade que certos inimigos da alegria consideram todo prazer como aviltante à experiência em que se inclui, mas tanto vale o prazer quanto a causa que o produziu, e os teólogos não consideram que a visão de Deus seja aviltante pelo fato de ser "beatífica". Beatriz, "aquela que beatifica", revelava sua nobreza pela alegria de que seu mero sorriso cumulava o altíssimo poeta. Os prazeres da arte fazem muito para no-la fazer amada; o homem não tem de se envergonhar daquilo que o faz feliz.

Contudo, convém que façamos jus a uma outra objeção e reconheçamos que a palavra "prazer", sempre vaga, é-o de maneira toda particular quando se aplica à experiência do belo. Há prazeres de todos os tipos, que se distinguem por seus diversos graus de materialidade, desde os prazeres do tato e do paladar ligados às mais elementares funções biológicas até os da apreensão, compreensão e descoberta da verdade. Os prazeres do conhecimento podem ser leves e semelhantes a uma euforia contínua, mas talvez nenhum outro tipo embriague tanto, nenhum outro seja mais violento que o prazer que acompanha a descoberta daquelas ideias – "glória de um longo desejo" – cuja mera erupção basta para pôr ordem numa enorme massa de outras ideias, e revela ao espírito a inteligibilidade de um vasto campo do real. Tomemos por símbolo de tais prazeres que desabrocham em alegrias a emoção de Malebranche quando encontrou *L'Homme*, de Descartes, numa livraria da rua Saint-Jacques, folheou-o, comprou-o e "leu-o com tanto prazer, que de tempos em tempos era obrigado a interromper a leitura por causa da aceleração dos batimentos cardíacos, tal era o prazer que o arrebatava".[1] Quem nunca interrompeu a leitura de um livro de erudição, de ciência ou de filosofia para tomar fôlego, digamos, diante da carga emocional de tal leitura, certamente ignora uma das alegrias mais intensas da vida do espírito. Os prazeres da arte são deste gênero, pois estão ligados ao conhecimento que tomamos de certos objetos e ao mesmo ato por que os apreendemos. Donde a seguinte definição nominal do belo: aquilo cuja apreensão agrada em si e por si mesma. O prazer do belo ora engendra o desejo, ora o coroa; em todo caso, a experiência do belo engendra o desejo e se coroa de prazer.

Até aqui, o belo de que vimos tratando podia ser indiferentemente o produzido pela natureza, pela verdade, ou, enfim, pela obra de arte elaborada expressamente em vista da beleza. As três experiências são, porém, distintas, e é chegado o momento de diferenciá-las.

A distinção entre o belo natural e o belo artístico se faz por si mesma. Com efeito, é essencial a este último que o objeto cuja apreensão causa prazer seja percebido como a obra de um homem, a saber, o artista. Tanto isto é verdadeiro que, se um *trompe-l'oeil* fosse completamente bem-sucedido, o espectador acreditaria estar em presença de um objeto natural ou um espetáculo da natureza; ele então experimentaria o prazer e a admiração proporcionados por uma bela flor, um belo animal ou uma bela paisagem, não o prazer especificamente diferente que a obra de arte percebida como tal proporciona ao leitor, ao espectador ou ao ouvinte. Atrás da obra de arte, sentimos sempre a presença do homem que a produziu. É isto, aliás, o que confere à experiência estética o seu caráter tão intensamente humano, já que, por meio da obra de arte, um homem necessariamente se põe em relação com outros homens. Virgílio, Vermeer de Delft, Monteverdi e mesmo os anônimos estão eternamente presentes nas suas obras – e esta presença nos é sensível. Tanto o é que a experiência da arte está ligada ao sentimento desta presença. Não há presença humana por detrás da natureza; aí neste lugar sente-se apenas uma trágica ausência, que as imprecações de Vigny denunciaram com a violência que já conhecemos. Se é que se percebe uma presença em tal lugar, esta só pode ser, evidentemente, a presença de Deus.

---

[1] Cf. Cousin, *Fragments Philosophiques*. 5. ed., v. 4, p. 473-474.

De nada adianta objetar que Deus é artista, pois Ele o é na medida em que o ser é uma perfeição, mas Sua maneira de sê-lo tem apenas uma longínqua analogia com a nossa. Deus cria a beleza natural criando a natureza, mas o fim da natureza não é ser bela, e Deus não cria objetos cuja finalidade própria seja a de serem belos. Deus não cria quadros nem sinfonias, e mesmo os Salmos não são os salmos de Deus, mas os salmos de Davi. Assim como Deus constitui a natureza no seio do ser e deixa que ela mesma realize as operações que lhe são próprias, assim também Deus cria os artistas e lhes deixa o cuidado de acrescentar algo à natureza produzindo obras de arte. Portanto, a arte nos coloca na presença de Deus tal como a natureza, mas do mesmo modo que a filosofia da natureza tem por objeto a natureza, e não Deus, também a filosofia da arte não trata diretamente de Deus, mas da arte. É, pois, essencial à beleza da arte que nos coloque na imediata presença do artista, que é um homem, pois a arte é coisa eminentemente humana. Deus não tem mãos.

A confusão entre os prazeres da verdade e os prazeres da beleza é mais difícil de dissipar, pois a verdade tem a sua beleza própria, já que é convertível com o ser. Eis aí porque, sendo mais familiar aos filósofos, a definição da beleza inteligível se confunde no espírito deles com a da beleza em si. A definição clássica é testemunha: a Beleza é o esplendor da Verdade. Nada mais exato, mas esta definição só vale para a beleza do ser como objeto do conhecimento, isto é, para a verdade. Nunca é demais enfatizar as desastrosas consequências de estender-se a noção de beleza da verdade à beleza da arte, para todas as formas artísticas. Toda a arte clássica francesa, tão rica em obras-primas, produziu obras apesar do princípio fatal, e perfeitamente falso, de que *"rien n'est beau que le vrai, le vrai seul est aimable"*.[2] Desenvolvendo-se o mesmo princípio, acabou-se por definir a verdade como a "natureza", chegando-se, assim, à doutrina igualmente clássica segundo a qual a finalidade da arte é a imitação desta natureza. A confusão inicial entre a beleza do conhecimento e a beleza da arte é, pois, a própria raiz da funesta doutrina da arte concebida como um gênero de imitação. Teremos ocasião de esquadrinhar o sentido e as consequências de tal doutrina; baste

---

[2] Verso da nona epístola de Boileau: "tão só a verdade é bela, só ela é desejável". (N. T.)

por ora que observemos o quanto a sua falsidade é evidente. Quem se importa com a verdade ou a falsidade do que um poema, um romance, uma tragédia, um desenho ou um quadro nos mostra? Em que consiste a verdade de uma fuga de Bach? Com efeito, uma obra de arte não é verdadeira nem falsa. A arte é tal que a noção de verdade nem sequer se coloca a seu respeito. Trata-se de uma distinção primacial entre esses domínios. A maioria rejeita esta distinção específica; chega a se indignar que se recuse a fazer da beleza um caso particular da verdade, da arte um caso particular do conhecimento; mas o fato é que essa maioria está muito mais bem informada das coisas do conhecimento, que das coisas da arte. Tal é a fortuna dos que pensam sempre e nunca fabricam nada.

Não negamos que a verdade tenha a sua beleza, sem dúvida a mais elevada de todas, nem que a experiência intelectual desta verdade se acompanhe de prazer. A beleza do inteligível é aquilo que dá prazer quando é compreendido. Esta experiência é diferente, todavia, da experiência do belo artístico. Quando lemos um livro para nos instruir, sem dúvida temos prazer em lhe compreender o sentido. E quanto maior o esforço necessário para assimilar este sentido, maior o prazer da compreensão. Quer se trate de ciência ou de filosofia – pouco importa –, a experiência permanece a mesma e aquilo que a caracteriza é que, quanto mais bem-sucedida, menor o desejo de recomeçá-la. Os prazeres intelectuais da descoberta não se repetem; o que se encontrou por si mesmo ou se aprendeu de outrem está compreendido de uma vez por todas. Se o leitor precisar reler um livro, não é para aprender de novo o que já sabe, nem para ter o prazer de descobrir uma segunda vez o que já encontrou na primeira, mas, pelo contrário, é porque não o compreendeu completamente, ou porque lhe escapa a memória do que leu. Haveria algo de absurdo no desejo de aprender o que já se sabe. Eis por que é um desejo que não se tem. Os livros a que mais devemos são os que, mediante prolongada meditação – ou, quem sabe, logo de imediato e sem esforço –, transformamos em nosso próprio ser, em nossa própria substância; é precisamente porque os "assimilamos" que jamais os relemos.

O caso é completamente outro com os prazeres da arte. Podemos ter compreendido um livro de uma vez por todas, mas nunca chegaremos ao fim da fruição de um poema, da apreciação de uma estátua ou da audição de uma obra-prima, porquanto a beleza da arte se dá sempre numa percepção sensível. É verdade que a sensibilidade se cansa e que a repetição excessiva da mesma experiência estética acaba por embotar o prazer, mas, longe de ser o signo de sua obsolescência, toda interrupção deste gênero prepara a ressurreição futura desta apreensão da beleza no seio mesmo da alegria, recompensa certa do amor à arte e fruto do seu cultivo. De resto, a experiência é imediata. É amor à primeira vista. *"Je te donne ces vers afin que si mon nom..."*[3] – impossível ler o verso sem querer relê-lo, assim como a estrofe e toda a longa melodia verbal cuja música encanta e arrebata. Versos belos estão tão longe de se lerem de uma vez por todas, que de bom grado os aprendemos de cor, a fim de nos libertarmos do livro e os levarmos sempre conosco. Este é o sinal da presença do belo artístico. Como bem já dizia o abbé Du Bos: "O espírito não poderia fruir o prazer de aprender a mesma coisa duas vezes; mas o coração pode gozar duas vezes o prazer de sentir a mesma emoção". Há prazer nos dois casos, contudo, embora sejam casos de natureza distinta. O fim do ato de conhecer é saber, e já que sabemos de uma vez por todas, o prazer de alcançar uma verdade não é renovável. Por outro lado, já que não fruímos a beleza senão no ato mesmo que a apreende, a repetição deste ato, além de esperada, é antes desejada. Pode-se saber Euclides de uma vez por todas, mas a leitura de Shakespeare sempre pode recomeçar.

É preciso procurar mais além a solução deste problema e a razão que a justifica. O que se deseja, por definição, é um bem, pois o bem é o próprio ser na medida em que é desejável. O belo é, pois, uma das espécies do bem e, a este respeito, é um objeto da vontade. Mas é um bem de uma espécie tão diferente das outras que deve ser considerado um outro transcendental, distinto da verdade e do bem propriamente dito. A vontade procura os outros bens, ou por si mesmos e por causa da sua perfeição intrínseca, ou por nós mesmos e porque a sua perfeição nos é desejável em vista do nosso próprio bem. Num e noutro caso, o desejo tende para o próprio objeto tomado em sua realidade física, e é este mesmo objeto que desejamos possuir. Já com o belo

---

[3] Verso de Baudelaire que inicia o poema "Spleen et Idéal", contido em *Les Fleurs du Mal* [As Flores do Mal]: "Dou-te estes versos para que se o nome meu...". (N. T.)

é diferente, pois ele é um objeto da vontade desejado como os objetos do conhecimento se desejam. Normalmente, a vontade quer seus objetos para os possuir; no caso do belo, ela não o quer para possuí-lo, mas para vê-lo. Quando se quer possuir um belo objeto, a finalidade desta ação não é a posse, mas a possibilidade de revê-lo, relê-lo ou ouvi-lo de novo, sempre que se queira. Numa palavra, o objeto do desejo, nestas condições, é menos o próprio objeto que o bem que nos causa o ato de apreendê-lo. É o que a filosofia clássica salientava de modo excelente ao dizer que, enquanto o bem ordinariamente se define como o que é bom para a vontade, o belo é o bem do conhecimento. Com efeito, sendo aquilo cuja visão dá prazer (*id quod visum placet*), o belo é um conhecimento desejável no próprio ato por que se apreende.

Este estatuto ontológico implica que o belo é essencialmente uma relação. A relação não será entendida aqui no sentido idealista, isto é, como um simples liame mental que o espírito estabelece entre dois termos, mas antes no sentido realista e pré-kantiano de uma relação real, a qual se estabelece por si mesma entre objetos igualmente reais, e cuja natureza é determinada por aquilo que são. Em certo aspecto, as experiências estéticas são análogas às relações físicas, visto que, como as últimas, derivam da natureza das coisas. Contudo, sendo um destes termos, como é, um sujeito cognoscente, as condições exigidas para a possibilidade do belo são de duas ordens distintas, de um lado pertinentes a este sujeito cognoscente, do outro, ao objeto conhecido.

O sujeito é um homem, isto é, um animal dotado de sensibilidade e de inteligência, mais uma faculdade cujo papel mediador foi muitas vezes destacado pelos filósofos: a imaginação. Esta última desempenha um papel capital, não somente na livre representação de objetos possíveis dados apenas em potência, mas também na mesma apreensão de objetos dados em ato. Nenhuma percepção é instantânea. Isto não só é verdadeiro para aquilo a que se chama artes do tempo, como a música e a poesia, mas também para as artes ditas do espaço, como a pintura e a escultura. Esta imaginação do objeto presente é necessária para que os elementos fornecidos pela sensação sejam percebidos como constituintes de um todo dotado de unidade. É esta unidade, com efeito, que o distingue dos demais, e que o juízo toma como base quando o considera um objeto distinto. O próprio entendimento está em ação, portanto, na experiência do belo – e a indiferença que os animais frequentemente demonstram diante de imagens artificiais parece confirmar esta observação. O homem inteiro, como sujeito que conhece intelectualmente, que imagina, age e é capaz de sentir prazer e dor – e, consequentemente, desejo e repulsa –, é a condição subjetiva da apreensão do belo. Estamos longe de conhecer em detalhe a estrutura desta experiência, mas, por ora, somente o seu aspecto geral nos interessa: saber como as coisas acontecem não modifica em nada os dados do problema.

Quanto ao objeto ele mesmo, isto é, àquilo a que se poderia chamar condições objetivas do belo, não faltam descrições que vez por outra se contradizem, mas, ao examiná-las mais de perto, constata-se que dizem quase a mesma coisa, embora em linguagens diferentes. Coincidência natural, aliás, pois a beleza, assim como a verdade e o bem, é igualmente um transcendental. Portanto, ela participa do caráter primeiro, irredutível e não dedutível, daquele primeiro princípio que é o ser.

Pode-se estar seguro disso se se examina brevemente o significado dos termos que os filósofos de outrora utilizavam, seguindo, aliás, a tradição platônica para definir as condições objetivas do belo. Sua mesma imprecisão é significativa, pois cada um dos termos não fazia senão orientar o pensamento a uma noção tão primacial quanto a do ser – do qual, porém, designava uma modalidade. As noções deste gênero se sucedem sem descanso umas às outras, como as muitas facetas de uma só verdade, em si mesma misteriosa, à qual a reflexão só se aplica para se submeter.

A primeira condição tradicionalmente obrigatória do belo, da parte do objeto, é que ele seja "inteiro". Esta inteireza, ou *integritas*, consiste em que nada lhe pode faltar, que pertença à sua própria natureza, e como é precisamente o ser o que lhe poderia faltar, a integridade do objeto é idêntica ao seu ser. A mesma observação é válida para um outro nome que se dá a esta qualidade do belo no objeto, ou seja, a perfeição (*integritas vel perfectio*). Pois, o que é perfeito, senão o ser? Diz-se do ser perfeito que não lhe falta nada. É o que os antigos metafísicos diziam: que o ser é perfeito na medida em que é em ato, pois ser apenas em potência é ainda não ser; atualizando-se, o ser se realiza a si mesmo ao mesmo tempo em que atinge a sua perfeição, ficando, então, feito e perfeito.

Tais determinações, de resto, implicam uma outra noção, e é somente em relação a ela que ganham algum sentido. Dizer que o ser de que se fala é "inteiro", "perfeito" ou plenamente "atualizado" é pressupor que ele se define por um certo número de condições obrigatórias, a fim de que seja plenamente o que deve ser. O que não é "inteiro" não tem alguma coisa que deveria ter. O que ainda é imperfeito se acha privado de um certo número de determinações necessárias para que se possa dizer que é, sem nenhuma restrição – ou, em outras palavras, que realizou completamente as suas potencialidades, de tal modo que tudo o que pode ser, é. A noção que tais determinações do belo pressupõem, assim como as determinações do bem, aliás, do qual o belo é um caso particular, é a noção de "forma", também chamada de "essência", ou "ideia". O nome escolhido pouco importa, desde que designe claramente um tipo de noção que define, não a ideia do ser como tal, mas a ideia de um certo ser. Para corresponder a esta noção, o ser em questão deve igualmente satisfazer as condições da definição de todo ser que realiza um tipo distinto. O ser está dado, sempre, na experiência, sob a forma deste ou daquele ser, de tal modo que o que chamamos aqui de tipo, ideia ou forma não parece senão uma das modalidades do ser como tal. Com efeito, o ser real, tal como nós o conhecemos, só é possível se determinado e definido por uma forma; sua integridade não é senão a ausência de mutilação, própria aos tipos plenamente realizados, e é também a primeira condição objetiva da beleza. Dizia-se antigamente que uma coisa é feia na medida em que é imperfeita, e a experiência mais banal o confirma. Dado um objeto qualquer, é bem possível que o sentimento de que lhe falta alguma coisa nos cause tamanho incômodo que não descansemos um momento sequer enquanto o não tivermos completado. Isto é sinal de que o ser, para nós, está ligado à forma, em função da qual se define a sua integridade.

Para sua completa determinação, estas noções requerem ainda uma outra. É a que se chamava outrora de harmonia (*harmonia*). A beleza, dizia Plotino, é "o acordo na proporção das partes entre si, e delas com o todo" (*Enéadas*, I, 6, 1). Com efeito, todo ser concreto se compõe de um certo número de partes, e é preciso que essas partes observem uma ordem de determinações recíprocas para que se unam na forma comum que lhes define o conjunto. É a forma do todo que confere unidade às partes e, visto que o uno e o ser são convertíveis, é a mesma unidade que faz deste todo um ser uno e, portanto, um ser. Somente a mediação pessoal destas equivalências pode nos fazer reconhecer a sua realidade e a sua importância para a interpretação do real. Não é preciso que nossa incapacidade de demonstrá-las nos chegue a desencorajar, pois elas não são demonstráveis. Sendo, como são, evidências intelectuais inclusas na noção do primeiro princípio, basta que sejam percebidas – mas é imprescindível que o sejam. Aqueles, porém, que se gabam de desdenhá-las, não deixam de usá-las a cada vez que, declarando-as vazias, se põem, não obstante, a falar a seu respeito, independentemente do nome que lhes deem.

Resta uma última determinação do belo, não menos difícil de descrever que as precedentes, e mesmo ainda mais difícil, embora por uma razão diferente; é a que os antigos denominavam de *claritas*, o brilho. Em Santo Agostinho, que se inspira em Cícero (*Tusculanas*, IV, 31), este elemento é simplesmente a cor e o prazer que ela causa: *coloris quaedam suavitas*. A despeito do nome que lhe atribuamos, não apreendemos esta modalidade como uma relação do ser consigo mesmo; ela é, no ser sensível, o fundamento objetivo de uma de nossas relações com ele. Um objeto precisa de fato ser inteiro ou perfeito para simplesmente ser; e para ser uno – vale dizer, pois, para ser – o mesmo objeto precisa da ordem e da harmonia que a forma lhe confere; mas o seu "brilho" é aquilo que, nele, prende o olhar e o retém. É, pois, o fundamento objetivo de nossa percepção sensível da beleza.

A palavra em si mesma é uma metáfora. Mesmo no interior da ordem da sensibilidade, "brilho" (*claritas*) se aplica a objetos de natureza diversa. Fala-se do brilho sonoro das trompas, como do brilho de certos tons de vermelho, amarelo ou verde; aplica-se o termo inclusive àquela misteriosa palpitação do ouro puro, que esplende surdamente qual glória amortalhada, e nos faz desejá-lo. Pois o amor do ouro é bem diferente do amor do dinheiro, que amamos pela sua utilidade. Mas o ouro merece ser amado por si mesmo, como as pérolas e pedras preciosas: por sua mera beleza.

A bem da verdade, o termo é duplamente uma metáfora, pois não evoca o brilho de certas qualidades sensíveis senão como símbolo de toda uma gama de outras qualidades das quais este mesmo brilho é o caso mais digno de nota. Uma paisagem cinza, cores baças, timbres surdos e palavras sussurradas podem agir sobre a sensibilidade com tanta ou mais eficácia que o brilho propriamente dito. As qualidades deste gênero têm em comum o mesmo poder de captar e reter a atenção, como que por feitiço. Eis aí o fato primitivo sobre o qual a experiência estética repousa em todos os domínios, e tudo o que podemos fazer é aceitá--lo como tal, sem pretender explicá-lo. As qualidades sensíveis têm o poder de agir sobre nossa afetividade. Elas não só emocionam, mas é incontestável que as emoções que nos causam diferem conforme as qualidades sensíveis que as causam. A correspondência é frouxa. Os esforços despendidos para estabelecer relações precisas entre as variações da sensibilidade e as dos seus correspondentes sensíveis não produziram nenhum resultado preciso, mas ninguém ousaria contestar esta realidade, a saber, que as qualidades sensíveis têm o poder de nos emocionar, e que as harmonias afetivas correspondentes não têm relações reais com essas qualidades. As linhas, as formas, os volumes e as cores ora se harmonizam melhor com a alegria, ora com a tristeza, ora com o contentamento, ora com a melancolia, ora com o desejo, ora com a cólera ou o entusiasmo – numa palavra, um tipo de tonalidade afetiva acompanha naturalmente cada tipo de qualidade sensível, e estas combinações podem muito bem variar. Ainda na Antiguidade – e se inspirando, como seria natural, no exemplo da música –, ninguém menos que o próprio Quintiliano fez a mesma observação.

Séculos depois, o abbé Du Bos recolheria as principais passagens das *Institutiones Oratoriae* relativas ao problema no terceiro volume das *Réflexions Critiques*, volume que os seus contemporâneos trataram como uma espécie de apêndice, quando, na verdade, seja talvez a parte mais preciosa da sequência. Consideremos, pois, a Seção III, "De la Musique Organique ou Instrumentale", onde tudo o que há de mais essencial se diz numa só frase, que não cansamos de meditar: sentimo-nos afetados de diversas maneiras pelos instrumentos da música, embora não se possa fazer com que falem: *"cum organis quibus sermo exprimi non potest, affici animos in diversum habitum sentiamus"* (*Inst.*, I, 12). E ainda (*Inst.*, IX,

4): "É a natureza que nos conduz aos modos musicais. Não fosse assim, como se explicaria que os sons dos instrumentos, embora não emitam palavras, produzam no ouvinte emoções tão diferentes?".

O fato evidente prescinde de provas, mas a reflexão filosófica deve demorar-se nele como num dos sustentáculos da filosofia da arte. Desde logo, é preciso notar-lhe a generalidade. Todas as obras de arte são objetos materiais relacionados à percepção sensível. O que é verdadeiro para a música, pois, é-o também para a poesia, que é uma espécie de música da linguagem articulada. Com muito mais razão ainda, o mesmo se aplica igualmente às artes plásticas, cujas obras se destinam sobretudo ao tato e à visão. É empresa vã, portanto, tentar constituir uma filosofia da arte que apele apenas às operações da inteligência para explicar a gênese das obras que os artistas criam. Essas obras incluem, na sua mesma estrutura e substância, a relação do sensível com a sensibilidade e a afetividade, o que lhes há de assegurar o efeito que pretendem ter sobre o leitor, espectador ou ouvinte. A arte oratória tal como Cícero a compreendia, uma das artes mais utilitárias e impuras que existem – a tal ponto que um "amigo da verdade" teria vergonha de praticá-la –, conferia suma importância ao que se chama de "ação oratória", parenta próxima, embora distinta, da ação teatral. Todo artista cioso de agradar deve se tornar mestre na arte de utilizar os recursos da matéria com que trabalha em vista da produção de obras cuja apreensão agrade e inspire o desejo de ser repetida. Os inimigos da sensibilidade são muitas vezes gente que não tem nenhuma. Tenhamos pena deles, porque os prazeres da arte lhes foram recusados, e com tais prazeres a consolação mais segura de muitas penas. É por meio da arte que a matéria entra por antecipação naquele estado de glória que os teólogos lhe prometem quando, no fim dos tempos, ela há de ser como que espiritualizada. Um universo onde tudo não teria outra função além de ser belo seria literalmente uma beleza; não é preciso que aqueles que não veem sentido numa tal noção impeçam os outros de sonhar com o mundo que ela promete, ou de fruir das suas primícias. Primícias que somente as artes do belo podem-lhes proporcionar.

Uma segunda consequência geral deste fato é a relatividade inata e como que essencial das apreensões do belo. A ontologia da arte estabelece aqui alguns dos fundamentos da estética. Nada é mais objetivo que a beleza de um objeto feito para o prazer dos olhos, mas nada é mais variável e desigual que os olhos a que se oferece. Tomemos aqui a visão como símbolo de todas as faculdades de apreensão a que as diversas artes se destinam, incluindo o intelecto cuja função consideraremos mais adiante, e diremos que, embora praticamente nada deixe de participar do domínio da arte, reina uma desigualdade fundamental neste domínio. O que se chama de "dom" constitui-se em grande parte daquela sensibilidade à qualidade das linhas, dos volumes, dos sons e das palavras que varia conforme os indivíduos. O número muito considerável de pintores que sofrem de problemas visuais, ou de músicos que perdem a audição, faz-nos pensar numa espécie de hipersensibilidade quase mórbida como se fosse o preço, digamos assim, dos eminentes dons artísticos de certos artistas. Eugène Delacroix, Cézanne, Maurice Dennis na pintura, e Beethoven na música, representam bem um conjunto de fatos muito conhecidos. Mas o amante da arte, que tudo julga com a mais tranquila segurança, cometeria um grande erro ao considerar a relação de sua própria sensibilidade com a obra de arte como idêntica à que, no caso do artista, preside à sua produção. Aqueles para os quais a música é sobretudo um anódino sucedâneo da morfina não têm senão uma leve admiração por Camille Saint-Saëns. De nada adiantaria se lhes disséssemos que o compositor sabia tudo o que um homem do seu tempo podia saber sobre música, nem que podia escrever o que bem quisesse, mas lhes faria muito bem se se perguntassem o quanto a sua sensibilidade aos sons pode realmente ser comparada à do autor da *Quarta Sinfonia com Órgão*, ou do charmoso *Carnaval dos Animais*. "Certa noite", escreveu este músico austero, "graças ao silêncio absoluto do campo, eu ouvi um imenso acorde, de uma sutileza extrema; aumentando a sua intensidade, este acorde se resolveu numa única nota, produzida pelo voo de um inseto". É preciso saber ouvir o canto das cigarras e seguir indefinidamente as sempre cambiantes variações dos seus ritmos; é preciso poder ouvir o mundo de harmonias incluído no zumbido de um inseto para julgar corretamente o que é a arte para aqueles que a produzem. Sabemo-nos incapazes de compor como Mozart ou pintar como Delacroix, mas já seria muito bom se pudéssemos ouvir a música e ver a pintura como a ouviam e viam Mozart e Delacroix. Invejemos a Racine pelo prazer que sentia lendo Sófocles, não porque o compreendesse, coisa que qualquer helenista pode, mas pela qualidade soberanamente poética desse prazer. Precisamos de muita modéstia para chegar à familiaridade com as grandes obras. Assim como o mundo da natureza, também o da arte é uma aristocracia, onde cada um deve aceitar o seu lugar; e ainda que, em certa medida, se possa democratizar o acesso a esse mundo, democratizar esse próprio mundo seria o mesmo que o aniquilar.

CAPÍTULO III
Corolários para a estética

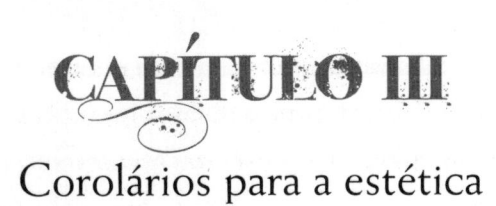

Quando se atesta que a ontologia do belo, ou calologia, não fornece nenhuma regra de julgamento para discernir entre as obras belas e as que o não são – ainda que possibilite reflexões bastante úteis sobre as razões desta impossibilidade –, o resultado quase sempre é uma certa decepção. Se ambas, diretamente, se limitam a fundamentar uma filosofia da arte, calologia e ontologia definem ao menos as condições gerais da possibilidade da estética e daquele gênero de julgamentos que costuma acompanhá-la.

Saber se toda percepção estética se acompanha ou não de um julgamento e, em caso afirmativo, se o julgamento precede e causa tal percepção – ou antes se é sua consequência ou parte constituinte – é questão pertinente à estética, que é a ciência das apreensões da obra de arte, e não à filosofia da arte propriamente dita, que, por sua vez, é a ciência das condições gerais da produção da arte. Quanto à ontologia, seu papel é definir os característicos gerais dos julgamentos que afirmam ou negam a existência do belo em cada caso.

O mais surpreendente desses característicos gerais é que os julgamentos estéticos são também dogmáticos e absolutos – ou seja, eles não são justificáveis. Cada qual pode se certificar disso observando-se a si próprio, e, aliás, a mais ligeira conversa sobre arte com os amigos nos há de mostrar neles mesmos a nossa própria conduta, fazendo afirmações sem reservas, e inclinados até a exagerá-las e defendê-las calorosamente se somos contestados – no entanto, incapazes, se não de argumentar em favor da própria opinião, ao menos de justificá-la objetivamente de maneira a convencer um suposto ouvinte.

Em certo sentido, tal dogmatismo se explica por esta mesma incapacidade. É justamente porque nos sentimos desprovidos de provas que insistimos com tanta força na afirmação. Stendhal o observou no tocante à música, onde o fato é particularmente evidente: "É porque não se consegue saber a razão dos sentimentos musicais que o homem mais sábio é fanático por música". Nada tão patente quanto caráter arbitrário e fanático da afirmação. Contudo, esta não é uma explicação suficiente, pois o fanatismo dos gostos estéticos, se não universal, ao menos muito constante, também requer uma justificação.

A própria natureza do belo artístico, porém, talvez nos forneça uma explicação suficiente, ou, quando menos, um ponto de partida a partir do qual a estética, considerando o fenômeno, podê-lo-ia explicar. Visto que o belo é o bem do intelecto e da sensibilidade, é objeto do desejo e do amor. As emoções fortes, no mais das vezes, e até desconcertantes, que acompanham a experiência estética são a causa e o alimento deste amor. O amigo da arte ama a obra pelo prazer que lhe causa, e é-lhe grato por isso; como a experiência do belo vem sempre acompanhada de alguma emoção, ele, pois, se alivia dela declarando o seu reconhecimento e o seu amor. Pode-se tratar de manifestações corporais discretas e até mudas, como uma lágrima furtiva; ou de gritos que chegam ao tumulto, como aqueles auditórios descontrolados que explodem em aplausos, urras, e às vezes em berros semelhantes aos dos cães; ou ainda, uma vez apaziguada a emoção, podem ser juízos de valor lançados como desafios e prontos para se defenderem do que quer que seja. Quando pensamos que se trata de uma película colorida sobre uma tela, ou de sons tirados de instrumentos cujas cordas são feridas por animais racionais com o auxílio de arcos ou dos próprios dedos, espantamo-nos com a desproporção entre a causa e o efeito. Mas ela se explica se considerarmos tamanha violência como o efeito de um amor, e tal dogmatismo como a vontade de defender o objeto. Pois perder o objeto é perder o prazer que ele causa. Ora, a despeito do seu dogmatismo e do que eventualmente afirme sobre a possibilidade de perder o seu objeto, a experiência estética é vulnerável. Uma palavra dita no momento certo basta, às vezes, para revelar uma beleza até então desprezada, assim como basta também outra palavra para estragar alguns prazeres para sempre, envenenando a sua fonte. Todos temos medo disso, e com toda a justiça, pois, já que os prazeres da arte são bons simplesmente por existirem, o instinto de preservação que nos leva a protegê-los contra qualquer ataque contém em si mesmo a sua própria justificação. E não é a psicologia nem o empirismo que nos leva a constatá-lo. Pois ainda continuamos a afirmar, com Stendhal, que a impossibilidade de se justificar leva a substituir a razão pelo fanatismo, mas com o reparo de que esse sentimento de não poder justificar racionalmente uma certa evidência só atinge aqui, excepcionalmente, um ponto crítico, porque se exige uma justificação objetiva de uma certeza que, por sua vez, não pertence ao domínio da verdade, mas ao do amor. É preciso variar um pouco, como Dom Quixote, para exigir de todos que vejam Dulcineia com os olhos do seu gentil cavaleiro. Quem vê a obra de arte como a fonte da sua alegria certamente não se engana afirmando que assim é; ele o afirma dizendo que ela é bela, e é preciso que ela o seja para que lhe cause tanto prazer assim; ele se equivoca, porém, querendo impor como universalmente válido um juízo que, a despeito de sua fundamentação objetiva, é absolutamente verdadeiro apenas para uma experiência particular, e outras experiências semelhantes. Querer aplicar à beleza as regras de julgamento pertinentes à verdade, e somente a ela, é engajar-se em dificuldades inextricáveis. Demais, diante de quem se engaja não adianta nada querer apelar à razão; é somente ao "engajado" que cabe submeter a sua paixão pela arte às purificações necessárias; o que, talvez, ele venha a fazer se refletir sobre a exata natureza do seu objeto de amor.

A maioria hesita em fazê-lo. Preferem passar a vida dogmatizando, solitários e (coisa por vezes mais cômica que trágica) cheios de cólera. É porque os fanáticos temem perder o seu objeto de amor e as alegrias que o acompanham aceitando criticar a sua validade universal. No que também se equivocam, pois há pelo menos um sentido em que a experiência estética alcança um objeto absolutamente digno da aprovação que o julgamento lhe concede. A justificação ontológica do valor absoluto que o julgamento estético se atribui assim com tanta força, e às vezes até com violência, é que em última análise este julgamento considera o ser no seu próprio caráter de necessidade. Uma relação tal que a experiência do belo é um absoluto por ser necessariamente o que deve ser, dada a natureza dos seus termos (um dos quais, pelo menos, é ele próprio um absoluto). Certamente não se pode universalizar este absoluto, e isto precisamente por não pertencer, afinal, à alçada da verdade. A verdade sendo também uma relação, estabelecida, porém, entre o ser e o intelecto que o apreende, a ligação que a constitui é absoluta como o ser e, como os produtos do intelecto, passível de universalização. A beleza, ao contrário, é uma relação entre o ser e a sua apreensão pela sensibilidade particular de um sujeito inteligente. Não é razoável que se ponha em dúvida a validade absoluta da experiência estética, sob o pretexto de que não se pode universalizá-la. Ela só pode encontrar em si mesma as razões da crítica a que está sempre livre para se submeter; a cada momento dessa crítica, ela é sua própria regra e sua própria justificação. A reflexão alcança aqui um limite intransponível. Em todas as ordens convém aceitar certas realidades primitivas a partir das quais – e somente delas – se pode ordenar todo o resto. No caso em questão, o primeiro desses dados é a existência de estruturas sensíveis, naturais ou artificiais, cuja percepção é acompanhada de prazer e inspira o desejo de sempre se renovar.

O fato de que as estruturas de tal gênero possam ser ou dadas na natureza, ou produzidas por uma das artes do belo, é provavelmente a fonte mais abundante de confusões e mal-entendidos nas doutrinas que tratam da arte, bem como nos gostos, opiniões e julgamentos que se lhes relacionam. Com efeito, é possível ser insensível às obras de arte, mas profundamente sensível às belezas da natureza, e, portanto, não conceber para a arte nenhuma outra função legítima senão a reprodução dessas belezas naturais. O número dos que são deste alvitre é deveras considerável; trata-se, provavelmente, da imensa maioria dos usuários da arte, e como, por definição, os que têm este parecer não têm ideia nenhuma do que seja a arte do belo, seus fins e os meios de que dispõe para atingi-los, pode-se recear que a maioria dos homens viva e morra na mais invencível ignorância, não só do que, afinal, a arte é, mas também da sua mesma ignorância do lugar que ela ocupa.

Não se pode esperar que tamanha confusão venha algum dia a se dissipar, e não há talvez nenhum inconveniente em que ela permaneça nos espíritos a que convém. Do lado dos artistas, ela permite aos que não têm o poder de criar a beleza por si mesmos que ao menos se deem ao prazer de reproduzir, mais ou menos livremente, a beleza do mundo natural. Esta não é uma atividade desprezível, tanto mais que, aplicando-se a este trabalho de imitação, que exige esforços contínuos, grande habilidade e dons incomuns, o artista frequentemente utiliza os seus dons criativos, dos quais ele próprio, talvez, não tenha a justa consciência. Tal como Ingres, ele se zanga se lhe dissermos que cria, tamanha é a sua crença no dever de imitar. Do lado do usuário, o benefício é ainda maior, porquanto versos que contam histórias agradáveis ou que se endereçam a um sentimentalismo sempre pronto a responder, músicas previsíveis de ritmos francamente marcados e melodias fáceis, e quadros que representam paisagens aprazíveis e sugestivas formas humanas – todos lhe permitem imaginar o quanto é sensível à poesia, à música e à pintura. Um mecenas não precisa saber o que é a arte, mas é muito importante que acredite conhecê-la. Quando um erro tem tantas consequências felizes para um número enorme de pessoas, não se poderia desejar a sua desaparição.

É em cada um de nós, se somos filósofos, que convém combater esse erro, a fim de procurar a beleza da arte onde verdadeiramente está. Desde logo, trata-se de ver claramente que a beleza de uma obra escrita ou pintada se deve à sua unidade, integridade e perfeição, mas que essas qualidades devem ser as da própria obra, não do que ela representa. Os objetos representados ou descritos podem não ser belos, desde que a obra o seja. É a integridade da obra que conta, não a do tema.

Até aqui, tudo muito simples, mas as situações concretas possuem uma complexidade inextricável que é talvez a grande responsável pela completa desordem que reina na crítica de arte. Na maior parte do tempo é igualmente impossível, tanto para o artista quanto para o usuário, discernir o que a beleza da obra deve à natureza que ela imita ou à arte que a cria. Em outras palavras, o problema é saber se o que agrada na obra é a sua própria beleza ou a daquilo que ela representa. As duas podem estar presentes ao mesmo tempo. Neste caso, o prazer da beleza natural se junta ao da arte; mas como se distinguiria, então, na experiência total do belo, o que propriamente se deve a cada uma dessas duas causas?

Para evitar que a admiração destinada à obra se perca no tema de que trata, alguns pintores se engajaram sistematicamente na representação ou bem do feio, que é a ausência de ser, ou bem do disforme, que é o defeito da forma, ou bem de coisíssima nenhuma. A extraordinária aventura moderna da arte abstrata exprime precisamente a decisão de praticar uma arte cuja beleza não deve nada à beleza do tema. Mas essas decisões heroicas substituem uma dificuldade antiga por várias dificuldades novas, pois representar o feio natural não é simplesmente se privar de uma facilidade em última instância legítima: é contrariar o prazer que o belo artístico deve proporcionar opondo-lhe o desprazer que naturalmente o feio proporciona. Quanto à obra esculpida, pintada ou escrita esvaziada de qualquer sentido, ela aborrece diferentemente ao colocar um enigma para o espectador. Enquanto ele se esforça por resolvê-lo, a beleza da obra lhe escapa. Entre aborrecer-se com a feiúra do tema e aturdir-se com a sua ausência total, a arte clássica buscou sempre um equilíbrio. Eis o que amiúde a fez preferir a banalidade e o lugar-comum na escolha dos temas. Mas este é um problema da arte, não da filosofia. Aqui, trata-se de precisar que a beleza de que falaremos será sempre, ao menos em princípio, a beleza produzida pelas artes do belo – que justamente por isso chamamos de belas-artes.

As mesmas observações se aplicam ao problema – tão espinhoso, na prática – das relações entre a arte e a moralidade. O único bem que a arte como tal deve perseguir é a perfeição da obra. Assim como a sua tarefa não é dizer a verdade, que é o bem do conhecimento, assim também não é promover a perfeição moral, que é o bem da vontade. O bem que lhe é próprio é construir um objeto tal que a sua apreensão sensível seja agradável a um ser inteligente. Nada impede que o artista coloque a sua arte a serviço de uma causa moral ou religiosa, muito pelo contrário; mas podem-se promover boas causas por meio de obras ruins, e a qualidade artística das que as servem não deve absolutamente nada à dignidade de tais causas. Inversamente, e com muito mais razão, obras que tendem a corromper os costumes não obtêm nenhum mérito artístico simplesmente por fazê-lo. Quanto ao perigo prático que elas oferecem, deve ser julgado do ponto de vista da moral, não da arte. Eis por que, contrariamente ao que sucede na moral, podemos dizer que em arte o fim justifica os meios. Escolhendo livremente o seu fim, o artista também é livre para escolher os seus meios, cuja justificação é total se lhe permitirem atingi-lo. Em arte, o bom é o bem-sucedido. Porque a arte consiste em incorporar uma forma em certa matéria com o objetivo de produzir o belo; a arte que alcança tal fim é, por isso mesmo, boa. Mas a sua "bondade" se define no interior do sistema definido pelo seu fim e pelo sucesso dos meios que emprega para atingi-lo. A arte de Baudelaire deve ser julgada exclusivamente deste ponto de vista, mas precisaríamos ser muito ingênuos para imaginar que o seu sucesso se deva a algo de outro que não à arte do poeta. *As Flores do Bem* simplesmente não venderiam. Procurar a cumplicidade do leitor aliciando-lhe os instintos tanto acrescenta à arte quanto apelar às aspirações mais nobres deste leitor; isto significa, na verdade, nivelar por baixo, além de comprometer-se totalmente com a leviandade. Baudelaire se recusava a fazê-lo, pois, no seu caso, tratava-se de escrever poemas, não de bajular os próprios sentimentos, que floresciam sem o auxílio da arte; mas se, por sua vez, se pudesse conhecer a proporção de leitores que leem esta poesia em *poetas*, a cifra sem dúvida não seria elevada. Abaixo da escala dos artistas se encontra o pornógrafo, homem atormentado pela necessidade de escrever, mas, em geral, sem o dom da imaginação criativa. Resta-lhe, pois, vender a seus leitores o quadro de suas obsessões sexuais, certo de que sempre há de encontrar um público para alimentar as suas, comprando o que ele escreve. Aplaudir um artista por causa de suas audácias é uma grande ingenuidade neste domínio, pois não há aí sucesso mais fácil, nem mais estranho à arte em si mesma. Se, pois, nos ativermos ao princípio, não teremos problemas, pois a arte como tal é boa e, por definição, também pura, na medida em que atualiza a sua própria essência exercendo a função produtora do belo. As puras obras de arte, porém, são raras, e é devido a tudo aquilo que carregam de pretensões didáticas e ambições moralizantes que se expõem ao julgamento do bem e da verdade. Sendo assim, o problema não aceita mais uma solução geral, pois aos puros tudo é puro; mas, se se trata de beleza, tal assertiva significa apenas que a apreensão de uma obra de arte exclusivamente percebida como tal é pura por definição. Seria esta a pura apreensão do efeito da arte como arte, a qual, porém, é demasiado pura que perceba dessa mesma maneira as obras concebidas para sugerir imagens que o homem normal gostaria de esquecer? Neste caso, o que teremos serão casos particulares.

A discussão de cada um desses casos, no entanto, deverá se inserir no quadro de uma verdade geral, que é a distinção específica entre o ponto de vista do artista e o do espectador, ouvinte ou leitor. Precisamente porque a arte é fabricação, é também trabalho, esforço, labuta, cuidado técnico – coisas, em suma, que não afagam o sentimento nem engendram qualquer paixão. *Tristão e Isolda* pode ser uma obra estupefaciente para o ouvinte, mas, quanto mais ele a ouve como um músico, mais a emoção que o arrebata muda de objeto; não é mais o amor que o emociona, mas a arte. O próprio Wagner pode ter precisado de um choque passional para liberar suas energias criadoras, mas escrever cada uma das notas de uma partitura dessa magnitude é um calmante tão eficaz que a paixão dominante na alma do artista não é mais a de Tristão por Isolda, ou a do compositor por Mathilde Wesendonck, mas a imperiosa necessidade que ele sente de criar, enfim, a obra tão sonhada há tanto tempo. Um poema pode inspirar imagens de volúpia no leitor, mas não há nada de voluptuoso em escrever uma obra do gênero; muito pelo contrário, o esforço de escrevê-la seria o meio mais seguro e mais aconselhável de "purgar" uma tal paixão. Baudelaire, que conhecia muito bem o problema, afirmou-o expressamente numa das notas de *Mon Coeur Mis à Nu*, cuja crueza, infelizmente, desencoraja a citação literal. O sentido do trecho, porém, é muito simples; é que, longe de favorecer o desejo sexual, o exercício da arte nos afasta dele; somente o animal faz essas coisas muito bem; quanto ao homem, o erotismo é "o lirismo do povo".

O mal-entendido nasce, pois, frequentemente, porque o artista, ainda que não usufrua de seus possíveis benefícios, parece esquecer que o efeito purificador do trabalho da arte, tão eficaz no que concerne a ele próprio, não existe para o público. Onde está o leitor suficientemente artista para ler Baudelaire no interior do próprio sentimento que conduziu a sua mão na composição dos poemas, isto é, para se deleitar como puro artista com aquilo que desde o início ele sentiu como suas obras literárias? Ora, e a não ser que a arte deliberadamente renuncie a exprimir ou representar o que quer que seja, que obra é tão estabelecida que nenhum leitor ou espectador ousará desonrar o seu tema por uma indesejável conivência com os sentimentos mais sórdidos, coisa de que ninguém, afinal, se acha isento? Stendhal observa a *Madonna della Sedia*, de Rafael, e passa a desejar o seu modelo; portanto, tudo pode acontecer.

A observação deve ser generalizada. Ela revela, talvez, a fonte mais geral de confusão no domínio dos julgamentos estéticos. Trata-se do que se pode chamar de totalidade da experiência estética. A obra de arte age sempre por si mesma, e os elementos de que se compõe produzem uma impressão total em que o sujeito não distingue o que se deve à arte daquilo cuja causa é especificamente diferente. O julgamento estético exprime a emoção ou o sentimento total causado pela obra tal como é, e não aquilo que, nessa impressão total, se deve, em particular, à arte do artista. Como o julgamento estético exprime uma relação particular entre certa obra e o sujeito que a percebe, é natural que os julgamentos estéticos variem ao infinito segundo os sujeitos e mesmo segundo as disposições particulares dos sujeitos no momento em que se produz a experiência. Alguns se espantam com a circunstância de que obras por que foram seduzidos no passado tenham uma ação mais fraca ou mesmo, até, nenhuma ação posteriormente. Acusam as obras, mas nem sempre são elas que envelheceram: são eles. Secaram neles próprios certas fontes de emoção e o artista, que contava com elas para comover, não encontra mais resposta ao seu apelo. Eis por que a única beleza universal e perpétua é a que a obra deve à arte de produzi-la. Ligada à estrutura de uma obra feita unicamente para produzi-la, ou daquilo que, no interior de uma obra, está aí unicamente para este fim, esta beleza é imperecível. É a beleza do "clássico", em todo o vigor da palavra.

Na verdade, a obra de arte carrega todo o tipo de elementos estrangeiros. A distinção tradicional entre o belo e o "sublime" é um exemplo notável. O sublime, com efeito, corresponde aos mais elevados sentimentos morais. É uma beleza real. O *"Qu'il mourut!"*, de Corneille, é emocionante, sobretudo na primeira vez que o ouvimos, e é sem dúvida de uma beleza sublime, mas esta beleza não é a da arte do belo como tal. Quando muito, é a beleza da arte do dramaturgo hábil em colocar do seu lado todas as chances de sucesso, fazendo apelo a todas as emoções do coração e, em especial, às mais violentas e mais nobres. Existem almas vulgares que o sublime faz rir, ou a que inspira uma irresistível necessidade de caricaturá-lo. O sacrilégio é um tipo de homenagem que se faz ao sagrado. De qualquer maneira, é-nos impossível discernir, no seio da experiência da obra de arte, o que se deve à sublimidade dos sentimentos, ao contágio das paixões ou às emoções religiosas, morais, patrióticas, sociais, familiares, pessoais ou quaisquer outras. Apenas o crítico ou a reflexão analítica do espectador ou leitor podem discernir como convém, mas toda consciência é o lugar de encontro de sentimentos e ideias distintas como que constituídas pela emoção total que a obra produz. Não são apenas os seus contemporâneos que o crítico se arrisca a julgar erradamente. Eles têm muitas paixões em comum para que o crítico consiga sempre ultrapassar a crosta das aparências superficiais e não seja enganado pela falta ou pelo excesso. Na verdade, não é a cegueira de Sainte-Beuve que nos surpreende, mas suas admirações fora de lugar. O mesmo vale para Robert Schumann como para Baudelaire. E isto porque não se sabe bem qual é a causa do prazer naquilo que apraz. Mesmo no passado, porém, o coeficiente pessoal do crítico afeta todos os julgamentos que profere. É difícil imaginar que chegue um dia em que possamos isolar as componentes da experiência estética para distinguir-lhes a influência da arte como tal.

Ainda mais sutil é o gênero de complexidade cuja origem se deve à natureza cumulativa de belezas diversas. A linguagem tem sua beleza, a natureza mineral, vegetal, animal e humana tem a sua. Se o artista tiver habilidade para combinar na mesma obra as forças emotivas exercidas por todas as formas de beleza natural, a experiência estética inevitavelmente ganhará em profundidade e intensidade devido à ação convergente dessas causas diversas. A despeito de suas possíveis justificações, o fato é que a repulsa de muitos à arte abstrata se explicaria muito bem pelo que acabamos de dizer. O espectador insensível à arte propriamente dita, e que frequentemente não sabe que o é, não terá prazer algum em ler, ver ou ouvir uma obra cuja aceitação depende apenas e tão somente do seu puro valor artístico. Quem "não acha nada" numa obra não poderia admirá-la. Já que ela frustra a sua expectativa, o espectador vai se irritar com ela. O artista em busca de sucesso, portanto, fará o contrário disso. Contando com a propriedade cumulativa das belezas, oferecerá ao público as da natureza quando as da arte, embora presentes, puderem passar despercebidas. De resto, que artista poderia desprezar essa conspiração de belezas, quando o seu fim é precisamente agradar? Quer se trate de um belo nu, de uma bela paisagem ou de qualquer outro "tema" cuja mera beleza natural bastaria para agradar, não nos interrogamos sobre o que se deve à natureza e o que se deve à arte neste prazer, que a beleza concede a quem a vê e a quem apenas a imagina. Mesmo os retoques que o artista faz na natureza para lhe sublinhar ou realçar o que é belo engendram uma beleza mista, tanto da natureza quanto da arte. Ante o prazer de uma pintura de Canaletto, quem dirá o que se deve ao pintor e o que se deve a Veneza? Mas Veneza, ela própria, também é uma obra de arte. Não surpreende, pois, que tantos pintores e desenhistas montem o cavalete diante da *piazzetta*, onde tantos arquitetos acrescentam belezas à do mar que basta imitar tudo tal como é para já então agradar aos olhos. No limite, basta uma fotografia. Possuímos uma única sensibilidade para belezas de origem diferente. A reflexão crítica está livre para fazer as distinções oportunas no campo dessas emoções totais, mas que crítico se gabará de distinguir para todo o mundo o que a experiência de cada um deve à arte e o que deve à natureza? Todas as belezas formam uma só.

Essas noções são abstratas e devem sê-lo, pois, sendo metafísicas, excluem a imaginação; não obstante, o comum sentimento dos artistas e do público parece ao seu modo confirmá-las, e mesmo a história da arte, dir-se-ia, testemunha ao seu favor: por que, afinal, a arte clássica da Grécia ou do Renascimento italiano goza de uma supremacia inconteste aos olhos da história, senão porque cura quem sofre de cegueira estética oferecendo-lhe a beleza natural, que ele percebe, no lugar da artística, que lhe escapa? Interrogando-se sobre essa mesma arte que o artista exerce, e da qual nada sabe senão exercê-la, o usuário a representa como um conjunto de dons misteriosos, a cada um dos quais confere um nome e cujo conjunto define para ele um ser excepcional, quase milagroso, que é o artista.

O procedimento espontâneo do conhecimento comum ao se exprimir nesses assuntos consiste em transformar as marcas do belo, presentes na obra, em qualidades que se supõem inerentes ao espírito do artista. Cada uma dessas qualidades se torna, pois, a suposta explicação das que se encontram na obra. Isto se pode observar, por exemplo, na distinção tradicional entre o gênio e o talento. Devido à existência de obras cuja natureza e grau de excelência sugerem classes objetivamente distintas, das quais fariam parte, explicamo-las supondo que exprimem dons artísticos especificamente distintos.

Mas um verdadeiro artista, como Robert Schumann, não se engana e procura nas próprias obras o princípio de sua distinção. Diz, então, que as reconhecemos por um sinal, que as partes de uma obra de gênio estão como que ligadas por um "fio de ouro", o qual não existe nas obras do simples talento. Com efeito, o talento compõe ajustando de maneira hábil e muito feliz as partes da obra, mas o gênio engendra-a inteira a partir da forma seminal que é o seu gérmen. Por mais longa que seja a sua gestação, e mesmo se tiver de ser retomada muitas vezes para chegar onde deve, ela é algo, na verdade, "de um jorro só", porque nasce inteiramente da única forma que a informa, princípio exclusivo de todas as escolhas e exclusões do artista. O "fio de ouro" de que Schumann fala é precisamente essa forma, pois assim como presidiu ao nascimento da obra, ela está presente em todas as suas partes. É exatamente essa presença, de resto, que lhe constitui a unidade. Ora, a unidade é o ser indiviso de si mesmo: é, pois, pela presença dessa forma no todo e, ao mesmo tempo, em todas as partes, que a obra deve existir e ser um todo completo que apresente uma harmonia suprema entre todas as suas partes. A língua comum simplesmente nomeia a causa no lugar dos efeitos e situa essa causa no poder criador do artista em vez de procurá-la na estrutura mesma da obra. O seu instinto, porém, não a engana.

Na falta de uma regra precisa para formar juízos particulares de beleza sobre tal ou qual obra de arte, essa linguagem comum sugere certas distinções gerais que vale a pena ter em mente quando se trata das artes do belo e dos seus produtos. A distinção entre o gênio e o talento não se deve à circunstância de que este tomaria emprestado, enquanto aquele criaria tudo. Todo artista toma emprestado; ele é aluno de seus mestres e produto de uma civilização definida no tempo e no espaço, a qual lhe fornece a matéria de sua obra. É precisamente neste nível que o gênero de "filosofia da arte" praticado por Taine ganha todo o seu valor, mas segundo este ponto de vista o talento e o gênio estão na mesma situação. O que no-los permite distinguir não é o empréstimo em si, mas o modo de tomá-lo. Visto que agencia, organiza e compõe, o talento costura os seus empréstimos na obra que produz, ou, antes, os insere e adapta nela. Mas o gênio os toma tão perfeitamente que os faz seus, os absorve e de algum modo os precipita no metal em fusão da obra que se ajusta no molde único da sua forma. O gênio não pega emprestado, ele toma e faz seu o que toma submetendo-o à forma seminal que é verdadeiramente sua. O talento cede à facilidade de expressão ou, quando muito, segue um plano que os elementos da obra vão preencher; o gênio acata as exigências profundas da ideia da obra nascente e é por isso que a sua obra se impõe com a força de um ser natural saído do seu espírito. Falamos então de gênio, e a palavra tem um sentido preciso desde que a relacionemos à qualidade ontológica da obra. Eis aí a unidade, como já dizia Santo Agostinho, que é a forma da beleza: *"Omnis porro puchritudinis forma unitas est"* (5 Epist. 18). O talento fabrica essa unidade desde fora e a obtém de maneira artificial, mas o gênio a engendra desde dentro concebendo a forma que se há de tornar a da própria obra; na arte como na natureza, os graus do ser seguem os graus da unidade.

Uma reflexão muito simples, pois, nos permitirá seguir, a partir de então, toda uma cadeia de noções familiares, às quais haveremos de atribuir um sentido bem preciso.

Dizemos que o grande artista é "original" e ele o é, certamente, porque a fonte das suas obras é a forma seminal de cada uma delas no espírito de quem a cria. O grande artista é original por definição porque o gênio faz seu tudo o que ele toca. Liszt se recusava a admitir que Wagner jamais lhe tomasse emprestado o que quer que fosse, e tinha razão. Visto que os exemplos mais fáceis de citar em livro são, porém, os da arte da escrita, toquemos no seio da originalidade lendo uma obra como *La Henriade*, de Voltaire, cujo autor havia lido tudo, sabia tudo em matéria de poesia e dispunha de uma habilidade literária tal que se pode muito bem enxergar nele o talento feito homem. Frequentemente se encontram versos deste tipo:

> *Valois régnait encore, et ses mains incertaines*
> *De l'État ébranlé laissait flotter les rênes;*
>
> [Com frouxa mão Valois sustinha as rédeas
> Do Estado Flutuante; as leis sem força.][1]

a cujo propósito nenhum leitor deixará de exclamar: Racine, *Fedra*! Mas Voltaire ainda faz melhor, pois não hesita em escrever:

> *Il regrettait des temps si chers à son grand coeur,*
>
> [Sentia os doces tempos agradáveis ao seu coração grande.][2]

---

[1] Voltaire, *Henriada: Poema Épico*. Trad. Tómas de Aquino Belo e Freitas. Rio de Janeiro, Impressão Régia, 1893, p. 3.

[2] Ibidem, p. 12.

sobre o qual o mesmo leitor há de recitar a si mesmo um outro verso de Racine, *Bajazet*, I, 1:

> *Ils regrettent le temps à leur grand coeur si doux...*
> [Sentia o tempo ao seu coração tão doce.]

O erro de Voltaire não é tomar emprestado, é não ter a força de simplesmente tomar para si. Ora, justamente *La Henriade* é o protótipo da composição de talento; é obra literalmente "informe"; todos os empréstimos vêm à sua tona como folhas mortas sobre um tanque. Quando está no seu melhor, Baudelaire é totalmente diferente. Ao escrever:

> *Mon coeur comme um tambour voilé*
> *Va battant des marches funèbres,*
>
> [Meu coração, tambor oculto,
> Percute acordes dolorosos.][3]

ele simplesmente faz o que quer com Gray e ninguém se dá por achado. Com efeito, não é Baudelaire que toma um verso de Gray emprestado, é a forma do seu poema que lança mão deste verso. O fio de ouro está aí e constitui-lhe a obra. Eis por que Baudelaire é um poeta original mesmo quando toma emprestado, enquanto Voltaire é no máximo um versificador de talento mesmo quando a sua prodigiosa memória o livra da tentação do empréstimo.

Dizemos também que o grande artista tem um "estilo". E é verdade, pois um estilo (o de um tempo, de uma sociedade, de um certo tipo de arte ou de um artista) é um característico constante de formas particulares, e a sua presença nos permite conceber essas formas como um único grupo. A fonte do estilo, no artista de gênio, é precisamente a afinidade das formas seminais que, concebidas por um só e mesmo espírito, se assemelham entre si como a posteridade de um mesmo avô. Conhecedor é quem se tornou sensível aos traços característicos de certo estilo e suas modificações por meio de longa familiaridade com a obra do seu autor. Um certo desenho, ou meros elementos familiares a este desenho, um intervalo musical favorito, um volteio frasal ou apenas uma certa maneira

---

3 Charles Baudelaire, *As Flores do Mal*. Trad. Ivan Junqueira. Rio de Janeiro, Nova Fronteira, 2006.

de conduzir a frase são como marcas que o autor imprime na sua obra tal qual a garra de um leão. Mas somente o gênio é um leão; o talento não tem estilo porque falta às suas obras aquela unidade primeva que somente a forma seminal lhes pode conferir. Ele escreve bem, porque um talento, mas não escreve como apenas e tão somente um único homem pode escrever. Alguns artistas têm consciência disso. Porque uma facilidade natural cultivada por muito estudo os levou a "saber" tudo a respeito da sua arte, sentem-se capazes de escrever em todos os estilos, mas não ousam fazê-lo, pois isso significa justamente que eles próprios não têm nenhum. Eis aí o compositor que se torna maestro. Alguns artistas criadores têm obras de fatura perfeita que, porém, em nada se distinguem de obras alheias. Quando uma obra não tem nada que não possa ter sido produzido por outro artista que não o seu autor, ela não tem originalidade. Não ter originalidade na escolha do tema pouco importa. Geralmente, é só por favorecer o exercício dos dons do artista que um tema como Orfeu, Ifigênia ou Fausto foi tratado tantas vezes. Partindo daí, o que fica em causa é tão só a arte mesma do artista, e é a vez do seu estilo e de sua originalidade.

As noções secundárias que acabamos de ver se relacionam com a arte do ponto de vista do espectador das obras. Falta examinar uma outra, que se relaciona com ela sobretudo do ponto de vista dos artistas, e a cujo respeito grassa uma tal confusão no seu espírito a ponto de esterilizar a sua mesma arte. Trata-se do "belo ideal", o ideal na arte, o belo natural e o belo ideal, e outras fórmulas sobre as quais se tem disputado sem fim e sem qualquer resultado. Para que não entremos numa interminável dialética, examinaremos essa noção sob a sua forma mais simples. Porque percebem muito bem a diferença específica da beleza dada na natureza e daquela que eles próprios produzem, muitos artistas concebem a beleza da arte como algo que existiria em si, numa espécie de mundo platônico, e acreditam que a função do artista é descobrir, entrever se possível e, tendo entrevisto, imitar a beleza. As dificuldades em que tal doutrina acabou por colocar os artistas são inumeráveis; em certas épocas, elas formaram a própria substância da vida da arte. As querelas entre "realistas" e partidários do ideal na arte não tiveram outra causa. Não levaram a lugar algum, pois simplesmente lhes faltava objeto.

O ideal na arte não é um modelo imaterial e transcendente que ao artista caberia descobrir e imitar, mas nem tampouco é uma noção sem fundamento no pensamento do artista, pois a devemos identificar à forma seminal que ele busca materializar na obra. Se refletirmos nisso, veremos que essa forma tem todos os característicos tradicionais atribuídos ao belo ideal. Como ele, também ela é objeto de pensamento e não de percepção sensível, atuando como uma espécie de guia que o artista se esforça por seguir na execução da obra. Ela é, em suma, sempre um arquétipo parcialmente irrealizável, em virtude do seu mesmo caráter exemplar e ideal. Limitando-se a exprimir uma experiência conhecida de todos, o músico Ch.-M. Widor escreveu certa feita: "A obra-prima vê-se de relance; quando a obra está terminada, não há mais obra-prima". Ele falava então de Massenet, mas também de si próprio e de todos que já tentaram dar corpo a uma ideia da obra que traziam dentro de si. Não podemos dizê-lo melhor, mas isso não nos leva a concluir que o objeto da arte, retomando uma fórmula de Charles Gounod, é encarnar o ideal no real, pois uma vez que tentemos definir a natureza desse belo ideal e suas relações com o belo real, fracassamos na empresa. Para fazer jus a uma tal fórmula, digamos que o objeto da arte é encarnar algum ideal em algo real, esse ideal sendo sempre e a cada vez a forma ou ideia da obra particular – e, pois, singular por definição – que o artista se engaja a produzir. Tampouco ela é totalmente acessível. Concepção do espírito, ela é muito rica para se fechar na singularidade do objeto material em que o artista quer enclausurá-la. A obra pronta sempre se empobrece com os sacrifícios a que teve de se submeter para se tornar real. É, pois, natural que nunca realize o ideal, mas isso não é razão suficiente para concluir que nunca seja uma obra-prima. Muito pelo contrário, a obra-prima ideal nem sequer é uma obra; é a obra real que realiza a obra-prima, e para o artista senhor dos seus meios ela é sempre a obra-prima que ele queria fazer, porque foi ele quem a fez. A verdade é que ele se sente capaz de fazer outras, cuja beleza, ainda ideal, não se realizou naquela que fez, mas ele erra ao depreciar o ser saído de suas mãos, e que ao menos existe, em benefício de uma pura possibilidade que não existe. Quando existir, ainda então hão de sobrar candidatos à existência atual. Existe, pois, um belo ideal que o artista persegue, mas ele se encontra dentro do próprio artista: a criatividade do seu espírito.

CAPÍTULO IV
As artes poiéticas

A noção de arte é bastante confusa e uma das razões por que é assim parece ser o estado em que a herdamos da Antiguidade e da Idade Média. A Renascença das letras e das artes no século XVI não mudou a situação, pois se evidentemente havia arte antes dessa época, não havia teoria das belas-artes ou do artista, e a situação permaneceu quase que a mesma, a despeito do que se costuma afirmar, no tempo de Michelangelo e de Leonardo da Vinci. No que concerne à filosofia da arte, os *Cadernos* se limitam a receitas de uma simplicidade desconcertante, enquanto o *Tratado da Pintura* não vai além das ideias que o artista pode tomar emprestado. Não é antes do século XVII que artistas e espectadores ou ouvintes começam a se interrogar tecnicamente sobre o sentido e a natureza das artes do belo. Até então, afora alguns livros de receitas práticas e uma ou outra metafísica do belo, o único a fazer da sua arte o objeto de uma história e de uma reflexão quase filosófica é Vasari.

O fato é ainda mais paradoxal porque a noção de arte, num sentido muito próximo à *techné* dos gregos, era familiar a todos. A Idade Média foi dominada por um sistema de educação fundado nas sete artes liberais. A lógica era uma arte na medida em que ensinava as regras e maneiras de operar na ordem do raciocínio. O acento, porém, da denominação recaía sobre o termo "liberais", que as designava como pertencentes ao espírito, em oposição às artes "servis", associadas à noção de servidão precisamente por causa do corpo. Ainda hoje, os teólogos chamam de "obras servis" aquelas "em que a parte do corpo é maior que a do espírito". Da lógica à matemática, astronomia ou música, tudo se aprendia e se ensinava por meio da palavra ou da escrita, as artes consistindo quase que exclusivamente em certo número de conhecimentos a adquirir e regras a seguir para a direção do espírito, em matérias que absolutamente não exigiam o uso das mãos. Os que se dedicavam a elas eram os "arteiros"; nunca houve um ateliê ou um laboratório em qualquer faculdade de artes do período medieval.

Façamos, porém, uma reserva de suma importância; assim como nunca houve laboratório ou ateliê numa faculdade medieval de artes, assim também os medievais jamais perderam o sentimento da relação essencial entre a noção de arte e a de produção. Eles distinguiam mais ou menos claramente o conjunto das regras do conhecimento, ou lógica, do das regras da ação, ou moral – e ambos, finalmente, do conjunto das regras da fabricação, que constituía a arte propriamente dita. Daí a distinção clássica entre a moral, concebida como a reguladora do bem agir – *recta ratio agibilium* –, e a arte ou técnica, concebida como regra da boa maneira de produzir ou fabricar – *recta ratio factibilium*. Em todos esses casos, atribuía-se à operação total uma parte de conhecimento e uma parte de execução ou prática. A questão da relação entre as partes se colocava desde o domínio da pura especulação: a lógica é uma arte, uma ciência, ou ambas, e em qual proporção? Podemos seguir sem erro as regras da lógica ainda que as não conheçamos, e é evidente que conhecer essas regras não confere aptidão para o seu correto manejo. Discutia-se muito a esse respeito nas escolas medievais, mas o fato é que em lógica o conhecimento se distingue muito mal da prática. Em moral, por sua vez, a distinção se impõe com toda a força, pois se é verdade que malevolência é ignorância, o mesmo não vale para a virtude, que não se poderia simplesmente identificar com o saber. Também se discutia esse problema. O mesmo problema da arte, aliás, o teria por si próprio colocado, se nos tivéssemos lembrado de mencionar a classe socialmente inferior constituída pelos artistas, trabalhadores que usavam as mãos. É perfeitamente exato que, para os filósofos da Idade Média e todos aqueles que ainda hoje fazem uso desta tradição, a arte consista essencialmente em saber como proceder para produzir determinada coisa, e não tanto em ser capaz de produzi-la. A *recta ratio* da fabricação é a própria arte de fabricar. Numa palavra, a arte, para tais filósofos, está totalmente do lado do conhecimento, e é bom que justamente aqui façamos notar esse ponto.

Isso porque sempre houve certa hesitação e a suspeita de que a noção mesma de arte fosse algo diferente, como demonstra o fato de que os maiores escritores, refletindo sobre a sua arte, perceberam que por maior o lugar do conhecimento, do saber e da observação das regras na arte da escrita, a obra é sempre resultado de uma produção.

Aristóteles era um observador admirável. Ele criou quase todas as ciências maiores, se não em si mesmas, ao menos nas suas noções principais, distinguindo-as segundo o respectivo objeto. O principal mérito da sua *Poética*, além da informação histórica que todos lhe devemos, foi talvez reconhecer a especificidade da ordem do fazer e falar das obras de arte como produtos, objetivamente descritíveis, de uma fecundidade análoga à da natureza na ordem que lhe é própria. Já o mero título da obra é prova suficiente de que o seu autor reconheceu a especificidade da ordem da arte como distinta das da ciência e da moral. De resto, é natural que grandes escritores hajam refletido sobre a natureza da sua arte e tentado estabelecer as suas regras. As retóricas de Cícero e seus diálogos sobre a eloquência são "artes oratórias", assim como a epístola de Horácio aos Pisões e a *Art Poétique* de Boileau são os modelos clássicos da maneira como um poeta pode formular, para si e para todos, as regras principais da arte da poesia. Não deixa de ser ainda mais admirável que todos, em certo sentido, acabem por reconhecer a aporia de tal empresa. Não porque a descrição das regras iria ao infinito, como é evidente, mas devido a uma dificuldade fundamental e muito mais séria. É que, tomadas em conjunto, e mesmo se se supõem completamente definidas, as regras da arte não são nada sem a capacidade prática de aplicá-las, sem o *pouvoir faire*. Este dom da natureza, que é uma espécie de fecundidade primeira, não se pode nem ensinar, nem aprender, nem tampouco adquirir quando não se tem. Grandes espíritos privados do dom da poesia trabalharam a vida inteira para adquiri-lo, e depois para substituí-lo por algo que lhes permitisse escrever poesia autêntica sem serem poetas, mas isto foi sempre em vão. Na fonte de toda arte e de todo saber concernente à arte há um elemento que não depende do saber propriamente dito, que não se basta a si mesmo, é verdade, mas que nada pode substituir e que, em última análise, pode prescindir do resto mais que o resto dele.

Os poetas clássicos tinham lá as suas ilusões: acreditavam que a beleza de um poema se deve à ordem e à clareza das ideias, que são grandes virtudes da prosa. Horácio e Boileau, porém, concordam ao afirmar que regras sem veia poética não bastam (*nec studium sine divite vena*) e que, se o céu não o fez poeta, *"c'est en vain qu'au Parnasse un téméraire auteur / ose de l'art des vers affronter la hauteur"*;[1] mas não dizem palavra sobre o que, afinal, é "veia poética" e "nascer poeta". A razão do seu silêncio é que, com efeito, não há nada a dizer. Pode-se explicar tudo acerca da arte poética, exceto como e por que os poetas são poetas e produzem poesia. O próprio poeta está reduzido ao silêncio sobre tais assuntos se se dispuser a ensiná-lo, pois neste caso ele se engaja na ordem do conhecimento e da palavra, aos quais a ordem do fazer é naturalmente estrangeira. Os antigos poetas começavam as suas obras com uma invocação às Musas. E isso porque tudo o que se nos dá sem explicação nem justificação razoável parece-nos depender da graça. Porque o entendimento não consegue explicar a arte completamente, procura a sua fonte numa divindade qualquer.

Diz-se que as artes poéticas, pois, negligenciam o essencial, mas como o poeta, por sua vez, tem consciência disso, o sentido de seu poema parece escapar a todo leitor que não tenha ele próprio escrito ou tentado escrever um poema. A arte de fazer só é plenamente inteligível a quem faz, e isso vale para todas as artes do belo ou belas-artes. A linguagem comum o testemunha, pois se hoje causaria certa surpresa a afirmação de que um lógico é um artista, como se afirmava na Idade Média, não hesitamos em chamar assim a um escultor ou um pintor. É de notar também que a linguagem denuncie uma outra hesitação do espírito quando fala de "artistas e escritores" e "artes e letras", como se os escritores não fossem artistas, nem as belas-letras, belas-artes. No entanto, o "poeta" é bem aquele que exerce a atividade do *poiein*: o *poietés* é essencialmente quem faz, o fazedor. Todo aquele que faz obras escritas, pintadas ou esculpidas é, pois, nesse sentido, "poeta" – ou, como se diz, "criador", pois é

---

[1] Cf. Boileau, *Art Poétique* [Arte Poética]: "é em vão que no Parnaso um temerário autor / ousa da arte dos versos afrontar a altura". (N. T.)

precisamente ao artista que as obras devem a sua existência. É claro que ele não cria a partir do nada. O exercício da arte pressupõe a existência do artista e dos materiais de que lança mão, mas o resultado do seu trabalho é que ao fim e ao cabo existe alguma coisa que não teria existido sem ele. E assim é no caso de todo tipo de fabricação, mas conviria reservar o epíteto de "poiética" àquelas operações cujo fim é produzir um objeto belo, e precisamente porque é belo. Em outros termos, a poiética inclui em si todo o domínio da factividade, na medida em que esta se propõe a produzir o belo.

A confusão entre verdade e beleza, conhecimento e produção, saber e fazer, ciência e arte é de longe a fonte mais grave de mal-entendidos neste domínio. Ora, assim como a ciência e a moral, também a arte é obra do homem; as mesmas faculdades do mesmo espírito estão, pois, em jogo, em todos os domínios de sua atividade. Há mister de inteligência, raciocínio, gosto, senso de ordem e de beleza por toda a parte, pois se pensar não é fazer, começamos a fazer assim que falamos, e ainda mais assim que escrevemos – ou seja, assim que tratamos de comunicar o próprio pensamento a outrem ou a formulá-lo para nós mesmos. Faz-se um discurso ou um livro da mesma maneira como um quadro ou uma gravura, mas a palavra "arte" não se aplica senão analogicamente a esses casos. Na ordem do pensamento, a arte só intervém para encontrar a expressão perfeita do saber que se comunica ou apenas se formula. A arte de pensar e de falar seguramente produz alguma coisa no pensamento ou no discurso, mas os seus efeitos não passam de modalidades de um e de outro. A perplexidade dos antigos, que se punham a distinguir entre *logica docens* e *logica utens*, não teve outra origem, pois a realidade das duas lógicas é a mesma, assim como a "divina beleza das equações de Lagrange", tão cara a Whitehead, não eram senão as próprias equações, as quais, por sua vez, é o próprio pensamento matemático e a própria ciência, cujo objeto é exprimir segundo a verdade aquilo que é, tal como é. Qualquer que seja a arte posta a serviço do conhecimento, a tarefa dele é sempre duplicar o mundo, afinal, oferecendo-lhe uma imagem de si mesmo. As prodigiosas faculdades de invenção, imaginação e criação de que nasce a ciência se empregam inteiramente a dizer a realidade tal e qual se apresenta à inteligência; ao fim e ao cabo deste esforço imenso, o homem pode utilizar a ciência a serviço das artes do útil, mas na medida em que é um conhecimento do mundo expresso na linguagem, a ciência não acrescentou uma unidade sequer ao número de seres existentes. Numa palavra, toda a arte do homem de ciência se põe a serviço do seu conhecimento do mundo e da expressão deste conhecimento, enquanto a arte poiética está inteiramente a serviço da obra que o artista executa.

Os exemplos da lógica e da matemática podem ajudar a formular uma regra geral para discernir de um só golpe entre as operações do conhecimento e as da arte. Há conhecimento toda vez que se houver compreendido uma operação para saber executá-la. Este é tão evidentemente o caso dessas duas "artes liberais" que toda a gente é capaz de raciocinar logicamente sem haver aprendido lógica, e não é raro encontrar pessoas capazes de resolver problemas elementares de cálculo sem haver aprendido matemática. O fato se verifica naqueles casos em que, como dissemos, há a necessidade de "estudos" para aprender a executar certas operações. Convém, pois, colocar na ordem do saber tudo o que somos capazes de fazer unicamente porque compreendemos em que consiste a operação em pauta. Se o esquecermos, o que além de possível é também frequente, basta reaprendê-lo para poder executá-lo mais uma vez.

A definição de arte como *recta ratio factibilium* supõe que seja assim em todos os casos, quando na verdade ela só se aplica corretamente às artes do conhecimento, em que, com efeito, compreender a regra é uma só e a mesma coisa que ser capaz de aplicá-la. As artes da fabricação, por sua vez, diferem das do conhecimento nisso, pois conhecer os métodos ou procedimentos de operação não habilita ninguém a aplicá-los. As razões são várias, mas a principal é que, na ordem do fazer, afirmar que sabemos fazer alguma coisa depois de submeter as suas regras à prova da prática não basta; é preciso ir além e afirmar que este "saber" consiste precisamente na própria execução. Se examinarmos em detalhe os casos deste gênero, veremos que toda verdadeira arte do fazer se distingue do simples saber nisso que exige do espírito que obtenha do corpo a execução de certas operações. Essas operações são tais que não basta conhecê-las para poder executá-las. No caso de sujeitos particularmente dotados, o sucesso é fácil e imediato; em outros casos, muito tempo e trabalho serão necessários para formar os hábitos motrizes que a prática de certa arte exige e requer. São anos de aprendizagem para aprender a pintar, esculpir, cantar, tocar um instrumento, compor música e até mesmo, no caso do escritor, para adquirir o domínio completo da língua e criar um estilo próprio. Quem fala sobre uma arte qualquer sem a ter exercido pessoalmente sempre se arrisca a reduzir um poder a um mero saber. É um abuso, aliás, atribuir a Aristóteles a definição que faz da arte uma *ratio* e, pois, um *logos*, quando não uma simples regra. O filósofo concebia a arte como uma *éxis poietiké*, ou seja, para sermos exatos, "uma aptidão adquirida para fazer uma certa coisa". Trata-se, portanto, de um hábito formado pelo exercício e graças ao qual quem o possui torna-se capaz de produzir certos objetos cuja causa é a sua arte.

Podemos, pois, manter esses dois critérios para discernir as operações que dependem da arte propriamente dita, isto é, da arte de fabricar em geral e, particularmente, da factividade na ordem do belo. Em primeiro lugar, que, diferentemente do que se dá na ordem do conhecimento e da verdade, basta saber para poder, a eficácia sendo por assim dizer a verdade da factividade. Em seguida, e por uma consequência necessária, que, à diferença do papel que executa quando é posta a serviço do conhecimento, a arte do artista não está jamais a serviço de si mesma, senão da obra que fabrica em vista de sua beleza. A beleza da ciência é um seu subproduto, como a da natureza ou a da indústria. A beleza da obra de arte é o seu verdadeiro fim. Quando o artista imagina que a sua obra cumpre uma função profética qualquer, engana-se redondamente, assim como todos os que o transformam numa espécie de demiurgo ou grande iniciado numa qualquer verdade superior. Já que tudo o que entra de arte no conhecimento está a serviço da verdade, o que entra de verdade numa obra de arte só o faz para servir à beleza, quer se trate de um poema didático, como as *Geórgicas*, de uma arte poética, como as de Horácio e de Boileau, ou de uma epopeia, como *A Divina Comédia*.

Essa distinção quase ingênua de tão elementar nem sequer mereceria ser lembrada se não fosse esquecida com tanta frequência. A redução da arte ao conhecimento é uma ilusão indestrutível que jamais conseguiremos exorcizar por completo, pois todos os homens utilizam o conhecimento, mas poucos praticam a arte. Poderíamos citar inúmeros exemplos, mas seria vão; basta resumir aqui, como caso-tipo, as páginas que D'Alembert consagrou à natureza da arte no *Discours Préliminaire de l'Encyclopédie*. Não espanta que um enciclopedista inscreva a arte no lugar que acredita ser o seu, isto é, entre os diversos ramos do conhecimento humano. Depois de descrever uma primeira classe de operações cognitivas, as quais consistem em receber "noções diretas" ou "ideias primitivas" e então combiná-las entre si – o que dá origem às ciências –, D'Alembert acrescenta: "Mas as noções formadas pela combinação das ideias primitivas não são as únicas de que nosso espírito é capaz. Há uma outra espécie de conhecimentos reflexivos de que também se deve falar. São as ideias que formamos por nós mesmos, imaginando e compondo seres semelhantes aos que são objeto de nossas ideias diretas: eis o que se chama de imitação da Natureza, tão conhecida e recomendada pelos antigos".

Eis aí um engenhoso desvio. A imaginação imita a natureza formando e combinando imagens de objetos percebidos; imitando essas imagens nas próprias obras, o artista imita indiretamente, por sua vez, os seus modelos naturais. A ambiguidade da noção é evidente, mas era inevitável; entre exprimir nossas ideias por palavras ou exprimi-las por imagens, não há diferença essencial; se nos ativermos ao próprio ato de significar, trata-se num e noutro caso de exprimir noções concebidas pelo espírito segundo modelos que a realidade lhe oferece. Daí a fórmula de D'Alembert: todas as artes são "conhecimentos que consistem na imitação".

Não contente com afirmá-lo, D'Alembert também o demonstra. À frente dos conhecimentos que consistem na imitação devem estar a pintura e a escultura, porque são as mais próximas dos objetos que representam, e falam mais diretamente aos sentidos. Para D'Alembert, isso é uma simples evidência; tanto é visível o papel da imitação nessas artes que podemos afirmar sem receio que elas consistem em imitar.

Passemos então à arquitetura. O problema, aqui, não é tão simples e, naturalmente, D'Alembert se deu conta disso. Ele reconhece que a imitação, neste caso, é muito mais "restrita" que nos precedentes. Com efeito, a arquitetura se limita a tornar agradáveis aos olhos as moradas sem as quais a vida humana não diferiria em nada da dos animais. Seguindo a sua evolução, desde as habitações primitivas até os palácios modernos, veremos que ela se reduz a ser, em certa medida, "a máscara adornada de uma de nossas maiores necessidades". Não obstante, em que sentido ela seria imitação? Ela "se limita a imitar pelo ajuntamento e união dos diferentes corpos que utiliza aquele arranjo simétrico que a natureza respeita mais ou menos sensivelmente em cada indivíduo, e que tanto contrasta com a bela variedade do conjunto". Temos de louvar D'Alembert por não haver recorrido à conhecida escapatória: as casas são, em certa medida, cavernas construídas artificialmente a céu aberto, o que vale para qualquer cabana, evidentemente, mas não explica por que, sendo assim, a arquitetura é uma das belas-artes. Sua honestidade o impede, porém, de responder à questão, pois mesmo supondo que a disposição dos edifícios imita a ordem interna e o equilíbrio das partes do corpo humano, é difícil crer que uma analogia assim tão longínqua tenha chamado a atenção dos primeiros arquitetos. Entre o corpo humano, o Parthenon ou o templo circular de Vesta, em Roma, as diferenças superam as semelhanças. O mínimo que se poderia dizer desta hipótese é que é gratuita; tanto lhe falta consistência que nem sequer pode ser refutada.

Tratemos agora das artes da palavra e do som. "A poesia, que vem depois da pintura e da escultura, e que imita com palavras que se dispõem segundo uma harmonia agradável ao ouvido, fala antes à imaginação que aos sentidos; representa-lhe de maneira viva e tocante os objetos que compõem este universo, e parece que os cria em vez de os pintar, pelo calor, movimento e vida que lhes sabe conferir". Relevemos o fato de que a harmonia das palavras para o ouvido parece não ter relação nenhuma com qualquer espécie de pintura, exceto ao nível da harmonia imitativa, que é o mais baixo de todos. Observemos que D'Alembert permanece fiel à sua noção primeira segundo a qual a arte é um dos modos do conhecimento. Com efeito, a poesia representa à imaginação do leitor imagens concebidas por uma outra imaginação, a do poeta; ela é, pois, transmissora de representações, que são conhecimentos. O filósofo permanece escrupulosamente fiel à sua própria posição.

Mas o que diremos a respeito da música? Essa arte é a pedra no sapato de toda estética deste gênero e D'Alembert concede, aliás, que "ela ocupa o último posto na ordem da imitação". A necessidade de incluir a música em sua doutrina geral inspira-lhe, porém, uma solução. A música, diz, imita tão bem quanto qualquer arte, desde que se trate de algo que possa imitar; sua inferioridade a esse respeito deve-se unicamente à circunstância de não dispor senão de um número muito restrito de imagens e, consequentemente, ter encontrado apenas um rol mínimo de coisas a imitar. O seu domínio próprio parece ser o dos sentimentos. Neste ponto preciso, D'Alembert desce a ladeira natural que conduz a noção de imitação por meio de signos à de linguagem: "A música, que na origem não estava, talvez, destinada a representar senão o ruído, tornou-se pouco a pouco uma espécie de discurso, ou mesmo língua, pela qual exprimimos os diferentes sentimentos da alma, ou antes suas diferentes paixões". A ideia diretriz permanece a mesma, pois há imitação a cada vez que um pensamento, imagem, sentimento ou paixão, conhecida pelo sujeito que a experimenta ou possui, se torna ao mesmo tempo um conhecimento comunicável por meio de signos. Exprimir é imitar. D'Alembert estima além disso que o campo aberto à expressão musical possa ser aumentado, e o que diz a respeito é ainda mais revelador. Além das paixões, a música tal como ele a concebe deveria poder exprimir também as sensações. Eis o que entende por esta fórmula um tanto desconcertante. Suponhamos que quiséssemos "pintar um objeto aterrorizante" ou, pelo contrário, um objeto agradável: bastaria procurar "na natureza a espécie de ruído que pode produzir em nós a emoção mais semelhante à que este objeto excita". A teoria parece supor que numerosos objetos têm o poder de nos suscitar emoções tão determinadas que, basta um som que nos cause a mesma emoção, e a imagem do objeto a que tal emoção habitualmente se liga é imediatamente evocada. D'Alembert pensa que haveria mister de gênio para apreender tais ligações, de gosto para senti-las e de espírito para percebê-las; mas não duvida da sua existência. O sentido de uma tal música estaria irremediavelmente perdido para o vulgo; ela não deixaria de ser à sua maneira uma pintura, e é preciso que o seja para ser o que é: "A música que não pinta nada não passa de ruído".

Cada um desses problemas mereceria ser retomado a propósito de cada arte particular, mas a utilidade de escutar D'Alembert está em que a sua descrição das artes nos mostra o quanto é difícil distinguir as noções de conhecimento, imitação e linguagem. Toda vez que D'Alembert se põe a falar de uma delas, vemo-lo sub-repticiamente passar às outras e, com efeito, não poderia ser de outra maneira. Não podemos renunciar a distinguir claramente essas noções, nem consegui-lo. Porque todas têm raízes na noção de conhecimento, à qual se pode enxertar a de arte de três maneiras distintas, conforme a concebamos como visão privilegiada do real, como linguagem que exprime esse real ou como sistema de signos que o simboliza. Intuição, expressão, simbolismo – três interpretações da arte que têm lá a sua verdade, evidentemente, mas contra as quais é preciso defender a verdade fundamental que acabam ofuscando, tanto que mal se distinguem entre si. Todas as três têm em comum a certeza imediata de que, a despeito de como a interpretemos, a obra é portadora de uma mensagem, e que a sua função é comunicá-la a quem a desfruta.

A primeira hipótese é que a arte seja essencialmente uma cosmovisão privilegiada, ou, como se diz, uma intuição. Não é sempre que se concorda quanto ao que, afinal, esta visão revela ao artista, mas talvez não fosse inexato dizer que, em regra geral, o filósofo identifica o objeto da intuição do artista com o que a sua própria filosofia considera ser o fundamento da realidade. Se for pessimista, como Schopenhauer, o filósofo há de tomar a arte como uma espécie de redenção, em cujo caso o que o artista privilegiado vê e tem a missão de revelar seria aquilo que liberta o homem da realidade, do seu fardo. A subjetividade dessas determinações é demasiado visível para que precisemos insistir no fato, tanto mais que as perpassa a mais comum de todas elas, aquela segundo a qual o artista, rodeado de simpatizantes e entusiastas, é uma espécie de Vidente por cuja intercessão podemo-nos aproximar de um mistério universal, encarnado em sua obra.

As dificuldades inerentes a tal noção são evidentes. Desde logo ela é igualmente aplicável a toda forma de conhecimento que se gaba de transcender o dado empírico, mas, sobretudo, ela engaja a reflexão sobre o artista na busca de um objeto de conhecimento que a sua arte terá o dever de imitar. Deste ponto de vista, a noção de arte-intuição conduz inevitavelmente à de arte-expressão e arte-simbolismo que teremos de examinar, mas, considerada em si mesma, ela topa com a dificuldade, tão conhecida desde que Aristóteles a levantou a

Platão, que constitui a passagem do conhecimento à ação. Nada se faz sem conhecimento, mas, por si mesmo, o conhecimento não faz nada. É possível, talvez, que haja Ideias, mas, se as houver, elas nada executam por si mesmas, e que um espírito as conheça não constitui o início de uma operação eficaz. O *Timeu* continua a ser a mais perfeita ilustração concreta dessa verdade. A doutrina das Ideias dá conta da inteligibilidade do universo, mas, no momento de explicar a sua existência e estrutura, Platão compreende a necessidade de apelar a um filósofo dublê de fabricante. O "demiurgo" tem os olhos fixos nas Ideias ou ao menos se lhes refere e se inspira nelas na execução do seu trabalho, mas ele próprio permanece um artífice, e, com efeito, a origem e o começo da arte não é um desejo de conhecer, mas de fazer; não é uma visão, mas um projeto.

Confusa em si mesma, a doutrina que reduz a arte a um qualquer tipo de intuição é ainda mais confusa nas consequências que daí deriva. Para lhe conferir um sentido, precisa admitir que o seu objeto lhe é de alguma forma preexistente. Toda doutrina desse gênero é finalmente levada a supor a existência de uma realidade transcendente, que seria o Belo, e a conferir ao homem o poder de se fazer uma certa "ideia" deste belo. O artista não faria senão transcrever o melhor possível na matéria de suas obras os traços desse modelo.

Conhecemos o gigantesco lugar ocupado por essa doutrina na filosofia da arte, como também na própria história da arte, haja vista que muitos artistas se persuadiram de que a sua missão era primeiro descobrir este belo ideal, depois imitá-lo. Mas a maioria reconheceu que, mesmo supondo que existisse, este belo ideal seria puramente inteligível e, portanto, não poderia jamais servir de modelo para obras realizáveis na mera matéria sensível. Reduzida, pois, a pretensão, considerou-se que o modelo da arte era um "reflexo" sensível dessa beleza inteligível. Depois de o haver descoberto na natureza, só restava ao artista que o imitasse. Mas nenhum artista jamais pôde dizer em virtude de qual princípio era capaz de distinguir, nos próprios objetos naturais, o que era indiferente, disforme e feio, e o que era reflexo desse belo ideal que a sua arte devia imitar. Para fugir ao embaraço, grandes artistas admitiram que artistas anteriores já haviam resolvido o problema, de tal modo que, tomando-os por modelo, imitavam a beleza em si que os havia inspirado. Ingres continua a ser uma privilegiada testemunha desta tentativa, como também das dificuldades que comporta. Com efeito, identificar, como identificou, a beleza ideal com a arte de Fídias e, em geral, a estatuária grega do período clássico importava em fazer da arte, não a imitação do belo ideal, mas de uma escola de arte particular vista através de uma noção muito incompleta a seu respeito. Quando se chegou a definir a mesma arte grega, foi preciso constatar que incluía vários cânones diferentes de beleza, entre os quais se podia escolher. Mas em nome de qual princípio se podia justificar tal escolha, isso não se chegou a saber.

Tais dificuldades, entre outras tantas, levaram a enfatizar a invenção de preferência à imitação em matéria de arte; persistindo, porém, a noção que faz da arte uma espécie de conhecimento, tal noção foi concebida como uma intuição capaz de criar o próprio objeto. Se se trata apenas de palavras, o problema não tem qualquer importância. A ideia não é mais concebida como o protótipo de um objeto possível que ao artista basta conhecer e imitar, mas antes como a forma, imanente à imaginação do artista, que a execução da obra deve materializar. Reconhece-se em doutrinas deste gênero a influência da teologia cristã tradicional, em que a ideia divina é considerada como dependente do conhecimento "prático", já que é essencialmente um conhecimento-em-vista-da-ação.

Eis aí uma feliz modificação da doutrina, na medida em que se inspira numa noção de arte que respeita a sua criatividade essencial, mas herda as dificuldades inerentes a toda interpretação que, para permanecer fiel ao intelectualismo num domínio em que ele não ocupa o posto principal, concebe a fecundidade criativa da arte como análoga à invenção de uma ideia nova. Mas então é possível que a comparação com a teologia do ato criador esteja equivocada. Sem entrar numa discussão detalhada da noção teológica de "arte divina", pode-se ao menos observar que toda dedução da arte humana a partir da divina está sujeita à caução. Em Deus, a ideia é o conhecimento que Ele tem de si mesmo como imitável pela criatura humana, mas esta ideia, o ato por que Deus a conhece, a vontade por que escolhe livremente realizá-la entre uma infinidade de outras ideias possíveis, a onipotência, enfim, por que a tira do nada e a afirma no ser, são em realidade o próprio ser de Deus em sua absoluta simplicidade. Retomaremos mais tarde esse problema. Por ora, basta notar que na medida em que temos o direito de distinguir, mediante análise, no seio da simplicidade perfeita do ato divino, os diferentes momentos deste ato, a criação de um certo ser pressupõe uma intuição da sua essência eternamente vista pelo intelecto divino. Infinito e perfeito ao mesmo tempo, e um em razão do outro, Deus não descobre nada que lhe seja novo, não inventa nada que lhe fosse desconhecido, não faz nenhum esforço para adivinhar, engajando-se em produzi-lo, a natureza do que a sua eficácia produz no ser. A arte divina inclui, pois, com efeito, uma espécie de intuição criadora, mas o homem não tem Ideias, tem apenas conceitos, uns formados a custo abstraindo aos objetos materiais a noção de sua essência, outros de que lança mão para levar seres possíveis à existência, ou bem porque são úteis, ou bem porque são belos. O que falta ao homem para ter a intuição criadora desses seres possíveis é o poder de conceber noções puramente inteligíveis anteriores à mesma experiência sensível e capazes de lhe causar os objetos. O homem não possui intuição inteligível pura; portanto, não possui intuição criadora, donde o caráter hesitante e cauteloso da sua arte. O homem está, pois, condenado a engendrar o que não pode ver de antemão como o fruto de um esforço que conhecerá verdadeiramente apenas depois de o levar a termo. Em vez de criar como Deus cria, o homem procura, inventa e engendra as suas obras até mesmo em suas noções seminais. Eis por que a filosofia da arte deve procurar ela mesma o seu objeto no domínio da factividade, que é o análogo humano da criatividade divina, e não no do conhecimento, que antes pressupõe a existência dos seus objetos que propriamente os engendra.

Foi o sentimento dessas dificuldades que inspirou as poiéticas da expressão. Com efeito, exprimir é um ato; ao mesmo tempo, como se vê pelo modo de expressão próprio do homem, que é a palavra, o ato de exprimir é praticamente indiscernível do de conhecer ou pensar. É, pois, natural que, tomando por tipo de toda arte justamente a poesia, que é a arte da linguagem na qual o papel da expressão é evidente, se tenha identificado a função da arte como tal com a expressão.

Mesmo aqui, porém, não faltam dificuldades. A hipótese de que o poeta ou o artista exprimem nas obras suas emoções se explica por um fato inconteste. Há toda uma classe de artistas que produzem principalmente sob o impacto de uma emoção. Esta é amiúde o amor, mas pode ser a cólera (*facit indignatio versum*, diz Juvenal), ou a piedade, ou a dor, ou o vinho, ou uma outra droga qualquer que lhes estimule a verve. Não poderíamos contestar as evidências, mas a questão é bem outra. Trata-se de saber se a obra do artista é ou não é a expressão de uma emoção ou sentimento, dos quais seria a tradução artística. Como o público não se compõe de artistas, jamais o impediremos de pensar assim. Os historiadores, psicólogos, filósofos e outros intelectuais que não falam nunca senão para dizer alguma coisa, sempre se recusarão a admitir que a obra de arte não seja uma expressão análoga à sua, e já que a única coisa que lhes importa é o ato de exprimir-se, dizer que a arte não exprime nada importa em dizer que não possui qualquer sentido, que a arte não é nada. Todavia, quando lhes perguntamos o que, afinal, a obra de arte exprime, ou bem se limitam a considerar o que faz dela, não propriamente arte, mas linguagem, em cujo caso a questão permanece sem resposta, ou bem não respondem absolutamente nada.

Considerando a questão em conjunto, pode-se dizer que mesmo quando criada sob o impacto de uma emoção, como acontece frequentemente, aliás, a obra de arte não passa de uma reação. Todos nos emocionamos, mas os artistas são poucos. A emoção aciona a atividade produtora, mas não se exprime nela. O fato é comum. Um filósofo volta de um concerto para a casa e, sob o impacto da música que acaba de ouvir, escreve sobre metafísica. Fá-lo porque a criatividade é contagiosa, mas a filosofia que concebe absolutamente não traduz a emoção que acabou de sentir. Objetar-se-á que o caso do poeta é diferente, mas não o é senão na aparência. O homem pode se emocionar, mesmo se aturdir, mas é o escritor que senta à escrivaninha e a partir de então, se for um artista, cuida apenas e tão somente de produzir uma obra de arte. É verdade que muitos artistas erram a mão. Erradamente persuadidos de que exprimem emoções sinceras, que os leitores não deixarão de compartilhar, deixam a pena correr solta. Eis por que tantos jovens enamorados, e às vezes não tão jovens assim, creem que se tornaram poetas, mas o fato é que, se poetas já não forem, a ocasião, neste caso, jamais há de fazer o ladrão. Porque Goethe era poeta em grau máximo, seu amor senil por Ulrike von Levetzow fê-lo escrever a imortal *Elegia de Marienbad*. Ulrike tem dezenove anos, Goethe, setenta e quatro, e a jovem o considera como seu avô, mas a idade pouco importa, pois o que faz desta uma obra-prima não é o amor de Goethe, é a sua arte, que ele domina com muito mais perfeição que aos vinte anos, tendo começado a escrever a segunda parte do *Fausto* quase lá pelos oitenta. O poeta escreve para aliviar o sentimento ou a emoção, mas só possui dois modos de fazê-lo. Pode se contentar com derramar-se, como se diz, em cima dos seus leitores, em cujo caso a sua obra resultará da confissão, do lamento, do grito, mas, sendo assim, se tornará rapidamente ilegível como tantos versos de Lamartine, de Anna de Noailles e de outros poetas e poetisas do coração. Para que o sentimento se torne um auxílio em vez de um obstáculo, é preciso que o artista tome conta dele, o domine e lhe aproveite apenas o convite que ele costuma fazer para produzir uma obra de arte. A partir de então, tudo se dá entre o artista, sua arte e sua obra. O problema que se lhe coloca é escolher os melhores meios para produzir uma obra bela; retomando a expressão de Paul Valéry, o problema é agora de "rendimento".

Bastaria um pouco de reflexão para convencer o leitor de que esta é a verdade, se tudo o que vê em si mesmo não o levasse a pensar o contrário. Que sentimento o artista exprimiria? Aquele sentimento todo pessoal que experimenta ao começar a escrever? Todos sabemos que não é nada disso. O artista aborreceria muito contando as suas miudezas, cujo interesse não é maior que as dos outros homens, talvez até menor. Ele quase não o faz, tanto menos quanto mais os historiadores da literatura o julgam importante, por se tratar da história, e se põem a discernir as obras escritas para Fulana das obras escritas para Beltrana, com o risco de descobrir que não foi um lindo e puro amor que inspirou o tal artista, mas um capricho totalmente momentâneo. Se o artista quisesse explicar a sua emoção, fá-lo-ia melhor em prosa, começando por dizer: "Eu não saberia exprimir o que sinto". É o que levava Max Jacob a dizer: "A poesia é uma mentira, pois não desejamos dizer o que sentimos quando o sentimos, mas somente quando não o sentimos mais, ou não ainda". Na verdade, a poesia verdadeira nunca é mentira, precisamente porque o seu objeto próprio é dizer bem, não exprimir.

Isto é tão evidente que os partidários da arte-expressão acabam por aceitar uma posição menos ambiciosa. O que a obra exprime, dizem então, não é o sentimento do próprio artista, é um certo sentimento em geral, ou mesmo, para generalizar completamente, o sentimento em si, *feeling*, que é, em suma, o sentimento da vida. Tentemos admitir esta nova posição. Em que sentido, de que maneira uma obra de arte pode exprimir um sentimento qualquer, por mais geral que ele seja?

A confusão reinante neste ponto reflete a confusão da própria língua. Tudo depende, com efeito, do sentido que se atribui à palavra exprimir. Originalmente, exprimir significa "espremer", isto é, "comprimir ou apertar para extrair o suco, o líquido". Daí, o sentido se estendeu a toda ação de extrair o conteúdo de um objeto. É neste sentido que o termo se aplica à linguagem. Porque é invisível, estima-se que o pensamento se esconde no interior do homem, isto é, na sua cabeça; o objeto da linguagem, pois, seria extrair, manifestar e comunicar este pensamento. Este é o sentido próprio do termo "exprimir" na sua acepção costumeira, pelo que se poderia dizer de toda obra de arte que exprime, na medida em que lança mão da linguagem como o seu material, mas o problema é precisamente saber se, porque emprega a linguagem com o fito de significar, por isso mesmo é uma obra de arte. Num sentido ainda mais geral, emprega-se o termo "exprimir" como sinônimo de "trazer a marca ou o traço de alguma coisa". É assim que em inglês, por exemplo, o homem "exprime a Deus" por sua mera presença, ou ainda, já que se invocou este exemplo, o leito seco "exprime o rio" cujas curvas e poças ainda se percebem sobre as antigas margens. Ora, qual destes sentidos, pois, devemos escolher?

O terceiro sentido não é uma extensão do segundo, mas uma sua transposição que leva a um equívoco. No segundo sentido, que é o mais comum, exprimir é sempre o ato que dá a conhecer um pensamento comunicando-o por meio da linguagem. Uma coisa jamais exprime o que quer que seja, simplesmente porque não pensa nem fala; somente um ser dotado de conhecimento tem algo a exprimir e dispõe do meio de fazê-lo. No terceiro sentido, a mesma palavra, "exprimir", significa uma coisa inteiramente diferente. O leito seco não exprime o rio que o escavou, ele somente existe, mas como é efeito deste rio, permite a um ser inteligente que infira da sua presença a existência passada do tal rio. Do mesmo modo, a pedra enegrecida pela fumaça que o espeleologista encontra não diz nada, não exprime nada, mas quem a encontra infere "fogo", e pode exprimi-lo, depois do que talvez formule esta segunda inferência, "homem", que igualmente pode exprimir. A linguagem é livre; pode-se dizer, portanto, se se atenta nisso, que uma marca de fogo exprime alguma coisa, mas convém considerar então que o sentido da palavra é especificamente diferente do que se aplica ao homem que, por sua vez, exprime seu pensamento ou suas emoções. Cada um que fale como julga melhor, mas que não se aproveite uma coincidência de nome para fazer crer que a operação designada pelo terceiro sentido do termo em questão seja de mesma natureza que a designada pelo segundo. O que têm em comum é a noção bem geral de "fazer pensar" em determinada coisa, seja porque a dizemos, seja porque um objeto no-la sugere.

É daí que provém a confusão. As obras de arte dão muito no que pensar e no que sentir, donde se conclui que exprimem as ideias e os sentimentos que inspiram em nós, mas, a bem dizer, elas não os exprimem, elas os causam. Certas qualidades sensíveis são capazes de nos fazer conceber um certo gênero de pensamentos e de emoções. Combinando-as de maneira apropriada, o artista pode causar em nós representações de uma certa ordem, rápidas ou lentas, sorridentes ou severas, pacificadoras ou violentas, e muitas outras do gênero. As linhas, figuras ou os sons que junta e utiliza para este fim não fazem mais que nos colocar numa imprecisa disposição sentimental, instável e também mutável ao talante do artista, já que uma das marcas da sua arte está na sua habilidade de nos modificar por meio dela. Sofremos, pois, as desejadas modificações de nossa sensibilidade, formando ao seu compasso imagens igualmente vagas e cambiantes. Se o artista considera útil orientar nossas representações, acrescenta um título ou um argumento à sua obra, cujo efeito, neste caso, é exprimir um pensamento, mas um pensamento do próprio artista, não da obra, que absolutamente não pensa. O equívoco, então, é total, pois o efeito infalível de qualquer título é irremediavelmente ofuscar o sentido da obra. Este é o momento em que o ouvinte de boa vontade procura a imitação do vento e das ondas em *La Mer*, de Claude Debussy; ele deixa de ouvir a música e se afana em vão em busca de um quadro que qualquer película cinematográfica o faria ver muito melhor. O efeito talvez mais inesperado que um artista pode obter graças a este procedimento é o da famosa estátua de Rodin, chamada *O Pensador*. Quem é que se lembra de alguma vez na vida ter-se colocado naquela posição e tomado aquela atitude para pensar? Sem dúvida, o homem nu de Rodin, sentado e aparentemente roendo o próprio punho, é atormentado por graves preocupações, mas, ao vê-lo, ninguém pensaria nas de Platão, Espinosa ou Kant. O filósofo Gabriel Séailles, autor de *Le Génie dans l'Art*, sendo, como era, o contrário de um filisteu, via no pensador de Rodin a expressão de obscuras preocupações intestinais. Na falta de uma decisão a respeito, esquecemos que se trata de uma estátua, isto é, um conjunto de linhas e volumes ocupando o espaço com o fito de agradar os olhos de um ser inteligente.

O problema é ainda mais obscuro quando se trata de poesia, mas continua essencialmente o mesmo. Porque a matéria da sua arte é a linguagem, inferimos que o poeta fala para se exprimir. A menor reflexão basta, porém, para mostrar que tudo, na sua linguagem, nos adverte contra essa ilusão quase invencível. Colocado em prosa, o que o poeta diz é geralmente insignificante, quando não incoerente. A própria maneira de dizê-lo não é natural, cheia de inversões que violentam a língua, de epítetos inúteis, de metáforas ora belas, ora ridículas, e que aborrecem sobretudo quando estão em sequência. É comum, especialmente depois de Stendhal, citar este exemplo perfeito de estilo poético que é a estância de Banquo em *Macbeth* (I, 6, 3ss.): *This guest of summer* etc. É uma obra-prima por sua maneira de dizer, mas se o caso se limitasse àquilo que se diz, dizê-lo desta maneira seria ridículo. Banquo diz simplesmente que a presença de andorinhas fazendo o ninho no castelo de Macbeth testemunha a qualidade do ar que ali se respira. Os fogos de artifício verbal de Shakespeare comparecem por si mesmos, sua gratuidade chama a atenção para tudo o que há de inevitavelmente prosaico no teatro, vestindo-o com o manto da poesia.

Não resta, portanto, senão um único sentido possível à palavra "expressão", quando aplicada à obra de arte: é que, na obra, o artista se exprime a si mesmo, e, neste, caso, nada mais justo, desde que o constatemos sem pretender que o sentido da obra seja exprimi-lo. Tudo o que um homem faz o exprime: um soco, um grito, uma lágrima, um sorriso, um gesto, uma palavra; o homem, porém, não chora para exprimir a sua dor – ele chora porque sofre. Um mímico exprime a dor, mas quando consegue fazer chorar, ele próprio não chora. E assim é com toda obra de arte. A arte é um reflexo do homem e um seu testemunho, mas conquanto nos ensine um bocado a seu respeito, a obra não é produzida para este fim. Assim como um leito que o gênio do artista, semelhante a um rio, foi abrindo e escavando, a obra atesta que este gênio existe; mas qual foi a origem, o movimento e os inumeráveis incidentes que constituíram o que chamamos simplesmente de "curso do rio", as suas margens não revelam. No caso do artista, a história é ainda mais complexa, já que ele próprio não a conhece, sendo, como é, uma liberdade. A obra de arte não diz quase nada sobre a maneira como foi produzida; a multiplicação dos documentos e a engenhosidade dos historiadores que se esforçam por reconstituir a gênese da obra não permitem resolver o problema, porque o trabalho do historiador e o esforço do criador não são da mesma natureza e não têm o mesmo sentido. O historiador não refaz, em sentido inverso, o que o artista fez; ele faz outra coisa. Um desses movimentos pode muito bem recortar o outro, mas ambos jamais coincidem.

A dificuldade de precisar o que "exprimem" certas artes é tanta que se propôs substituir-se a noção de expressão pela de símbolo, esta supostamente mais sutil e capaz de maior generalidade. A razão principal que recomenda esta escolha é que a palavra "símbolo", além das ideias, permite estender aos sentimentos, às paixões e emoções o poder que a arte tem de sugeri-los. A despeito da palavra que se empregue, é evidente que a obra de arte nos causa certas representações, imagens e sentimentos; deve, pois, existir uma palavra para designar o seu poder de causá-los. Ao dizer que a obra simboliza as representações e emoções que nos causa, podemos esperar que dois campos até agora separados, o da ciência e o da arte, se reduzam a um só. Com efeito, a noção de símbolo pode muito bem se aplicar à linguagem, cujas palavras significam conceitos, mas igualmente bem à obra de arte, cuja função parece ser a de significar sentimentos e emoções e, portanto, no-los comunicar. Indicações musicais como *mesto* ou *allegro* nos levam a pensar que as obras correspondentes pretendem mesmo sugerir noções tais como tristeza ou alegria. Não é necessário que a obra "represente" o que quer que seja para que o simbolize: basta que tenha o poder de evocá-lo.

A operação consistira simplesmente em incluir na noção de símbolo todo e qualquer signo sem exceção, a despeito da sua natureza: palavras, linhas, formas, cores e sons. Tal inclusão é legítima, pois ainda que todas as palavras sejam signos, nem todos os signos são palavras. Uma flecha estampada em placa significa uma direção e, do mesmo modo, a palavra "direção". A cor vermelha sobre uma torneira quer dizer "água quente", e uma vez que o tenha aprendido ninguém há de hesitar sobre o significado deste símbolo. Sendo assim, não vemos por que cores ou sons não possam simbolizar sentimentos tão bem quanto as palavras que os designam. Na verdade, eles o poderiam fazer ainda melhor, pois a obra de arte, sobretudo se poesia ou música, pode sugerir emoções de uma variedade, de uma fluidez e de uma delicadeza inalcançáveis pela mera palavra. Como é que a língua descreveria as sutis variações de sentimento que acompanham a audição de uma frase de Mozart? No entanto, pode-se dizer que o encadeamento de sons bem escolhidos simboliza essas variações. Pode-se, pois, compreender com uma única noção as ações aparentemente diversas produzidas por todas as artes, quer o seu meio de expressão sejam palavras, formas, sons ou cores. No caso das artes da linguagem, os símbolos verbais sugerem noções inteligíveis, enquanto as outras artes sugerem paixões, emoções ou sentimentos; mas num e noutro caso tratar-se-ia de símbolos. O simbolismo seria, pois, a própria essência da arte.

Não se pode dizer quase nada sobre arte que não seja parcialmente verdadeiro de um certo ponto de vista. Além disso, é particularmente evidente que todas as artes usam símbolos: um cão esculpido aos pés de um busto quer dizer "fidelidade". Multiplicar-se-iam os exemplos facilmente, mas podemos realmente falar de símbolos quando se trata de sugerir, não já noções, senão sentimentos, emoções e, numa palavra, estados afetivos quaisquer? Os estados deste gênero carecem da distinção e precisão necessárias para serem significáveis por qualquer signo que seja. Eis por que o caso das cores ou dos sons simbolizando emoções é diferente do das palavras significando uma noção inteligível. As palavras designam diretamente as classes de objetos que nomeiam: "homem" evoca a noção e a imagem de um homem; mas cores alegres ou tristes o mais das vezes não são tais senão em virtude dos temas a cuja representação as associamos; tomadas isoladamente, as cores não têm qualquer linguagem e, se parece que têm, nada mais fácil do que fazê-las mudar de sentido. A mesma coisa vale para os sons, pois o mesmo alarido pode servir a uma tempestade, um desabamento, ou mesmo uma explosão de selvagem alegria, e jamais adivinharíamos o gênero preciso de emoção de que afinal se trata caso o artista no-lo não informasse por meio de algum artifício. Quem não se lembra da magnífica abertura do oratório, em que Haydn faz sentir o esforço incerto e confuso da matéria que vem à luz? Mas sem o título da obra, quem poderia adivinhar que se trata da Criação? Falando em termos gerais, é muito difícil traçar uma qualquer correspondência entre símbolos sensíveis distintos e distintos estados afetivos, pela mera e natural indistinção desses últimos. No fundo, este é o projeto de D'Alembert, mas em nova roupagem. Para obter uma linguagem simbólica dos estados afetivos, seria preciso confeccionar uma espécie de dicionário em que, para sensibilidades finas o bastante, símbolos distintos correspondessem a nuances afetivas bastante precisas para serem evocadas com toda a certeza e toda a exatidão.

A noção fundamental do que se chama hoje de "filosofia das belas-artes" não é a de arte, mas a de "poiética". Noção especializada já em Aristóteles, ela tende a designar o que o filósofo, na esteira dos seus contemporâneos, considera a *poíesis* por excelência: a produção de obra escrita por aqueles a quem hoje chamamos de poetas. Homero e os trágicos: eis os modelos de Aristóteles. Poder-se-ia dizer, pois, que o poeta é o "fazedor" por excelência. Essa noção geral da ordem do fazer, ou da produção, sobre a qual é tão difícil dizer o que quer que seja, se funda para Aristóteles numa outra, a respeito da qual, pelo contrário, é fácil falar – a noção de arte (*techné*), que significa, não mais um saber, senão um *savoir-faire* ou, mais precisamente, o conhecimento da natureza da obra por fazer e da maneira de fazê-la com êxito e perfeição. Portanto, parece que, para o filósofo, as artes, consideradas em geral, são as técnicas (voz, dança, canto, flauta, cítara etc.) que empregam, quer em conjunto, quer em separado, a linguagem, a melodia ou ritmo a fim de atingir a sua finalidade comum.

Jamais deixaríamos de frisar o imenso mérito de Aristóteles, que tratou de observar o que, afinal, são as atividades poiéticas do homem, exatamente como observara as suas atividades lógicas, éticas, políticas e biológicas; mas esse primeiro ensaio de uma filosofia geral das belas-artes, do qual nos chegou apenas uma única parte, e ainda assim aos frangalhos, não poderia esgotar um assunto tão vasto. Desde logo, se vivesse nos dias de hoje, Aristóteles encontraria as artes numa condição muito diferente da que conheceu. Os artistas produziram muitas obras, e até gêneros de obras, como, por exemplo, a sinfonia, cuja existência o filósofo não podia prever. Sempre objetivo, ele aumentaria o quadro da sua descrição para incluir o quanto houvesse observado. Sobretudo não deixaria de se interrogar, quem sabe, sobre a relação primordial entre a poiética e a arte; e na própria arte procuraria precisar quanto possível a exata medida em que a técnica, à sua maneira, é *poíesis*; em suma, a relação que nos parece tão obscura entre o fazer e o conhecer reteria certa e longamente a sua atenção.

Tudo isso lhe estava dado; para nós, tal dado se tornou problema, mas podemo-nos perguntar se a razão dessa mudança não se deveria a que, no espírito de Aristóteles, todos os nossos problemas já estavam resolvidos. No cerne da sua filosofia das belas-artes, e agindo como uma espécie de dobradiça, se encontra uma noção sobre a qual se articulam diretamente a ordem do produzir e a do conhecer, uma como que produção-conhecimento ou conhecimento exprimindo-se em produção, a saber, a imitação. Toda a filosofia pós-aristotélica da arte traz a marca dessa noção tão fecunda e, ao mesmo tempo, tão enganadora. Ainda hoje ela domina um grande número de espíritos, quiçá mesmo o maior número; submetamo-la, pois, a um exame acurado.

Capítulo V
Arte, conhecimento, imitação

A *Poética* de Aristóteles não é nem de direito nem de fato uma arte poética; sua única intenção é definir a *poíesis* tal e qual existe. Ora, dá-se que esse escrito, por muito tempo negligenciado pelos filósofos simplesmente porque não tratava do conhecimento da natureza, mas da arte, contém uma das fórmulas mais simples e mais perfeitas da noção aristotélica do real: *to télos mégiston apantôn*, o mais importante de tudo é o fim.

Essa observação nos assegura que, definindo o fim da poiética, Aristóteles acredita por isso mesmo estabelecer o que lhe determina a noção. Tudo o que diz acerca do que chamamos de arte dependerá, pois, necessariamente do fim que lhe tiver atribuído, o que nos força a reconhecer que tanto aqui como alhures Aristóteles responde por todo o gênero humano. O que todo homem pensa espontaneamente do que quer que seja, Aristóteles o diz. D'Alembert é testemunha disso, pois o que diz sobre as artes segue a esteira de Aristóteles, e em particular o princípio de que o fim de toda arte é a imitação.

Essa tese está ligada à posição geral do filósofo em relação ao problema, e conquanto hoje em dia ninguém mais aceite os dados de tal problema como ele o definiu, é curioso notar que a sua conclusão permanece quase inabalada na maioria dos espíritos. A bem da verdade, esses dados estão a tal ponto esquecidos que as traduções da *Poética* substituem a terminologia de Aristóteles pelo jargão moderno. Uma tradução literal, com efeito, não faria qualquer sentido para nós, homens de hoje. Toda vez que Aristóteles escreve *poietiké*, traduzimo-lo por "arte poética", expressão esta sem equivalente no texto grego, em que se trata antes da "fabricação" de obras e escritos. A palavra *arte* (*technê*) seguramente faz parte do seu vocabulário (1447a 20), mas ele a emprega muito menos que os seus tradutores e, de resto, não se demora a lhe conferir uma definição especial simplesmente por considerar que a técnica tem a mesma natureza na poiética e no todo da filosofia. A palavra, para Aristóteles, tem o mesmo sentido que o da nossa expressão "artes e ofícios", com a ressalva de que inclui, ademais, o que chamamos de Arte ou belas-artes. Finalmente, e o ponto é importante, o filósofo não distingue, como nós, as artes das técnicas artísticas; por conseguinte, tem dificuldade de nomeá-las, pois, como todos os filósofos, dispõe apenas da língua comum para filosofar. Dirá, portanto, como nós, "comédia", em que nada faz lembrar a noção de fazer; mas dirá também "epopeia", em que o *poieîn* se reconhece com facilidade; depois dirá "ditirambopoiética", "aulética" e "citarística" para aquilo que chamamos de arte de escrever ditirambos, tocar flauta e tocar cítara, respectivamente. O seu maior embaraço surge no momento de nomear o que chamamos hoje de arte literária, ou letras (como na expressão "letras e artes"), pois declara que a linguagem não tem um nome comum com que designe o conjunto das diversas produções escritas, sejam em prosa, sejam em verso, e, neste último caso, quer no mesmo metro, quer em estrofes polimétricas. O mais surpreendente é o que o próprio Aristóteles parece pensar a respeito, já que constata uma tendência a distinguir os escritores acrescentando *poieîn* ao tipo de metro que utilizam: fala-se, então, de poetas elegíacos (*elegeiopóious*) ou de poetas épicos (*epopóius*), mas este uso é firmemente condenado pelo filósofo, em nome do princípio de que não é a forma o que distingue o gênero literário de um escrito qualquer, mas o conteúdo, ou seja, a matéria de que trata e, em suma, o seu fim. Assim, diz ele, temos o costume de chamar poetas àqueles que falam em verso, por exemplo, de física ou de medicina, mas não deveríamos fazê-lo, "pois não há nada de comum entre Homero e Empédocles, salvo o metro; eis por que deveríamos chamar Homero de poeta, Empédocles de físico".

Isso nos leva à noção fundamental da poética de Aristóteles. O que chamamos de "artes", ele o chama de "imitações". As diversas artes são para ele diversas maneiras de imitar, e a sua distinção depende mais da distinção do que imitam que nos meios por que o imitam. Falar de física em verso é ser físico, não poeta, pois aquilo de que o escritor fala é neste caso a natureza, não uma fábula ou, mais precisamente, um mito; contar uma história inventada é ser poeta de verdade; mas ninguém é poeta porque o faz em verso. Assim, ainda que Aristóteles dê provas de grande perspicácia ao reconhecer a especificidade da poiética como ordem do fazer, ele a reconduz imediatamente à ordem do conhecer: embora concerna à fabricação, a poética é essencialmente mímese, isto é, o seu fim é imitar. Todas essas "imitações" (que chamamos hoje de belas-artes) se distinguem, por fim, de três maneiras: ou porque imitam objetos diferentes, ou por meios diferentes, ou por diferentes modos.

Digamo-lo de novo: é raro que nos enganemos completamente ao falar de arte, pois há tantas verdades para dizer a seu respeito que é preciso ser muito infeliz para não dar com nenhuma; o difícil, porém, é encontrar a ordem conveniente. Aqui, por exemplo, não se pode contestar a importância da imitação nas artes do belo, mas Aristóteles não vê aí senão um caso particular do papel da imitação no conjunto das atividades humanas, o que o impede de atribuir uma origem própria à função poiética. Se a poiética for imitação, bastará, para lhe conhecer as causas, que conheçamos as da mesma imitação.

As causas são duas, e ambas naturais. A primeira é que homem é um animal imitador; imitar está na sua natureza, como se vê no caso das crianças; ele é o mais imitador dos animais. A segunda é que as imitações agradam a todos. Constatamo-lo porque nos agrada ver algo fielmente representado, mesmo algo feio como, por exemplo, um cadáver. Neste ponto, por desvio que nos conduz ao próprio cerne da noção, Aristóteles observa que a imitação agrada aos homens, porque gostam de aprender, e que nada ensina o que as coisas são como ver imagens que as representem. Esta íntima união do prazer natural de imitar com o prazer natural de aprender está no cerne de sua poiética. Esse homem tão inteligente não podia deixar de perguntar qual é o prazer da imitação quando nunca se viu o que a obra imita. O prazer, neste caso, estaria no acabamento do trabalho, ou na cor, ou em qualquer outro aspecto que tal. Ao escrever essas palavras, fica muito próximo da verdade, mas somente a imitação de fato lhe interessa, de modo que não mais tratará das suas causas no decorrer de toda a obra, embora as tenha observado com a costumeira pertinência. Eis aí a famosa "imitação da natureza", que a maioria dos sucessores de Aristóteles não deixaria de fazer notar: o prazer natural de imitar o que se vê, representando-o de uma maneira ou de outra, e o de instruir-se ao observar tais imagens. Como imitar não passa, a bem dizer, de uma forma do prazer de conhecer e de exprimir o conhecimento, toda a ordem das artes do belo se encontra integrada à ordem do conhecer, na medida em que o seu fim, em última instância, é a imitação.

Essa ilusão era tão pouco inevitável quanto mais Aristóteles era filósofo. Como são filósofos os que ainda hoje em dia se metem a definir a arte. Para eles, nada está acima do conhecimento, e na própria ordem do conhecer não há nada acima da filosofia cujo coroamento é a metafísica, que conhece as causas e os princípios de tudo o que é. Eis o que os leva a definir o gérmen da arte como conhecimento e, particularmente, como vimos, como intuição. É verdade que se acrescenta à palavra intuição o epíteto "criativa", mas não existe intuição criativa, porque o conhecimento não cria nada. Sem dúvida, a criação se acompanha sempre de intuição, mas neste complexo de conhecer e de fazer, o segundo não nasce do primeiro; dir-se-ia com muito mais justiça que o conhecer, aí, é que está a serviço do fazer. Querer fazer é o primeiro de tudo; o homem se pergunta, pois, "o que quero fazer?". E a imaginação, muito mais que razão, propõe uma ou duas respostas, começam os esboços e tentativas, e se passa à execução. O noetismo inato dos espíritos especulativos costuma cegá-los para esse primeiro momento de toda obra de arte, e mesmo de toda produção, que é um impulso para produzir o que quer que seja, um desejo, uma vontade, às vezes até uma necessidade de fazer um objeto assim ou assado, um soneto, um livro que merece existir por si mesmo. Em casos assim, produzir-se-ão objetos de conhecimento, claro, mas o essencial da operação é fazê-los existir.

Os filósofos metafísicos têm razão em querer da arte que possua profundas justificações no seio mesmo do ser. Toda reflexão sobre a arte conduz à metafísica, isto é, à ontologia. Longe de repreendê-los, antes lamentaríamos que, fazendo apelo incessante ao ser, não consigam respeitá-lo, pois o ser donde a arte brota não é o objeto abstrato a que se liga a meditação do filósofo, não é um ser que se conhece, mas um ser que existe e age porque está em ato. Cada um traz em si o gérmen donde, em alguns casos, se desenvolverá mais tarde o poder de produzir obras de arte; a criança que, aprendendo a escrever, experimenta sensivelmente em sua mão o prazer de desenhar as letras; o homem cujo punho parece inventar sozinho uma rubrica ou assinatura; o viajante que acompanha o ritmo do trem com uma canção; a criança que desenha árvores e bonecos sem sequer prestar atenção nos que estão à sua volta; o adolescente que descobre o prazer de fazer versos e que se tornará quem sabe um versificador impenitente, cuja consciência demasiado visível garante a sinceridade – qual é, nesses casos, a relação entre o que fazem e uma qualquer intuição? A música começa com quem gosta de assoviar um ritmo, a escultura com o gesto de sacar um canivete para talhar um pedaço de bambu. Os que o conheceram jamais se esquecerão do orgulhoso amor que G. K. Chesterton devotava à sua obra, uma legítima obra-prima. Espanta-nos que muitos escritores esqueçam esse fato tão manifesto, pois nenhum deles ignora o que é ter vontade de escrever sem saber ainda o quê.

Isso não quer dizer que o prazer e o desejo de imitar não tenham aí nenhum papel, mas a linguagem precisaria de sutilezas que lhe faltam para dizer exatamente em que, afinal, esse papel consiste. Desde logo, e muitos defensores da doutrina da arte-imitação o têm observado, mesmo se se trata de pintura ou escultura, o que o artista imita é menos os próprios objetos que as imagens que tem deles, e as combinações de tais imagens. Além disso, essas imagens não são tanto imitação de coisas prontas senão modelos de coisas por fazer. Elas são diretamente formadas e concebidas como os protótipos de muitas obras possíveis que esperam do artista a existência atual que lhes falta. A vontade de fazer que move o artista informa intimamente a imagem do que fará. Sendo um artista, o seu pensamento é desde logo um projeto. O exame mais superficial de pinturas e esculturas em cavernas basta para mostrá-lo. Associadas a representações religiosas ou destinadas a facilitar certas necessidades vitais, essas obras não dependiam mais, na condição de arte, de tais representações e necessidades que as estátuas dos templos gregos ou o teto da Capela Sistina. Em Lascaux, sente-se que homens sem escrita conhecida cederam à tentação de cobrir de imagens a superfície vazia das paredes, chegando mesmo a aproveitar as sugestões dos planos e curvas dessa superfície. Para tanto, encontraram o equivalente de nossas cores e nossos pincéis. Não preciso especular para compreendê-los. Mesmo no século XX há muita gente que não pode ver uma superfície branca sem enchê-la real ou imaginariamente de formas figuradas, e todos conhecem a impaciência daqueles que, no silêncio das salas de concerto, esperam a música começar. Este silêncio é a espera de um som, tanto que logo é rompido por muitos ruídos se a música eventualmente se demora. O escritor também conhece a "necessidade de escrever", que o faz começar tanta coisa natimorta esperando que a obra viável lhe brote da pluma, e, se viável ou não, só o saberá de fato depois de acabada. É nesta produtividade primitiva do artista que se encontra o princípio de toda a arte do belo, como, de resto, de todas as artes do útil, na medida em que tanto umas como outras têm o efeito de aumentar a realidade. É preciso reconhecer que a reflexão filosófica chega aqui a postulados de aparência arbitrária, mas é sempre assim quando se chega aos princípios, e, além do mais, o epíteto "arbitrário" absolutamente não se aplica. A bem dizer, os princípios se impõem em virtude de sua mesma evidência. Faz-se mister, pois, que meditemos neles, já que, se não se podem justificar por nenhuma noção anterior, devem ser reconhecidos logo no início de toda disciplina filosófica. As confusões de que padece o que chamamos de "estética" têm como causa principal a circunstância de que procura explicar as obras de arte a partir de princípios que convêm à ordem do conhecimento, incluindo aí os domínios da ciência e da religião. Sabe-se muito bem que as obras de arte são "produzidas" ou feitas, mas a constatação é tão evidente que, como se diz, está sempre implícita, ou, muito pelo contrário, talvez seja preciso explicitar, e explicitar de novo, o que o espírito parece naturalmente propenso a esquecer. O escritor e o filósofo se afastam naturalmente de pensamentos cuja evidência é tal que, depois de formulados, já não resta mais nada a dizer. Precisam ter algo para dizer, já que desejam falar. Paul Valéry, a quem a lucidez não permitia ignorar as certezas primeiras, mas que detestava a metafísica e se continha justamente no momento de entrar neste terreno, colocava as noções deste gênero numa classe muito própria, a que dava o nome irônico de "noções vagas". Elas não são vagas, são primeiras e, por isso, necessárias, o que é muito diferente. Não as vemos muito bem, porque são o que nos permite ver. Cada uma delas é um "não poder pensar diferente" que dá acesso a uma ordem distinta de inteligibilidade. É preciso, pois, aceitá-las, por causa da luz de que são a fonte, tal e qual, no escuro, a lâmpada que acendemos ilumina-se a si mesma ao iluminar o resto.

Naturalmente acometidos de noetismo, os filósofos costumam censurar nessa atitude o que denominam às vezes de empirismo, às vezes de psicologismo, pelo que, numa palavra, se recusam a reconhecer a jurisdição suprema da metafísica. É uma ilusão de perspectiva, pois que se trata, pelo contrário, de discernir os princípios com suficiente perspicácia para não errar a ordem em questão. Em matéria de arte como de ciência ou moral, não há senão um primeiro princípio, que é o ser, mas em vez de considerá-lo como inteligível e inteligente, ou como digno de amar e de pôr em prática, a filosofia da arte o considera como fecundidade produtora. Ele mesmo é ato, ou seja, o seu estado próprio é ser uma energia, e ambas as noções – estado e energia –, em aparência contraditórias, se confundem aqui para exprimir o que há talvez de mais profundo no ser e faz dele tanto um mar infinito de substância como uma fonte inesgotável de outros seres.

Esses dois aspectos são inseparáveis na noção que fazemos do ser. A ciência tende naturalmente a explicar tudo por relações de igualdade ou equivalência; Meyerson o estabeleceu muito bem, a despeito do que se diga. O que se espera ouvir quando se pede a explicação do que é uma coisa? Espera-se ouvir que ela é "a mesma coisa" que isto ou aquilo que já conhecemos. É, pois, verdade que, no pensamento, a tendência a compreender a realidade como identidade é praticamente irresistível. Mas ao mesmo tempo tudo muda, tudo vem a ser; a teoria da evolução tomou força de dogma e jamais as cosmografias tenderam tanto a se tornar cosmogonias. Mesmo em filosofia, em que as essências não podem não ser nem ser distintas do que são, o que a essência é não explica o fato de que exista; daí, em Platão, o Bem que se situa além da entidade; em Descartes, o Deus criador de essências e de existências; e no próprio Leibniz, tão vigorosamente contrário a Descartes neste ponto, o retorno a Platão por meio da famosa distinção entre o ser, princípio primeiro na ordem das essências, e o bem, princípio primeiro na ordem das existências. A teologia não foge a esta regra, pois não há ser mais necessário que o Deus cristão, imóvel, imutável e eternamente subsistente por si mesmo *non ut a causa*; no entanto, este mesmo Deus é como que uma ebulição eterna de essência, engendrando o Filho e o Espírito Santo como se, nele, a fecundidade fosse tão natural e necessária quanto a própria necessidade. Mas o paradoxo atinge o seu cúmulo na noção de criação. A metafísica não encontra na natureza do mundo a justificação da sua existência; a mudança exclui a necessidade; é, pois, necessário, para explicar a sua existência, atribuir-lhe uma causa cujo ser seja necessário; isto é, Deus. Ora, é aí que têm início as verdadeiras dificuldades, pois se não compreendemos que o universo exista se não houver um ser primeiro e necessário, tampouco compreendemos por que, se existe uma tal causa necessária, ela causaria a contingência. A existência do universo postula a de Deus, mas a de Deus, por sua vez, não postula a do universo. O teólogo se vê então reconduzido a uma contingência inicial, a vontade de Deus, causa não causada de tudo. Em qualquer ordem que seja, tudo conduz à necessidade do ser, mas o ser necessário parece que não pode ficar tranquilo, ele engendra, causa, cria como se a infinidade, que é tudo, pudesse acrescentar alguma coisa a si mesma, ou como se, para ele, ser perfeito ainda não fosse o bastante. Sem dúvida nenhuma, os filósofos metafísicos não deixaram de dar uma resposta a este problema, mas a maioria supõe a noção de "participação", cuja obscuridade é mais que evidente, já que depois de explicar que "participar" é *partem capere*, logo se acrescenta que isto é um modo de falar, pois nenhum ser poderia tomar parte em Deus, que é sumamente simples. A mesma dificuldade reaparece sob diversas formas. Porque não descansa senão na noção de ser necessário, imutável e autossuficiente, o pensamento é sempre levado a constatar, pela contingência e mobilidade do seu ponto de partida, que, se o necessário não fosse "acometido" por uma espécie de necessidade de agir e de produzir, nós não existiríamos para saber que ele existe. O porquê só tem sentido quando colocado por um ser contingente a propósito desse mesmo ser contingente.

As questões dessa ordem dizem respeito a uma noção misteriosa, mas não vaga, já que não há nada mais concreto, mais preciso, mais claro e mais imediatamente verificável que a inseparabilidade do ser e do fazer. A fecundidade é um atributo essencial do ser em ato, ou seja, do ser na medida em que é. Mesmo "Aquele que é" parece que não se bastou a si mesmo eternamente sem ceder ao desejo de "fazer alguma coisa'; na sua finitude concreta, o homem também não fica sem experimentar o desejo de criar outros seres cuja imagem concebe de modo meio confuso antes de realizá-la.

É possível apreender mais de perto a natureza desse fato primeiro? Já que agora se trata da metafísica do ser, é somente da sua noção que se pode esperar um pouco mais de luz. Segundo o que se disse, tudo se dá como se o ser tendesse por si mesmo a multiplicar-se; com o universo de certas cosmografias modernas, o ser está naturalmente "em expansão". Usando a linguagem da analogia, e relacionando esse fato com o termo que conhecemos melhor – isto é, nós mesmos –, diríamos que o ser naturalmente ama o ser, e não somente o seu próprio, como o horror à morte evidencia, mas em geral toda e qualquer existência em ato. O ser é, quer ser e também quer que o ser seja. Com efeito, o ser é um bem na mesma medida em que é ser e, por isso, é desejável em si e por si. Porque é bom que exista o que existe, todo ser implica uma vontade de fazer ser; na medida em que é amor, o ser essencialmente se propaga a si mesmo; do mesmo fundo donde existe, causa existência e quer fazer existir.

É a esta fecundidade do ser em ato que mais naturalmente se ligam as noções diretrizes da metafísica das belas-artes. Segue-se imediatamente daí que, a despeito do seu papel neste domínio, a imitação não é uma noção primeira. A raiz da arte é o desejo humano de produzir objetos cujo fim não é ter utilidade. É possível que esses objetos sejam imagens e que a sua produção seja de fato uma imitação, mas isso não é necessário, e, mesmo que de imitação se trate, a vontade de imitar precede sempre, em todos os casos, o que o artista imita.

Não se pode negar que a imitação tenha um papel importante na origem de muitas artes, em especial na pintura e na escultura. O mimetismo é um instinto profundo, primeiro na ordem que lhe é própria e o qual se observa mesmo em muitos animais, mas ainda que não se pergunte com que direito se estendeu a noção de imitação às artes da palavra e dos sons, em que a sua aplicação encontra sérias dificuldades, o fato é que nas artes onde o seu papel é mais evidente a imitação nem é o todo, nem o essencial, nem o ato primeiro. Basta um esforço de análise para nos apercebermos disso.

Se a imitação se propõe um fim prático, coisa que a maioria das imagens tem, ela pertence à ordem da utilidade, não da beleza; pode muito bem ser uma arte, mas não uma das belas-artes, com certeza. Se, pelo contrário, o artista for um fazedor de imagens, sê-lo-á porque nada facilita tanto a produção artística como ter um modelo para reproduzir ou, ao menos, em que se inspirar. Quando não dispensa a invenção, a imitação lhe oferece a matéria. A popularidade da natureza morta e da paisagem deve-se ao menos em parte ao considerável grau de imitação que esses gêneros comportam, em que, ademais, a semelhança é suficientemente fiel para que o objeto seja reconhecível.

Talvez se compreenda melhor o sentido dessas observações se se pensar no imenso terreno que a literatura de imitação ocupa. Entendamos por tal termo os numerosos gêneros literários cujo objeto é descrever uma realidade de uma ordem qualquer, desde que esta preexista à descrição e constitua para o escritor um objeto dado. A história em todas as suas formas corresponde a esta definição, pois ainda que seja invenção e criação ao seu modo, visa a acrescentar um "duplo" ou imagem à própria realidade. A atividade do historiador (na medida em que a história se considera antes um gênero literário que uma atividade científica) cumpre uma dupla função: liberar a necessidade de escrever, cuja intensidade é às vezes tanta que seria muito doloroso recalcá-la; e permitir a quem ama a atividade criadora que viva na intimidade dos criadores e suas obras, mesmo se ele próprio a não exerce. Sobre o que não somos capazes de fazer podemos ao menos nos dar ao luxo de falar. Assim o historiador discute as campanhas e a política que não conduziu e, o mais das vezes, sem ter a mínima experiência pessoal em atividades deste gênero; quem ama a filosofia sem a poder produzir ou bem a ensina, ou bem lhe escreve a história; o historiador da arte ou da literatura tem a impressão de ser escritor ou artista quando narra, às vezes os dois; finalmente, o pintor e o escultor, sempre inquietos para pintar e esculpir, encontram na imitação a válvula de escape eternamente disponível, pois nela as suas faculdades criativas podem facilmente se exercitar. Não obstante, o artista não dá mãos à obra a fim de imitar; é a fim de criar que ele imita.

Essa evidência já foi descoberta. A propósito de uma arte ou de outra, com efeito, não têm faltado espíritos reflexivos que nos chamaram a atenção para ela, mas dir-se-ia que tal evidência tende a se desvanecer por si mesma tão logo é percebida, e tudo se passa como se, uma vez aceita, pudéssemos esquecê-la impunemente. Donde o caso paradoxal de uma verdade ao mesmo tempo primeira e sem implicação, quando basta, ao contrário, pensar no assunto para perceber um número considerável de implicações que se manifestam como propriedades ou característicos distintivos da arte.

Coloquemos, pois, em foco, a analogia geral, universalmente reconhecida, entre a produção artística e as funções biológicas de reprodução. Fala-se da concepção de uma obra e do seu nascimento. Admite-se sem mais que as obras de um mesmo artista trazem a marca da sua origem e, em certo sentido, se lhe assemelham, mais ou menos como os filhos se assemelham aos pais que os engendraram. É frequente a observação de que as obras de um mesmo artista, precisamente porque se lhe assemelham, assemelham-se também entre si; trata-se de uma "família de obras", dizemos espontaneamente, não sem distinguir, quem sabe, as que a honram das que a envergonham. Tais expressões e outras semelhantes correspondem ao característico sentimento de paternidade do artista em relação às suas obras. Sem dores físicas, mas não sem sofrimento, ele as põe no mundo como crianças às quais se sente unido por laços muito estreitos. O fato é que o artista, com efeito, as traz em si mesmo às vezes por um longo tempo antes de dá-las à luz e, depois disso, precisa de um tempo para que o sentimento desse laço se enfraqueça. As analogias entre a arte e a genética são tantas e tão visíveis que seria talvez tedioso se nos demorássemos em sublinhá-las. As diferenças não seriam menos visíveis, claro, mas aqui só se trata de analogia, não de identidade.

A certeza desse parentesco basta para que se inclua a arte no conjunto de operações naturais, junto daquelas cujo objeto é engendrar. Como toda operação humana, a arte implica o conhecimento, mas este último não é o seu fim. Os professores, para os quais agir consiste em falar, eram naturalmente presas da ilusão contrária. Os grandes escolásticos muito fizeram para propagá-la ao definirem a arte como a regra certa a seguir em matéria de produção, mas toda a contribuição do entendimento à concepção e à produção da obra de arte advém do seu amor por este ser que espera ou está em vias de se atualizar.

Antes da regra, há a noção da obra por fazer; antes dessa noção (segundo uma anterioridade de natureza e amiúde de tempo), há a vontade, ou o desejo, ou a necessidade de fazer alguma coisa cuja produção será conduzida por tal regra, mas, sobretudo, convém que se exorcize a ilusão de que a execução da obra de arte esteja determinada por uma regra preconcebida e preexistente. Isto pode acontecer, evidentemente, e no mais das vezes acontece, porque, com efeito, a produção artística tende por si mesma a ceder às tentações da facilidade, e é mais simples aplicar receitas prontas, cujo sucesso está garantido por uma longa experiência, do que inventar os únicos procedimentos operatórios ou técnicos que podem permitir a execução de obras de um novo tipo, ou, ao menos, de concepção muito pessoal, cada uma das quais constitui um problema que ainda não se resolveu. Daí a diferença específica entre a função noética e a função poiética do entendimento. Na medida em que a arte inventa e cria formas novas, o entendimento opera qual no interior de uma vontade de fazer pressuposta por ele, e cujo fim se propõe a servir. Sem dúvida podemos chamar de arte aquelas visões do intelecto a calcular os melhores métodos para que a obra desejada seja tal e qual ela mesma tende a ser, ainda que confusamente; a despeito, porém, da preexistência de certas regras, é a exigência interna da obra que faz nascer no espírito do artista as técnicas necessárias para a sua execução.

O fazer ou produzir é, pois, justamente o elemento primeiro e como que a essência mesma do poiético, definindo a sua especificidade. Mesmo o que entra de conhecimento na arte depende de uma ordem diferente da do conhecimento, e se acha incluído e integrado nela. Trata-se de um conhecimento em vista da produção de uma obra, não em vista de si mesmo nem tampouco para a manifestação de uma verdade. Basta, aliás, que se compare o objeto de uma apreensão verdadeira do intelecto com o de um espírito ocupado pela noção ainda confusa de uma obra por fazer para constatar que diferem *toto genere*. O termo do conhecimento especulativo é uma proposição verdadeira, ou assim considerada, cujo alcance é geral na medida em que é verdadeira. É um lugar--comum da filosofia clássica o não haver ciência senão do universal, e é por isso, aliás, que os conhecimentos se exprimem sob a forma de proposições gerais, elas mesmas compostas de conceitos abstratos aplicáveis a todos os indivíduos, reais ou possíveis, contidos num mesmo gênero. Isto não se aplica ao conhecimento artístico, engajado e a serviço da ordem da factividade. O seu termo não é uma proposição, mas um ser: o da obra por fazer. Enquanto o conhecimento especulativo tem por objeto o geral, o artístico se dirige sempre a um objeto concreto, dotado de existência atual e, como todo ser real, singular. É essencial à obra de arte que exista singularmente, num só exemplar. Não se enumeram as doutrinas, mas cada uma das obras conservadas em museu possui a sua etiqueta individual; o músico designa cada uma das suas obras por um número que a cataloga e ao qual corresponde; enfim, como se não bastasse, há obras que recebem nomes próprios: *Ilíada*, *Eneida*, *A Divina Comédia*, *Paraíso Perdido* e incontáveis tragédias, comédias, romances e outras obras que povoam a história das literaturas, sublinhando quanto possível a orientação para a existência e o particular que caracteriza o exercício do entendimento engajado na factividade. Essa finalidade existencial da arte move-se à maneira própria segundo a qual o espírito a exerce. Nenhuma das técnicas admitidas na investigação de objetos inteligíveis dados na experiência é válida ou autossuficiente quando se trata de produzir um objeto real na experiência futura de quem o notará, talvez, mas não o compreenderá sem se submeter às leis da sua estrutura própria. Em vez de receber a inteligibilidade do objeto que conhece, o espírito confere a sua própria ao objeto que sua arte faz existir.

  Todavia, a fim de que o conhecimento não subsuma a arte, o que importa é impedir que se dê precisamente o contrário. Paul Valéry levou o mais longe possível o sentimento do caráter "de produção" próprio da arte. Não podemos dizer que foi um filósofo; muito pelo contrário, ele se recusou obstinadamente a sê-lo e costumava tomar a filosofia como presa de uma zombaria fácil, pelo que, aliás, ela se vingou permitindo-lhe levar ideias exatas a domínios em que se tornam inaplicáveis. Mas ele tinha ideias, que nele permaneceram em eterno estado de nascença, como precioso metal não trabalhado. Entre essas ideias, é curioso notar a presença latente de um resoluto helenismo, ao menos no sentido de um primado da contemplação sobre a ação. Para ele, pensar valia mais que produzir, a produção importava sempre na escolha de um entre muitos possíveis que, assim, quedavam sacrificados. No fundo, Valéry gostaria muito de ser o deus de

Aristóteles, pensamento de si que fosse Pensamento e, achando no gozo de si mesmo uma felicidade eterna, não produzisse nada. Contudo, porque tem um corpo e não é um deus, o homem não pode aspirar à condição de puro cognoscente; daí que seja artista, consentindo, enquanto produz, em negligenciar tudo o que pode pensar e não pode entrar na sua produção. Em *Eupalinos*, Fedra diz a Sócrates: "Agora entendo como pudeste hesitar entre construir e conhecer". Ao que Sócrates responde simplesmente: "Há que escolher entre ser um homem, ou bem ser um espírito". Com efeito, o espírito se distingue do homem pelo excedente de conhecimento a que deve renunciar em vista da ação. Donde, em Valéry, o mito de Leonardo da Vinci, escolhido muito bem como símbolo de um pensamento soberano, tão lúcido e senhor do seu compasso, ou, como se diz, dos seus métodos, que pudesse produzir ao bel-prazer poesia, artes plásticas ou ciência — numa palavra, qualquer uma das sublimes obras do espírito.

Essa vontade deliberada de se ater aquém das obras, à sua raiz e como que à margem da sua origem, autorizava a Valéry que as incluísse todas, indistintamente, na categoria universal de "obras do espírito". Ele tinha razão, pois quando se põe o problema neste nível todas as operações do espírito são igualmente pensamentos que este espírito concebe e, porque os concebe, seus produtos. Neste sentido, o espírito produz metafísica, matemática, física e todos os outros gêneros de conhecimento exatamente do mesmo modo como produz casas, quadros, sinfonias ou poemas. Contudo, é justamente neste ponto, não havendo se dignado a pensar como filósofo, que Valéry se equivocou, como que ofuscado pela evidência de sua própria verdade.

Desde logo, não há nenhuma diferença entre espírito e homem, pois não existe ninguém que não seja um e outro ao mesmo tempo. Por isso mesmo não há operação do homem que não seja também do seu espírito e, inversamente, toda operação do espírito, mesmo a mais abstrata, é uma operação do homem. A diferença entre um e outro não é, pois, a que se dá entre conhecer e construir, pois tudo deve ser conhecido, mesmo as construções, e tudo deve ser construído, mesmo os conhecimentos. Não é neste nível que a distinção que procuramos pode se estabelecer, pois o espírito afinal de contas é a causa comum e única de todas as operações do homem, inclusive das funções exercidas pelo seu corpo;

a diferença deve ser considerada, aqui como alhures, do ponto de vista dos objetos que as operações se atribuem, pois a distinção dos fins implica necessariamente a distinção dos meios e das matérias. Tal distinção não só permite essa outra entre conhecer e produzir; ela a torna uma necessidade.

O conhecer produz porque constrói. *O Discurso do Método*, de Descartes, e a *Instauratio Magna*, de Bacon, inauguraram a era moderna com a reflexão de um espírito que se observa a si mesmo a fim de tomar consciência dos seus poderes de produção e da melhor maneira de utilizá-los para conduzi-los ao pleno rendimento, mas o que o espírito constrói, ao conhecer, é conhecimento. Neste caso, ele é idêntico ao seu produto, pois não há nenhuma diferença entre conhecer e construir o conhecimento, haja vista que este último se compõe precisamente de uma sequência de operações. Conhecer uma noção é concebê-la. Conhecer uma proposição, um raciocínio, uma demonstração é construí-los. Há uma diferença fundamental entre as operações da arte cujo efeito é uma obra distinta do espírito e do próprio homem que a produziu, e as operações do espírito cujo efeito não se distingue em nada dessas mesmas operações. Os quadros com que o pintor sonha não são quadros; para o serem têm de ser pintados, não existe outra maneira; a sua natureza, pois, não é serem pensamentos, mas coisas, ao passo que o método de Descartes teria existido tal e qual, graças a ele, o conhecemos, mesmo se jamais tivesse escrito o célebre *Discurso*. A bem da verdade, ele talvez tenha nutrido em seu espírito, como todo homem de gênio, inumeráveis pensamentos que guardou para si próprio e que, não achando expressão, jamais iremos conhecer.

Objetar-se-á que os pensadores falam e escrevem e que essas duas operações resultam em obras tão distintas dos próprios autores quanto o poema do poeta e a sinfonia do compositor. A objeção é justa, mas faz observar que todas as obras do espírito são construções ou expressão de construções, o que não basta para resolver o problema, se é que, como acabamos de dizer, temos de dar conta ao menos da natureza do que o espírito constrói. Mesmo se não falar em voz alta nem tampouco escrever, o pensador fala consigo próprio. O grande problema de saber se o pensamento se distingue ou não da linguagem não vem exatamente ao caso. Baste-nos notar o fato de que o homem comunica os seus pensamentos a si próprio e que, em se tratando de pensamento consciente de si, o espírito fala tudo o que pensa, a tal ponto que aquilo a que bem se chama "linguagem interior", feita de imagens verbais, não se distingue do que o espírito pensou, ou está pensando. Eis aí por que o pensamento jamais atinge o seu grau último de precisão senão quando fala e, mais ainda, quando adere ao esforço da escrita que o constrange a ser e o obriga a se formular. Ao escrever, construímo-lo; não simplesmente por construir, mas para conhecer; o espírito não está absolutamente certo do que pensa senão depois de o formular.

Mas o que dizer do livro? Não é ele como o quadro, um novo objeto que o seu autor acrescenta à soma total dos seres? Sim, sem dúvida alguma, mas, como coisa fabricada, o livro em nada se distingue de outros produtos industriais. Assim como eles, pode ter a sua beleza própria, mas do gênero que os belos carros possuem, ou as belas armas, ou os belos utensílios. Como apresentação impressa de um pensamento que fala consigo, representa o que tal pensamento significa. Se se tratar de *A Divina Comédia*, estamos no terreno da arte e o que livro representa é com efeito uma adição ao número total de seres do mundo, pois antes de Dante a estrutura de pensamentos que constitui essa obra não possuía nenhuma existência atual ou possível no espírito de homem nenhum. Se se tratar do *Discurso do Método*, o livro nada acrescenta ao mundo além da consciência de si que este mundo adquire no pensamento de um certo filósofo. Ora, o objeto do filósofo, ou do sábio, não é acrescentar ao mundo um edifício conceptual cujo valor estivesse na própria estrutura e substância. Não faltam "sistemas" que se querem metafísica ou ciência e que, na verdade, não passam de poesia. Mas o conhecimento que se quer diferente da arte é outra coisa. Retomando uma excelente expressão de Kierkegaard, o conhecimento assim compreendido é essencialmente "especular", nisso que pretende oferecer ao mundo uma sua imagem inteligível tão fiel quanto o seu reflexo sensível num espelho. De nada adianta alegar aqui as iniciativas do pensamento para constituir a ciência ou, como é costume desde Kant, as suas contribuições à própria substância da experiência; quando já se disse tudo, o que sobra é que, não sendo o mundo tal como o conhecemos uma imagem fiel da realidade, aquilo que conhecemos na realidade não é o mundo, do qual nossa ciência não é conhecimento algum, sendo, portanto, falsa. Hoje há filósofos tentando fazer os sábios acreditarem em não acreditar que a sua ciência, na medida em que é verdadeira, exprima a realidade, mas, se o seu conhecimento do real não tivesse objeto, os sábios pensariam que a ciência não vale uma hora sequer de sofrimento. O que os espanta, como dizia Einstein, é que a ciência seja possível. Na medida em que merece o nome que tem, o conhecimento é bem a consciência que a realidade toma de si no pensamento do homem. Assim também no caso dos filósofos. A sua beatitude, já dizia Avicena, seria poder contemplar no pensamento uma imagem e como que quadro do universo. É uma nobre ambição, e digna do homem, mas, supondo que se satisfizesse, tal visão beatificante que o sábio teria do mundo lhe acrescentaria tanto quanto uma bela fotografia àquilo que representa. Sua perfeição é ser uma imagem adequada, nem mais nem menos, da realidade.

Leonardo da Vinci, símbolo tão excelente que foi do pensamento de Valéry, representava-o, no entanto, menos que *Monsieur Teste*, pois Leonardo produziu muitas obras, enriqueceu o mundo com *La Gioconda* e, por fim, consentiu em limitar o seu conhecimento para construir, enquanto Monsieur Teste, só cabeça e sem mãos, jamais produziu o que quer que fosse, nem mesmo conhecimento. Valéry, pelo contrário, produziu, se não propriamente ciência, algum pensamento e boa poesia. Seríamos malvistos se o censurássemos por não ter sido filósofo, pois, se o fora, sua filosofia não faria mais que reproduzir o ser sob a forma da verdade que é o conhecimento. Quando se exerce no domínio da arte, o fazer não se contenta em duplicar o real acrescentando-lhe uma imagem irreal de si mesmo, ele coloca no ser um existente singular e concreto sobre o qual, unicamente porque existe, conhecimento e ciência se tornam possíveis. É precisamente então que sábios, psicólogos, historiadores, críticos e filósofos tomam a arte em consideração e se põem a explicá-la ao próprio artista, inclusive as suas próprias obras. Suas explicações o deixam desconcertado, o melhor que poderia fazer é ficar em silêncio, pois isso é tudo o que pode.

Essa distinção importa na da filosofia da arte e estética, tão amiúde confundidas para o maior dano de ambas. A estética tem por objeto a natureza do ato pelo qual percebemos o belo, já que a própria palavra *aisthesis*, da qual a disciplina tira o seu nome, significa, originalmente, certo ato de apreensão ou percepção. Os dois pontos de vista se distinguem como o do produtor em relação ao do consumidor; são, portanto, especificamente diferentes. O amante das obras de arte participa dela como o comedor de pão participa da padaria, da moenda e da agricultura. Na medida em que a arte é uma atividade poiética, diz respeito unicamente ao artista. Na medida em que não passam de espectadores, ouvintes ou leitores, o público não sabe nada da arte exceto por ouvir dizer. Com efeito, não tem nenhuma parte na produção de obra nenhuma; na maior parte do tempo, o público não tem sequer a mínima experiência do que seja produzir uma obra; exerce, porém, uma função legítima e até indispensavelmente necessária à vida da arte, sendo, como é, o destinatário da obra do artista, a qual eventualmente está prestes a acolher.

Se a arte é ou não uma linguagem, eis aí uma questão; mas a arte é, certamente, manifestação e comunicação de ser como toda causa o é de seus efeitos. Quer se enderece a um público ou não, a obra de arte acaba por encontrar algum. A questão é somente saber se o ato de apreender a obra de arte constitui-lhe a essência tanto quanto o de produzi-la. Parece evidente que não, e ninguém teria dificuldade de o reconhecer se julgamentos de valor alheios à questão não se mesclassem com ela para alterar-lhe os dados e falsear-lhe a resposta. Não é particularmente correto que, carecendo de competência em matéria de arte, o espectador ou ouvinte sejam incompetentes para julgar uma obra de arte qualquer. Muito pelo contrário, assim como o ouvinte, o espectador ou o leitor não são artistas, mas amantes da arte, assim também, precisamente na condição de artista, aquele que produz tais obras não se encontra na de leitor, espectador ou ouvinte. Nem quando se trata das próprias obras. Costuma-se dizer que o próprio artista é o seu primeiro público, mas isto é um erro. Depois de um período mais ou menos longo, sua obra pode sim se lhe oferecer tão objetivamente quanto a de qualquer outro, mas enquanto a produz, e mesmo muito tempo depois de a produzir, só a percebe como *work in progress* ou coisa ligada a todos os problemas que teve de resolver, a todas as dificuldades por que teve de passar para levá-la a ser. A visão que tem da própria obra é a do criador. A que tem da obra alheia é também a de um criador possível, donde a drástica diferença entre os julgamentos estéticos dos artistas e os do público em geral, pois mesmo quando calham concordar, o que não é sempre o caso, não é nunca pelos mesmos motivos. Não é necessário entrar em considerações estéticas muito especializadas para se certificar disso. Pode-se muito bem admitir que, no geral, nenhum artista que estivesse na condição de fazê-lo constituiria um museu, decidiria o programa de uma temporada de concertos ou escolheria o catálogo de uma biblioteca com a mesma universalidade que o público demonstra em tais matérias. Este último não experimenta qualquer dificuldade em se mostrar tolerante e largo nos seus gostos; não produzindo nada além de palavras, pode acolher sem esforço toda obra cuja novidade não encontre a sua sensibilidade desprevenida. Não tendo nenhum compromisso de criador, não se sente atingido em nenhuma preferência vital; mas é, ao contrário, muito visível que o gosto pessoal dos artistas está ligado à forma própria da sua arte e com ela vai mudando.

Essas observações permitem-nos distinguir na própria raiz quais são as condições do juízo estético. Quer se trate do simples espectador, ouvinte ou leitor, ou bem do crítico profissional que vê, escuta ou lê as obras a fim de falar a seu respeito e, como se diz, "dar conta" delas, o objeto a que reagem e julgam não é o mesmo que o artista produziu. O produtor aprecia a sua obra do ponto de vista da que se propõe a fazer. Seus julgamentos se relacionam à obra por meio do seu projeto. Os julgamentos do espectador não dizem respeito à obra, mas ao que pensa dela; não é dela que fala, mas de si mesmo. O crítico não passa amiúde de um espectador, ouvinte ou leitor pago para dizer o que experimenta no contato com as obras de que fala. Daí a oposição radical que o separa do artista, pois no mais das vezes o crítico só escreve para informar o público, cujos gostos conhece muito bem, sobre o grau de satisfação que pode conseguir de uma certa obra. "Gosto" ou "Não gosto" significam simplesmente "Vocês gostarão" ou "Vocês não gostarão". Isso é natural e legítimo. Chega mesmo a ser útil, pois cada qual sabe em que crítico de arte ou de literatura pode geralmente se fiar, o que mais não quer dizer senão que os seus gostos, segundo o nível do estilo e a qualidade da execução das obras em pauta, concordam e se assemelham entre si. Somente os críticos excepcionais vão além e consideram antes a obra que o provável sentimento do público, representado pelo seu próprio. Procuram encontrar na obra mesma, se não a arte que necessariamente lhes escapa, ao menos aquela qualidade essencial e pessoal que o artista se lhe propunha a conferir. Chega-se então a certas páginas de Sainte-Beuve sobre a arte de Racine, um traço de luz de Valéry sobre o de Degas, reações de um ou outro artista a este ou aquele de seus pares. Não se trata exatamente de "Eu gosto", mas antes de "Vejo muito bem o que se quis fazer". Talvez o crítico também o veja, com efeito, mas fazê-lo ele não pode. O conhecimento que tem a respeito imita o conhecimento poiético, sem, contudo, que o possa ser. Donde se seguem várias consequências práticas, e de ordens distintas.

CAPÍTULO VI
O ser poiético

Noção primeira, o ser não é susceptível de definição. Não pode ser definido em si mesmo, porque toda sua possível definição implica a noção que se quer definir. Não pode ser definido pelo seu contrário, pois o não possui: o que não é da alçada do ser não é nada. Pode-se quando muito precisar a natureza do ser em questão dizendo que a arte é uma atividade poiética cujo fim é produzir no ser aquilo que se chama de obras de arte.

Em sentido primeiro e absoluto, ser se opõe a nada, que não existe. Como acabamos de dizer, essa ausência de contrário torna o ser indefinível, mas não é nesse sentido que ele se diz da obra de arte. Essa última não é uma criação *ex nihilo* no sentido teológico da expressão, isto é, *ex nihilo materiae*. O artista se parece mais com o demiurgo do *Timeu* que com o criador do Gênesis, tal como representado na tradição cristã. Sua atividade se exerce em matéria cuja existência vai pressuposta. A palavra preexiste à poesia. A eficácia da arte pode muito bem transformar a matéria dada sem acrescentar nenhum átomo à soma total do que existe. Mesmo supondo que o existente esteja em expansão, como pensam alguns, ela não se deve à atividade produtora do artista. Do ponto de vista da arte, a soma total do que existe está invariavelmente dada na própria matéria; o fazer do artista em nada lhe acrescenta.

Não obstante, o artista não seria um *poietés* ou fazedor se nada produzisse; ora, ele não pode produzir senão ser, donde o único efeito concebível da sua atividade poiética, se não cria a existência de absolutamente nada, seja a produção de tudo o que, no ser das obras, as determina, não exatamente a existir, mas a ser tais ou quais, isto é, a ser aquilo mesmo que são. Referindo-se a uma distinção outrora muito conhecida entre a existência e a essência dos seres, poder-se-ia dizer que o artista não causa a existência absoluta das suas obras, mas causa a sua essência. Utilizando materiais já dados na realidade, incluindo os elementos das formas que impõe a esses materiais, o fazedor produz o próprio ser das obras na medida em que faz existir o que são.

Aquilo que um ser é depende da sua essência. Para evitar toda controvérsia metafísica supérflua, contentemo-nos com dizer que a essência é precisamente aquilo que um ser é. Quando, então, tentamos definir a essência como determinação última do ser, temos de recorrer o mais das vezes à noção de "forma". A razão pela qual a análise se esforça aqui por introduzir uma distinção no seio de uma realidade manifestamente una é que, aplicando-se a um dado primeiro, que é o ser, não se pode fazer outra coisa senão distinguir-lhe abstratamente pelo pensamento os aspectos principais, os quais revelam a sua riqueza. A forma é o que o pensamento concebe como a determinação primeira da essência; determinação primeira e ao mesmo tempo suprema, pois a forma é aquilo por que a essência faz que o ser seja precisamente o que é.

Para os espíritos aturdidos com a metafísica, nada mais vago do que a extrema precisão na definição dos conceitos. É que o rigor das distinções lhes escapa. Aqui, a dificuldade é distinguir, no interior da essência, o princípio formal que a determina. Não se trata da noção de essência em geral, mas antes da essência concreta de um indivíduo qualquer dado na experiência. Tudo o que é pertence à sua essência, porque tudo o que lhe constitui o ser contribui para fazê-lo ser o que é, mas nenhum ser concreto é simples e os elementos de que se compõe têm uma ordem de importância, que o pensamento concebe espontaneamente como uma relação entre determinantes e determinados. A noção de "fatos gerais", tão popular ao tempo de Comte e Taine, exprime muito bem esta visão espontânea do espírito. Para "compreender", como se diz, uma realidade – isto é, para aprendê-la de uma vez por todas num único ato de pensamento –, o espírito a aprende naturalmente como submissa a um caráter dominador primordial, que é a sua forma. Este caráter pode ser uma determinação intelectual abstrata, como a "forma de um raciocínio", ou material, relativa à distribuição de partes no espaço, como a forma de uma estátua; num e noutro caso a forma é aquilo que, na essência, impõe certa unidade à multiplicidade das partes.

Este papel unificador da forma é de importância fundamental. Quer se trate de objeto material ou não, a forma é apreendida sempre por um ato do espírito. Se este mais não faz que reconhecê-la como dada na natureza, tal a forma de uma árvore, ou bem se ele próprio a cria, qual a forma de uma equação, em ambos os casos ela se apresenta como um princípio de unificação de certa multiplicidade que o intelecto conhece por meio de percepção sintética.

Essa noção se aplica facilmente à obra de arte, tanto mais que provavelmente foi tirada dela. A fim de explicar a famosa distinção entre matéria e forma nos seres naturais, Aristóteles recorre sem pejo ao exemplo das estátuas, que são feitas de uma matéria qualquer, pedra, bronze ou madeira, e da forma que o artista impõe a essa matéria com o fito de transformá-la num Hermes ou noutro deus. Conquanto se possa colocar em questão o valor científico da noção de forma natural, continua sendo fato seguro que o conhecimento vulgar distingue os objetos por meio de suas formas, além de ser claro e manifesto que o artista tem consciência de poder impor formas semelhantes a matérias diferentes entre si. Beethoven transcrevendo para piano o seu concerto para violino, ou qualquer escultor fundindo em bronze um molde de gesso – ambos dirão que, no essencial, se trata do mesmo concerto e da mesma estátua. É pela forma que um objeto se identifica. A analogia é tão manifesta que nos podemos perguntar se o gênio grego, tão sensível à beleza das formas, não estendeu à natureza essa noção de composição de forma e matéria que tudo na arte parece sugerir. Ao se apropriar dessa noção, a poiética não faz mais que retomar o seu próprio bem.

Hoje em dia está na moda tratar essas velhas noções como caducas, mas absolutamente não o são, e mesmo que o fossem na ordem da natureza – o que é nada menos do que certo –, permaneceriam válidas na ordem da arte. Em ambas as ordens, "a matéria fica e a forma se esvai"; em ambas as ordens, a matéria é o que subsiste como sujeito da modificação no curso do devir de um ser; em ambas as ordens, enfim, a matéria é o que, no devir, faz o papel do determinado de que a forma é o determinante. Levando a abstração ao seu termo, como, de resto, é o seu dever, os filósofos conceberam a noção de algo absolutamente determinável, que seria a matéria primeira ou a pura determinabilidade. Essa noção é necessária em metafísica, mas os metafísicos chegam às vezes a duvidar da existência da matéria em si, separada de toda forma. Tomás de Aquino considerava tão resolutamente impossível a existência de matéria sem nenhuma forma que contestava até mesmo que o próprio Deus a pudesse criar assim. Criá-la conjunta à forma, isso Deus pode, mas fazê-la subsistir sozinha não seria apenas um milagre, seria uma impossibilidade. A razão disso é profunda, mas simples: o ser só é aquilo que é por causa da sua forma; perdendo-a, ele deixaria por isso mesmo de ser o que quer que seja; perderia a própria possibilidade de existir.

Essa noção metafísica não tem, portanto, de intervir na física, em que a matéria se define sempre por suas determinações formais, ou seja, por aquilo que é. Dá-se o mesmo com os problemas relativos à arte; com efeito, aqueles que pensamos são filosóficos, mas ainda que a sua elucidação completa exija que se remonte aos primeiros princípios da metafísica, tais princípios podem considerar-se estabelecidos quando se chega a fazer uso das noções de matéria e forma no sentido que têm para o artista que as utiliza ou para o filósofo que se atém a refletir sobre a poiética.

O artista não trabalha jamais com algo absolutamente determinável, senão com algo já determinado que pretende submeter a determinações ulteriores de uma ordem, aliás, inteiramente nova. A essência da poiética está toda contida nessa única proposição; esclareçamo-la, pois.

Sua primeira parte é evidente. A madeira que se entalha, a pedra que se esculpe e o cobre que se grava são matérias já determinadas por muitos característicos naturais; um bloco de mármore e o bronze das estátuas têm propriedades positivamente diferentes, que podem variar até mesmo de mármore para mármore e de bronze para bronze; os sons da música, as palavras da língua, todos os elementos constitutivos de uma obra de arte qualquer estão determinados por caracteres definidos que lhes são próprios; de outro modo, aliás, porque o ser vem da forma, esses elementos não seriam nada. A matéria primeira não aparece aqui diretamente, pois a forma produzida pelo artista se superpõe, por assim dizer, à matéria que eventualmente emprega. E aqui dizemos "matéria", note-se bem, precisamente porque a madeira, a pedra, a língua e o som calham cumprir esse papel, já que a forma que o artista lhes impõe é o determinante em relação ao qual cumprem o papel de determinado.

Trata-se aqui da determinação de formas (de matérias já informadas) por uma forma que se lhes acrescenta e, por assim dizer, as embeleza, mas a forma determinante difere especificamente das determinadas, pois essas são formas naturais, aquela uma forma artística. A função própria das formas materiais é constituir segundo a própria natureza a madeira, a pedra, o som ou qualquer outra matéria empregada pelo artista; a função da forma que o artista lhes superpõe é fazer da pedra, da madeira, do cobre, dos sons ou das palavras matéria de uma obra de arte. Certamente hesitaríamos em insistir sobre um ponto tão admiravelmente esclarecido por Focillon no seu *La Vie des Formes* se ele não teimasse em permanecer na sombra. Poder-se-ia defini-lo: o princípio da especificidade da matéria das obras de arte. Por mais diferentes que sejam segundo as respectivas propriedades físicas, todas essas matérias mudam de natureza pelo mero fato de serem assimiladas pelo artista aos fins da sua obra; embora conservando as propriedades naturais que as distinguem, cuja importância é capital em mais de um aspecto, como se verá adiante, as matérias se revestem do caráter comum de materiais artísticos, escolhidos, trabalhados e ordenados para servir à execução de uma obra determinada. Faríamos muito mal em acreditar que, por não lhe mudar a natureza, essa metamorfose toca apenas superficialmente a matéria que submete a um novo fim. O grão do bloco de madeira ou de mármore, o veio, as manchas, qualquer acidente, enfim, da matéria escolhida, ainda que fisicamente insignificante em si mesmo, pode agir sobre a imaginação do artista como uma súplica para receber o mais alto destino que a natureza lhe parece prometer. Inversamente, mesmo se o artista se contente com recolher certas matérias – blocos de pedra, troncos nodosos ou curiosamente tortos como os que se dispõem nas margens dos Grandes Lagos e dos rios da América do Norte – cuja forma é tal que parece intencionalmente trabalhada por algum artista consciente do seu fim próprio, essa forma se encontra como que indiretamente integrada ao mundo das coisas da arte em virtude da sua mera escolha por parte de certa imaginação e gosto artísticos. Com ainda mais razão, tudo o que um artista utiliza em vista dos seus próprios fins pertence por isso mesmo ao domínio da arte.

Essa unidade de finalidade domina os problemas filosóficos concernentes às artes do belo. Ela assegura notadamente o primado absoluto da forma sobre a matéria na obra de arte, mas, porque a matéria comparece aí com a sua forma natural, é inevitável que, determinada por essa mesma forma, exerça uma influência positiva sobre a obra. Compreende-se então a extrema importância que os artistas atribuem ao meio que empregam. A distinção geral das belas-artes se funda, por sua vez, na distinção absolutamente primeira das respectivas matérias. Formas no espaço, formas no tempo, movimentos do corpo ou palavras da fala – essas matérias diferentes servem de fundamento a artes especificamente diferentes. Isso é evidente, mas a mesma coisa é verdadeira para todo tipo particular de matéria, quando não para todo espécime particular desse tipo. Nesse sentido, todo artista se curva às sugestões da matéria que emprega, e chegará mesmo a expor-se voluntariamente às exigências do meio de expressão que escolheu, sabendo muito bem que a sua decisão de gravar em vez de pintar, ou de gravar em madeira em vez de gravar em pedra ou em cobre, obrigá-lo-á a escolher ferramentas diferentes, a empregar técnicas diferentes, a inventar formas diferentes.

Dificilmente exageraríamos a importância do que os artistas devem às sugestões da matéria com que trabalham. Seus escritos e discursos o testemunham com abundância. Isso vale até mesmo para a poesia, a mais intelectual de todas as artes (haja vista que a sua matéria é o veículo do pensamento), em que línguas diferentes, como o latim e o inglês, dão matéria a obras de tipo profundamente diferente. No interior de uma mesma obra, são as palavras que frequentemente decidem sobre a sua estrutura final. Valéry adorava dizer que é mais fácil encontrar uma ideia a partir de uma rima que uma rima a partir de uma ideia, e nada é mais verdadeiro; porém, há que lembrar, a propósito, que a matéria da obra de arte só age por meio de sua forma natural e à condição de que essa forma, absorvida na obra de arte, se transforme em forma artística.

Todas essas reflexões partem da forma ou acabam chegando nela; mas o que é a forma, afinal? Segundo sua noção mais abstrata, a forma é toda determinação que submete uma multiplicidade à unidade. Eis o sentido mais geral da noção, porque se aplica tanto às energias e atos que, nas coisas mesmas, agrupam, associam e unem uma pluralidade de partes reais à maneira como as almas asseguram a unidade dos corpos e os sentidos a unidade das frases, quanto aos atos de percepção que, pelo simples fato de apreender com um único "olhar" certa multiplicidade de elementos, lhes conferem a unidade.

Essa função unificadora da forma é o seu caráter distintivo e o que tanto dificulta a delimitação exata da sua noção, pois o uno é um transcendental (não sendo senão o ser indiviso em si mesmo), e, pois, conferir a unidade é conferir o ser. Lembremos a fórmula tão cara a Leibniz, cujo sentido depende de um simples deslocamento de ênfase: ser *um* ser e ser um *ser* é a mesma coisa. A função poiética encontra aí sua noção mais aproximada. O artista produz o ser de suas obras ao impor a certa multiplicidade material a unidade formal que a sua imaginação concebe.

Unidade não é simplicidade. Na obra de arte há unidade de ordem, sendo a forma o que nos permite apreender como una a diversidade dos elementos de que se compõe. Pela mesma razão, uma obra de arte pode ser, e de ordinário o é, uma unidade de ordem entre outras unidades de ordem que são os seus elementos. Além disso, sempre pode unir sob uma forma conjunta elementos tomados de diferentes artes, sejam quantos forem, desde que um deles cumpra o papel de arte arquitetônica e subordine os demais em vista de um fim que todos contribuam para realizar. Aristóteles já sabia disso e distinguia na tragédia, cujo objeto principal é a imitação da vida, partes que são os meios da imitação, a saber, o discurso, o canto e a *mise en scène*. Essa última lhe parecia mesmo tão distinta das outras que a considerava como a mais estranha de todas à poesia propriamente dita, o "diretor artístico" sabendo muito mais a esse respeito do que o próprio poeta. Com efeito, o filósofo distinguia seis partes na tragédia, mas as três que citamos bastam para mostrar que tipo de unidade lhe parecia necessária para assegurar a existência da obra de arte. Todas as seis seriam facilmente identificáveis numa análise do drama musical de Wagner, por exemplo. O *Burguês Ridículo*, de Molière, *Esther* e *Athalie*, de Racine, e o *Orfeu*, de Gluck, ficariam no meio-termo.

A despeito do seu grau de rigor, a unidade que faz dela um ser tem o efeito de separar a obra de todos os outros seres, sejam naturais ou artificiais. É uma das leis do ser que os existentes se excluam uns aos outros, já que cada ser não é senão uma só vez aquilo que é, para uma infinidade de vezes que não é nenhum dos demais. Daí a ação das formas, que separa. A forma divide dos outros seres aquele que, definindo, constitui. O que é essa "forma" constitutiva da obra de arte? Palavras não são definições, e nem sequer é possível a cada uma delas que correspondam a uma realidade definida e observável como uma coisa. Coisas não são feitas de outras coisas. Não obstante, pode-se precisar que a forma da obra tem a sua origem num tipo de noção concebida pelo artista, que essa noção já é a da obra por fazer e que, afinal, a produção da obra de arte, se o detalhe pudesse se explicitar em conceitos distintos, reduzir-se-ia à passagem da forma concebida à forma efetivamente produzida pelo artista. Não podemos conhecer esse detalhe, já em razão de sua complexidade extrema, já porque, malgrado os esforços dos psicólogos que investigam a "criação artística", os métodos próprios a esse gênero de observação ainda não foram descobertos, já, sobretudo, porque tais detalhes não existem na realidade como elementos sutis, numeráveis e ordenáveis em séries inteligíveis. Essa razão, porém, não basta para nos abstermos de colocar o problema. Misólogos há que costumam se exprimir em termos irônicos em relação à filosofia, como se séculos de especulação somassem uma massa estéril. Isso não é verdade. Se preciso fosse mencionar um progresso filosófico objetivamente observável, tão definido em si mesmo quanto qualquer descoberta científica, quiçá até mais durável que algumas delas, e cujas consequências, em todo caso, afetam em sua quase totalidade o domínio, por exemplo, da biologia, os que estudaram com Bergson não hesitariam na sua escolha. Ao que nos toca a nós, pensaríamos logo nas análises de *Ensaio sobre os Dados Imediatos da Consciência*, as quais, recusando-se a descrever o ato livre com os sumários mecanicismo e finalismo tão comuns a esse gênero de descrição – pelo que o último aparece como um simples mecanicismo às avessas –, revelaram o progresso contínuo de uma atividade semelhante à vida, que se move, orienta e produz um fruto ao mesmo tempo inteligível e imprevisível, esta raridade que é um ato verdadeiramente livre.

Uma das principais causas de obscuridade na discussão desses problemas vem da indeterminação das noções que eles põem em questão. Há, com efeito, deliberações cuja conclusão é quase mecanicamente determinada, como, por exemplo, a escolha de um itinerário de automóvel com o fito de, mediante um mapa rodoviário, sair de um ponto e chegar a outro. Há aí uma escolha a fazer, sem dúvida, possível por meio do conhecimento racional dos seus termos, o que faz dela uma escolha livre; mas a decisão não fará mais que tomar nota de um fato preestabelecido; esse gênero de liberdade não acarreta nenhuma criação. Assim também na ordem da arte. É banal protestar contra o ensino do que, sempre algo pejorativamente, chamamos de "regras". Elas são necessárias, a despeito do que se diga, e os mestres que as ensinam estão muito longe de precisar sentir vergonha das funções que exercem. Nas escolas de belas-artes, nos conservatórios de música, nas incontáveis salas de aula onde esses mestres transmitem aos alunos as regras de composição e de produção que um dia aprenderam, todo o progresso adquirido pelo labor de tantos artistas, todos os meios de criação e expressão que já foram inventados – tudo se encontra à disposição dos mais jovens. A arte do passado lhes transfere o seu saldo para que façam a arte do futuro. Nada mais importante, e, pois, injustamente escarnecemos desses bons servidores, os quais ensinam a fazer o que, em regra, não se poderia fazer sozinho. Ora, fazer obras e criar beleza é justamente o que nem eles nem ninguém pode ensinar; a liberdade criadora do artista é a única que detém esse segredo, mas ainda quando souber pouco mais ou menos o gênero de obra que deseja produzir, o artista precisará recorrer à herança dos seus predecessores para tomar posse dos meios de execução sem os quais a obra não poderia nascer. Mesmo então deverá inventar, pois toda obra nova requer técnicas novas ou, mais precisamente, consiste nessas mesmas técnicas, mas o artista se apoia em meios herdados para os aperfeiçoar e enriquecer. Uma suprema facilidade de assimilar essa herança é um dos signos do poder criador a que chamamos gênio; mas ainda é preciso começar pela herança para fazer esse gênero de fortuna. Ninguém inventou mais músicas novas que Richard Wagner, o qual, não obstante, não as podia criar diretamente a partir de Gluck e de Mozart, sem Beethoven e Weber entre eles.

  A arte também oferece o equivalente dessa finalidade sem invenção, em que Bergson via muito bem um mecanicismo às avessas. Com efeito, quando um artista sabe de antemão exatamente o que e como fazer, a obra já pronta no seu espírito não dá lugar a nenhum esforço criador, não passando, pois, de um problema de execução. A bem dizer, essa é uma situação mais ideal que real. Diz-se que Mozart escreveu alguns quartetos compondo os seguintes de cabeça, o que certamente não é impossível, mas então ele não era propriamente o criador dos que escrevia, mas o produtor da beleza dos ainda não escritos. No momento em que a obra por fazer já está determinada em todos os seus elementos essenciais, está praticamente feita e não há mais lugar para a liberdade criadora.

Aqui, porém, não convém desprezar nem excluir nada. Pensando na história das artes e das letras, recordamos sobretudo os grandes nomes e algumas obras que marcam o advento ou o auge de certos estilos, mas não convém esquecer que a vida das artes é marcada principalmente pela massa de obras secundárias, mas dignas de estima, que constituem a produção média de cada época. Os museus estão cheios de quadros que atestam uma habilidade técnica de boa qualidade e de obras que não carecem de encanto, portanto, de beleza. Trata-se dos talentos, que germinam à volta dos gênios e aproveitam o tempo enchendo-o de estátuas, quadros, composições ou livros que são o reflexo das criações dos grandes mestres. A influência desses "pequenos mestres" ou, como se diz, desses "escritores de segundo escalão", é particularmente benfazeja nisto que inicia o grande público no estilo dos criadores, oferecendo-lhe uma dose diluída desse mesmo estilo. A vulgarização da beleza é antes um bem que um mal menor. Os que se dedicam a isso têm, portanto, a sua utilidade. Plagiários, imitadores, copistas, práticos, todos os que participam no mais mínimo grau do aumento das obras que dão gosto de ver, ler ou ouvir têm direito a algum reconhecimento, tanto mais que, sendo mestres de técnicas comprovadas e sempre se colocando problemas já resolvidos, são praticamente infalíveis. Eles praticam, dizia Camille Saint-Saëns acerca de um deles, "a futilidade indestrutível". Eis aí o triunfo da finalidade sem invenção e da arte sem criatividade.

As mesmas distinções se observam nas doutrinas que tentam formar uma noção inteligível das artes do belo. De um lado, vemos todas as "filosofias da arte" que explicam as obras por princípios análogos aos do mecanicismo materialista: dado o artista assim como era, o seu tempo e a sociedade em que viveu assim como eram, uma dialética apropriada mostrará que tal ou qual obra particular é o seu resultado necessário; do outro, as filosofias herdeiras de um finalismo elementar em que o fim, atualmente preexistente nalgum espírito supremo e já dotado de todas as suas determinações, predefine a obra que o artista formará à sua imagem, copiando-a o melhor que possa. Para infelicidade da teoria e felicidade do artista, dá-se que esse modelo ideal jamais se deixa perceber distintamente, sua indeterminação aparente oferecendo, pois, certa margem de jogo e de invenção ao trabalho do copista. O ato livre de Bergson não preexiste a si próprio sob a forma de uma decisão que o agente ainda não tivesse a consciência de já ter tomado, assim como não aparece no termo da deliberação como a resultante necessária de um certo número de forças de que resume o equilíbrio final. Uma tal simplificação do real não respeita a sua natureza, pois é verdade que não há liberdade sem conhecimento e que toda decisão final pressupõe as deliberações da razão, mas o ato livre não é uma conclusão racional. A conclusão de um raciocínio, sobretudo se estiver correto, não é livre. Bergson teve o mérito de descobrir, pois que se tratava de uma *descoberta filosófica*, que doutrinas tradicionais opostas deixavam escapar a mesma verdade. O ato livre aparece ao final de um processo de maturação de que é uma das resultantes previsíveis, mas não a única. Se se trata de um daqueles problemas em que ninguém se engaja por completo – *Quod vitae sectabor iter?* –, sempre se pode explicar por que, retrospectivamente, se tomou esta e não aquela decisão. Espanta-nos um pouco que tantos teólogos se hajam tão violentamente apegado ao finalismo de tipo clássico. Em suma, eles próprios não pensam que haja algum raciocínio necessário a cujo termo se conste que Deus criou o mundo, se encarnou para salvar os homens e morreu na cruz para atingir esse fim.

A uma distância infinita desses problemas, e em ordem distinta, mas não estrangeira, a produção da obra de arte se apresenta como a maturação progressiva de um ser vivo sobre o qual podemos prever que será pintura, escultura ou música, mas cujos característicos individuais, no interior de tais determinações genéricas, são a bem dizer imprevisíveis, pois, se eles resultam dessa obra, não a precedem nem a condicionam.

É, pois, natural perguntar por que falar de um gérmen, de uma "forma seminal" ou de qualquer outra coisa desse gênero. Quando o biólogo fala de gérmen, semente ou genes, atribui um sentido preciso a essas expressões. Trata-se de coisas concretas, materiais e visíveis, cuja descrição pode ser controlada mediante observação; não assim no caso das formas germinais de que falamos a propósito da concepção e nascimento da obra de arte, pois, então, trata-se apenas de metáforas, embora não sejam arbitrárias nem vazias de significação.

Uma primeira tentação seria suprimir essa forma concebida como uma espécie de intermediário entre o artista e a obra, mas então a descrição do processo criador deixa de concordar com os fatos. Sem dúvida, não podemos observar a forma seminal separada do artista que a concebe e da obra em que termina; nisso ela difere dos gérmenes de que o ser vivo nasce, mas o artista em gestação se sente habitado por uma semente que, tal como a outra, nasce dele e é ele mesmo, em certo sentido, ainda que noutro sentido o não seja, de vez que tende a se separar e a se afirmar na própria existência atual, que parece reivindicar fora da sua causa. Muitos escritores notaram a inquietação que acomete o autor enquanto traz em si uma obra ainda por fazer e que "pede para sair", às vezes até antes de haver sido começada. Se um dia deverá nascer, não será antes dos seus nove meses ou nove anos – *nonum prematur in annum* –, depois do que, o autor se achará sozinho sem ela, como antes de a ter concebido. O próprio sentimento dessa dupla solidão é prova suficiente da presença viva que, para ele, enche o *intermezzo*. Que a obra nele não seja nada durante os anos que exige para se tornar viável, eis o que o artista dificilmente poderá crer.

Essa maneira indireta de se exprimir serve a um duplo fim. Evita que se represente a obra em gérmen como coisa material de contornos definidos, e permite ao mesmo tempo concebê-la como objeto distinto, *re et ratione*. Pois não se pode duvidar que a partir do dia da sua concepção a obra já comece a viver uma vida própria no pensamento do artista criador, o único que interessa a este estudo. O fabricador é um problema mais simples, mas falando, por exemplo, de *Madame Bovary*, ao ver as várias tentativas de Flaubert antes do sucesso final, não podemos deixar de representar a obra como resultado de uma como embriogênese espiritual, que acaba num afortunado nascimento. Há uma vida de Goethe, mas no jovem Goethe apaixonado que começa a escrever, no Senhor Conselheiro que abrilhanta a vida de Weimar, no velho Goethe que organiza cuidadosamente a própria lenda, vive um outro ser, quase seu contemporâneo, conhecido como *Fausto*. Publicado em fragmentos à medida que tomava forma, a obra seria quase sem mistério, se a concepção das suas partes sucessivas não se furtasse ao olhar no segredo da imaginação criativa do poeta. Antes de *Fausto* há um *Fausto Zero*, e antes desse uma germinação obscura de que o autor era antes o palco que o espectador. De 1773 a 1832, *Fausto* habitou Goethe, ocupando nele uma duração superior à de todas as suas outras obras e, durante esses sessenta anos, igual à de uma vida humana normal. A forma visível da obra é como a encarnação daquela, totalmente interior, que viveu tão longamente no espírito do poeta e da qual é menos o efeito que a materialização.

Assim, assumindo as funções vitais da forma concebida como princípio, o projeto interior da obra também se apresenta como o seu fim. Nisso a filosofia tradicional de Aristóteles manifesta uma vez mais a sua fecundidade, sobretudo se nos lembramos de manter certas noções da ordem biológica, isto é, da vida. A finalidade aí não se exprime sob a forma de uma simples atividade de copista, mas antes como a orientação intrínseca de uma produtividade vital rumo a um termo a que tende, sem ter consciência total do que ele é. A finalidade poiética não é nada senão essa determinação interna que, por meio de muita hesitação, retomada e, como se diz, reparação, não deixa de inflexivelmente manter a obra nascitura no trilho certo do seu próprio vir a ser. É aqui que as descrições bergsonianas do ato livre assumem sua verdade plena, pois são verdadeiras sobretudo da liberdade criadora, cuja existência engaja a pessoa quando se põe inteira no seu ato, e que é precisamente a liberdade do artista. As peripécias dessa como ortogênese mental podem não ser lá muito numerosas – dizemos então que a obra é "inspirada" –, mas no mais das vezes têm uma complexidade atordoante, que desconcerta a perspicácia de psicólogos e historiadores. A forma não deixa de ser a energia motriz desse vir a ser e o termo em que repousa, uma vez alcançado. Nada mais abstrato que uma noção desse gênero. O fim da obra é ela mesma; é a forma que, desde o primeiro momento da sua concepção, estava em vias de vir a ser.

Sendo, pois, princípio e fim, a forma da obra é necessariamente perfeição. Para ela, não há diferença entre ser feita e ser *perfeita* – isto é, feita até o fim, completamente. Às vezes perguntamos aos artistas: como vocês sabem que a obra está pronta? Suas respostas diferem nos termos, mas têm todas o mesmo sentido. A obra está pronta quando anulou por completo a necessidade de o artista a produzir. No final do seu esforço, o artista sente, ao vê-la, lê-la ou ouvi-la, não necessariamente que é uma obra-prima perfeita, senão que, em suma, é o que desejava que ela fosse. Valha o quanto valha, a obra está feita. Muitos sinais nos convencem disso: o artista percebe que, se a quiser refazer, deve recomeçá-la; portanto, era ela mesma a que queria fazer. Ou ainda que, se lhe quiser acrescentar alguma coisa, substituir uma parte por uma nova, em suma, melhorá-la de um modo qualquer, desfigurá-la-á e arruinará o seu equilíbrio. A obra está perfeita quando opõe uma resistência invencível a todo esforço de modificá-la. Ainda aqui se lida com noções concretas e, a bem dizer, com fatos. Se pensarmos nas grandes obras da arquitetura, abundam os exemplos de edifícios arruinados para sempre pelas modificações de planta impostas por diversos arquitetos. Houve um tempo em que, no pensamento de Michelangelo, a fachada de São Pedro de Roma era obra feita e perfeita; ela estava pronta, tendo atingido o ponto em que a realidade da obra, ao menos em pensamento, cumpria adequadamente o seu projeto; mas desde que Bernini quis fazer mais e melhor, a imensa cúpula como que se aplainou, espremendo-se sobre o edifício; arruinada pela alta balaustrada da fachada, ela privou a igreja de sua suprema majestade, ao mesmo tempo em que perdia a sua. São Pedro de Roma permanece um edifício imenso; desde Bernini, o seu exterior deixou de ser grande.

Assim se realiza a determinação do ser poiético. Vemos aí o seu limite. O artista não causa a existência da matéria de sua obra; não causa, pois, a existência da obra na medida em que ela constitui uma adição às obras da natureza. Com relação à soma total do que existe, da qual o universo se compõe, e a despeito da possibilidade de um crescimento da matéria cósmica, a produção da obra de arte não causa modificação alguma. Mas a modificação é real e apreciável do ponto de vista do ser substancial. Com efeito, a obra de arte é uma substância. Ela se compõe de elementos materiais ou que cumprem função de matéria; esses elementos são trabalhados por uma forma, que é a forma que lhes impõe o artista; ela apresenta uma unidade orgânica devido às determinações recíprocas das partes e à subordinação do conjunto ao todo, que resulta delas, mas das quais, a título de fim, é antes a causa; a substância assim constituída não é um organismo vivo, nem tampouco um simples todo artificial à maneira das máquinas, pois entre as suas partes há uma ligação vital e íntima, de tal sorte que não se pode alterar uma delas sem modificar o conjunto; enfim, como todo ser substancial, a obra de arte é um indivíduo único, que se pode imitar, sem dúvida, mas não repetir. Sendo, como é, causa livre de tais substâncias que não existiriam sem ele, o artista tem direito ao título de criador no sentido preciso que acabamos de definir. Enquanto viva e produza, novas substâncias vão afluindo ao ser e se somando ao tesouro comum daquelas às quais o ser foi concedido em vista da sua mera beleza. Na morte do artista a sua família perece para nunca mais, de maneira que, quantitativamente insignificante, a sua perda é qualitativamente cósmica. Segundo as palavras de Gabriele d'Annunzio em *Il Fuoco*: "Ah, Stelio, eu esperava por ti. Richard Wagner morreu. – Parece que o mundo diminuiu de valor".

Nascidas de uma mesma causa, com a qual se assemelham, as obras de um mesmo artista se parecem entre si porque suas respectivas formas trazem a marca da imaginação criadora que as concebeu. Eis por que, toda vez que nos atemos à ordem da criação original, as obras de cada artista costumam reconhecer-se por certos traços formais que lhes são comuns, aos quais chamamos o seu estilo. São traços desse gênero que os plagiários começam por tomar emprestado e os falsários por imitar. Donde a arte menor "à maneira de", mais respeitosamente chamada de pastiche, em literatura ou em música, e às vezes nas artes plásticas. Todo compositor tem seus intervalos e acordes prediletos, todo escritor seus *tours de phrase* e suas palavras preferidas, como o "puro" que Valéry parece ter herdado de Mallarmé, e que o obceca. Acordes e tons, arabescos e constantes formas elementares se reencontram como traços distintivos nas obras dos pintores, gravadores e escultores. Já se tentou estabelecer o vocabulário de alguns grandes artistas, e não sem algum sucesso, mas basta observar a presença, neles, de constantes formais para conferir um sentido preciso à noção de ser poiético. Cada indivíduo nascido da arte de um mestre se caracteriza pela presença de certas constantes que lhe definem a identidade e permitem que se lhe estabeleça a origem. A obra não é somente um indivíduo de certa espécie, é também o membro de uma família, em relação à qual se situa e ao mesmo tempo concorre para definir.

Constituídas de matéria e forma, é da forma que, em última análise, as obras de arte recebem inteligibilidade e beleza; mesmo a beleza da sua matéria é a de uma forma ou certa relação com a forma, pelo que não se pode, porém, esquecer que toda a realidade substancial do mundo das artes é constituída de objetos materiais situados no tempo e no espaço. O hábito adquirido de substituir o ponto de vista do espectador pelo da própria obra explica por si só a ilusão tão difundida de que a arte seja pura coisa do espírito, incorporal e imaterial, gozando na sua substância dos mesmos privilégios que o ato cognoscente por que é apreendida, ou que a essência metafísica do Belo. Na verdade, nada mais terrestre que o artista e a obra de suas mãos. Nascida na matéria, feita de uma substância física fora da qual não se pode concebê-la senão como pura possibilidade, a obra de arte nasce de um espírito encarnado que encarna em outro corpo a forma que concebeu. É somente para fins didáticos, na forma de lições, ou estéticos, em que as únicas questões discutidas concernem à degustação das obras cuja origem se atribui ao "gênio", que o domínio da arte se confunde com o imaterial.

Restituir o corpo à obra de arte ajuda a dissipar toda a sorte de erros. Com efeito, uma vez realizada, a obra toma o seu posto entre os seres ou objetos cuja origem é natural. Isso, porém, não faz delas seres naturais, coisa que não são e não serão jamais, a não ser por sua matéria que, natural de origem, para sempre o será. A velha observação de Aristóteles, segundo a qual, se se enterra um broto de madeira de lei, não é uma cama que nasce, mas uma árvore, jamais foi desmentida pela experiência. Eis por que a obra de arte segue o destino da sua matéria; dura enquanto dure, envelhece e acaba quando acabe. Ossos esculpidos ou gravados desde há muitos milhares de anos chegam-nos hoje intactos, enquanto telas pintadas no século XVI, ou mesmo no XIX, já se tornaram indecifráveis ou tão descoloridas que os tons de suas cores deixaram de ser perceptíveis. A eternidade da beleza é um mito literário, pois a forma artística não sobrevive ao seu corpo, e todos os corpos são perecíveis. A mais ou menos longo prazo, nada escapa a essa lei; as línguas morrem, os textos literários se perdem, as partituras (quando escritas) se tornam indecifráveis ou inexecutáveis, a pintura de Leonardo acaba por se decompor a olhos vistos, e, ainda que esculturas em material durável gozem de admirável sobrevida, as quebraduras e rachaduras ainda são consideráveis. Com a ajuda dos homens, as chances de permanência das obras antigas decrescem à medida que são descobertas. Incomparavelmente mais duráveis que o artista, todas as obras de arte, e com elas a sua beleza, acabam infelizmente por morrer.

Mesmo durante o tempo em que duram, as obras subsistem em condições definidas pela materialidade. A esse respeito, suas respectivas situações são variáveis. Algumas causam apenas um mínimo de estorvo. Uma única voz basta para fazer existir certas músicas, e quem cantarola para si mesmo pode prescindir de muitas outras belezas mais volumosas. Não podemos, porém, senão sorrir ao ler sobre as efusões de tantos filósofos ou escritores diante da leve, alada e imponderável música, cujo encanto, por assim dizer, "é vento que passa". Todo violino tem alma, mas também tem corpo; o do piano é mais pesado; grandes órgãos são decididamente impossíveis de transportar, e quando as orquestras internacionais se deslocam para retribuir a visita de outras orquestras, o transporte de instrumentos e instrumentistas, com todas as suas partituras e materiais de todo o tipo, toma a aparência de uma manobra militar acompanhada de furgões. Pode-se mesmo acrescentar a isso os coros, as companhias de balé e os cenários, se se quiser transportar uma ópera completa e constatar, enfim, que a música pode representar um estorvo considerável. Mas o peso de um museu de escultura, a superfície ocupada nas paredes por telas cujo transporte e o simples armazenamento já constituem um problema, os rascunhos em que o escritor se perde, a fabricação, manutenção e distribuição da poesia mais etérea, sem mencionar sequer o agudo problema do crescimento sem-fim das bibliotecas públicas e privadas, tudo recorda ao espírito a dura materialidade da obra de arte. Dura e custosa, pois a matéria se compra. A tendência presente para eliminar o artista ou, ao menos, colocá-lo fora do circuito, por toda a parte substituindo a obra por sua "reprodução", explica-se em certa medida por isso que, de um modo ou de outro, o artista e suas obras se tornaram impossibilidades econômicas e sociais. Matéria implica dinheiro, especulação, corrupção, comércio e publicidade, no parasitismo de tudo o que fervilha em torno da arte e vive dela sem ajudá-la a viver. Esquecer a condição temporal e material da obra de arte é se equivocar sobre a sua natureza, e seguramente não é uma boa maneira de apreciá-la e honrá-la.

As mesmas observações se aplicam à condição do próprio artista. Enquanto executa a sua obra, é um artesão, um artífice de coisas inúteis. O desprezo secular em que os artistas foram tidos por "intelectuais", "pensadores" e, numa palavra, todos os que não trabalham com as mãos e se contentam em conhecer, está ligado ao sentimento de que o artista de certo modo faz parte da "condição operária". Nem mesmo a "criadagem literária", inventada no século XVII à imagem da "criadagem doméstica", deixou de ressentir-se de uma condição vizinha dessa última, porque também ela tinha de cumprir um trabalho, de produzir obras muito particulares para justificar a proteção de que se valia da parte dos seus senhores. Ela se libertou desse gênero de mestres, mas as necessidades da vida fizeram-na procurar outro gênero, e a indescritível feira literária que hoje se estabeleceu na praça mostra muito bem que a obra de arte não se fabrica por puros espíritos, nem para puros espíritos. Somente a poesia sobrevive na sombra, salva por sua inutilidade total, mas ela não interessa a ninguém, nem sequer às academias. Quando o mundo se recusa a ouvi-la, ela age como a música pura: ela se cala.

Desfazer-se da ilusão de que as obras de arte nasçam, durem e morram num mundo diferente do das obras da natureza, do qual participam por sua própria matéria, não nos autoriza a perder de vista a sua especificidade. Como a causa da sua existência é a arte de um artista, as obras de arte são distintas das da natureza segundo a sua própria essência. São-no por nascimento, pois, e permanecê-lo-ão enquanto durarem. O grão que o arqueólogo encontra em alguma sepultura milenar é levado a um museu de história natural; a gema que jaz ali ao lado vai para algum museu de belas-artes. Isso está em ordem, pois o trigo é da nutrição, a gema é da beleza. Sem dúvida, o caráter bárbaro dos homens muitas vezes empregou obras de arte como simples materiais que os construtores tiveram a felicidade de encontrar disponíveis; ainda que deixassem, pois, de ser tratadas como tais, nem por isso as obras mudavam de natureza; o seu privilégio de nascimento lhes é inerente e, portanto, irrevogável. O pintor de Lascaux, ou de Altamira, provavelmente não se dizia: "Eu sou um artista, e o meu bisão é uma obra de arte"; a bem dizer, nós ignoramos o que pensava, e mesmo como pensava, mas sabemos que, ao pintar um touro com cores preparadas para um tal uso, ele não o caçava, não o matava, não o destrinchava, nem lhe tirava o couro, mas simplesmente o pintava. Sua obra era uma pintura e era ele próprio o que chamamos de pintor. Houve arte e artistas muito antes que houvesse estetas, e as obras primitivas atestam a sua existência, precisamente porque desde então nada poderia alterar a sua natureza. A obra de arte pode deixar de ser; mas enquanto subsista, não pode deixar de ser o que é.

Existe, pois, um mundo poiético, composto de seres poiéticos, localizado no mundo da natureza, mas especificamente diferente dele. Quando os objetos que o compõem não são reconhecidos como tais, pode-se temer o pior, mas, onde quer que o sejam, o homem os trata segundo a sua própria natureza, isto é, como obras de arte. Tudo se passa então como se a sua origem desinteressada e a beleza de que a sua presença enriquece o mundo lhes valesse cuidados dispendiosos, lhes valesse honras. Os particulares que podem as colecionam, os Estados promovem buscas, confiscam-nas ou recebem-nas como pagamento de dívidas fiscais, o que está correto, pois se tivessem pagado os seus impostos, os colecionadores provavelmente as não teriam comprado. Uma vez certo de que se trata de obras-primas, e tendo conseguido apoderar-se delas, se necessário, até mesmo pela guerra, o Estado as coroa de mais honra e ainda de mais zelo. Junta-as e abriga-as em grandes monumentos, que são os "templos das artes", onde autoriza o público a vê-las em troca de dinheiro. É verdade que essa audiência custa caro, pois as obras por vezes estão velhas, doentes ou enfermas; há, pois, necessidade, não somente de guardas para protegê-las, mas também de médicos para tomar-lhes conta, cirurgiões para operá-las, cirurgiões plásticos, como se diz, para refazer uma beleza ameaçada pela idade, professores, enfim, para explicá-las, comentá-las e contar tudo o que se sabe sobre os seus autores, sua época e seus costumes, mas não sobre a arte de fazer coisas semelhantes a elas, pois isso se ensina por outros professores em outras escolas. No entanto, ignorados pelo Estado, pelos professores e pelo público, mas às vezes encorajados por amadores ainda mais desconhecidos que eles, novos artistas cedem, por sua vez, à necessidade tão pouco razoável de acrescentar algo à beleza do mundo produzindo novos objetos, cujo único fim é serem belos, prazerosos de ver e, se possível, também de ter, para serem revistos sempre que se quiser. Eis aí os artistas. Eles trabalham por um transcendental inútil. Deve-se desculpar o mundo, pois, interessado nos seus esforços, por esperar que tenham indiscutivelmente atingido a sua meta.

CAPÍTULO VII
No limiar da metapoiética

Um filósofo que faz da arte o objeto da sua reflexão não pode deixar de observar o quanto lhe é difícil de se desvencilhar de tal objeto, malgrado a constante sensação de fracasso que experimenta a seu propósito. A despeito do problema particular que se coloque, ao fim e ao cabo ele se vê levado a conclusões que não se deixam de todo conceituar. Voltando-se, então, aos predecessores cujos escritos lhe são familiares, experimenta a mesma surpresa, mas, por assim dizer, em escala bem mais vasta. Pois se de início ele se perguntava por que esta obstinação que o levava sem trégua a um objeto de reflexão tão pouco reconfortante, agora ele pergunta como é possível que tantos espíritos excelentes hajam perseverado durante séculos no mesmo problema, cada um dos quais sabendo que todos os seus predecessores bem ou mal fracassaram, e aparentemente não indagando sobre as suas chances reais de sucesso em tamanha empresa. Porque, de uma vez por todas, é preciso uma boa dose de ingenuidade para acreditar-se mais lúcido que tantos homens, muitos dos quais eram gênios brilhantes, quando o objeto que se trata de compreender está aí aos olhos de todos.

Ainda assim, é isso mesmo o que se dá. Todos amamos a arte e a beleza da arte, mas se nos perguntamos o que ela é, formamos noções confusas sobre as quais os filósofos estão em grande desacordo. Os próprios artistas produziram beleza durante milênios sem se interrogar sobre o que faziam, e quando tentaram fazê-lo, revelou-se-lhes a extrema perplexidade. Acabamos vendo que a despeito de visões profundas, e para nós sem preço, sobre certos aspectos do domínio da criação artística, os artistas não viam mais claramente o que ela é.

A massa de reflexões acumuladas pelos filósofos sobre a natureza da arte é inacreditável. Se se quiser submeter à discussão apenas as linhas mestras do que se tem pensado a esse respeito, jamais abordaríamos o problema em si, senão, paradoxalmente, quanto mais nos aprofundássemos na sua história, mais essa história tomaria o lugar do problema, mantendo-nos sempre na superfície. Mas como isso é possível? Como explicar que o filósofo que acaba de passar em revista cinco, dez, vinte filosofias da arte diferentes, rejeitando todas, não hesite em escrever a frase costumeira e ritual: e agora, deixando de lado o que disseram a propósito os que vieram antes de nós, voltemo-nos para o problema e tentemos resolvê-lo?

Examinando a questão mais de perto, constatamos um outro característico não menos paradoxal da sua história: o lugar subalterno aí ocupado pelo belo e por aqueles cuja vida se consome na sua produção. Não só, como dissemos, os artistas foram durante muito tempo considerados como trabalhadores manuais, senão que eles mesmos têm marcada sensibilidade à hierarquia entre as artes, já que todos em conjunto são olhados bem de cima pelos literatos, cujo trabalho todo, livre do esforço das mãos, é obra exclusiva do seu espírito. Ainda hoje, a Academia Francesa, que faz tão grande apelo aos representantes de todas as grandes ordens sociais, incluindo a elite governamental, a magistratura, a diplomacia, o exército e a Igreja, só muito raramente pensa em convidar um grande artista. Quem escreve sobre as artes é bem-vindo, os artistas não. Mas a própria noção de beleza requer observações análogas. Há poucos tratados sobre a beleza para a multidão dedicada ao ser, à verdade e ao bem. Ela é como que o deserdado da família dos transcendentais. Quando um filósofo fala a seu respeito, raramente é a beleza da arte o que tem em mente. É antes a ideia da beleza que lhe retém a atenção. Não por muito tempo, diga-se de passagem, pois não há nada a dizer sobre isso, mas ainda assim convém deixar registrado; fala-se também da Beleza como Esplendor da Verdade, o que em si mesmo é excelente, mas diz respeito apenas a noções abstratas que transcendem o mundo dos sentidos, que é precisamente também o da arte. É muito raro que esse interesse dos metafísicos pela beleza se estenda aos artistas e artes que a produzem. Tudo se passa como se evitassem o assunto, e quando acontece a um deles que o aborde de frente, é para eliminá-lo.

Ora, precisamente sobre esse ponto, jamais meditaremos o bastante o exemplo de Platão. Tanto se acredita nele que mesmo quem o tem sob os olhos se recusa a lhe dar fé. A dificuldade que há em fazer um auditório de filósofos admitir que o autor do *Banquete*, supremo artista da palavra, desprezava a arte e rejeitava a poesia deve-se ao simples fato de que, na maior parte do tempo, o auditório pensa a mesma coisa. Para ele, como para Platão, esse porta-bandeira do exército de filósofos, é absolutamente verdadeiro afirmar que a arte seja imitação. Ao pintar o célebre *Cama*, em Saint-Rémy-de-Provence, Van Gogh não passava de um imitador do carpinteiro que, ele sim, tivera o mérito de fazer uma cama de verdade; ele seria mesmo um imitador de segunda mão, pois fazendo essa cama de madeira o carpinteiro já imitara a Cama em Si, da qual todas as camas em particular não passam de imagens. Os filósofos que comentam Platão se indignam como se diante de blasfêmia ao ouvir dizer que condenava a música e a poesia. "Longe disso", protestam, já que censura apenas a música debilitante e a poesia mentirosa, mas aprova, por sua vez, as que inspiram coragem, amor e virtude no homem. Vê-se, pois, acrescentam, que Platão não é inimigo da poesia porque só se atém, em última instância, à poesia de Homero, aprovando a que for "útil às cidades e à vida humana" (*Rep*. X, 8, 807 b). Entretanto, no inveterado conflito que denuncia entre os filósofos e os poetas, não há dúvida que Platão esteja com os primeiros, e é, de resto, por isso mesmo que tantos filósofos estão do lado de Platão. Concedamos-lhe que não seja preciso ler Homero para instruir-se de princípios políticos e morais, pois não os encontramos nele e, se aí os procurarmos, arruinamos Homero, mas desconfiemos desse puritano que não admite na cidade senão "hinos aos deuses e elogios dos homens de bem" (*Rep*. X, 7, 607 a). O que ele detesta, di-lo com as próprias palavras, é que busquemos a poesia pelo prazer que dá e não pela utilidade moral e social que proporciona: *he prós hedonén poietiké kaì he mímesis* (607 c). Não o ponhamos em dúvida, o pai da filosofia ocidental é o ancestral daqueles que Poe deveria denunciar um dia como defensores, *"directly and inderectly, that the ultimate object of all Poetry is Truth"*. O patriarca dos filósofos é também o dos filisteus.

Não há arte sem artista; é, pois, natural que os filósofos o tenham desprezado. A sentença de Nietzsche em *A Vontade de Poder* (II, § 437) permanece literalmente verdadeira: "Até hoje, o artista está ausente de toda a filosofia". Pode-se-lhe constatar a exatidão com muita facilidade. Quem, hoje, procura no passado alguma informação concernente a o que os filósofos pensaram sobre a arte, depara com as doutrinas metafísicas do belo em geral, mas não encontra quase nada daquele gênero de beleza que os artistas produziram e que admiramos nas suas obras. O mesmo não se dá hoje em dia, e já veremos o porquê; como quer que seja, essa mudança de perspectiva explica as renovadas tentativas de tantos historiadores de reencontrar no passado filosofias da arte que jamais existiram. Consegue-se até mesmo encontrar uma filosofia da arte em Santo Tomás de Aquino, ainda que, salvo erro, não se possa descobrir nas suas obras completas uma única frase que defina o que é uma arte do belo, ou um artista; se ele disse alguma coisa a respeito da escultura, da pintura ou de qualquer uma das artes plásticas, isso deve estar profundamente escondido nas suas obras, pois se pode lê-las durante longos anos sem jamais topar com tais afirmações.

É por isso, aliás, que nossa mitologia histórica procura alhures o que mal pode encontrar na Idade Média. Por meio de um paradoxo a que bem se poderia chamar supremo, ela faz coincidir a moderna descoberta filosófica da importância da arte e do artista com o movimento de ideias que, no século XVI, reconduziu os espíritos de Aristóteles para Platão. Isso é deveras surpreendente, pois, afinal de contas, Aristóteles ao menos se dignou a escrever uma *Poética*, e acabamos de ver o que Platão pensava sobre o tema. Não há, porém, que buscar muito longe a explicação desse paradoxo. Uma vez mais, os professores estão do lado de Platão; o belo lhes interessa, não a maneira como o belo se fabrica. Por que se preocupar com esses operários que passam a vida a produzir pobres cópias de modelos que, por sua vez, se inspiram no belo em si, o divino modelo de todas as coisas belas? Sabendo o que é o Belo, podem prescindir da arte. Daí a lenda histórica hoje solidamente estabelecida que procura no *Banquete*, de Ficino, a expressão de uma nova civilização dominada pela arte e, enfim, ciente da profunda significação do artista que a produz. Mas isso não passa de ilusão de perspectiva. Somos nós que, finalmente conscientes do lugar das artes do belo em nossa vida, emprestamos aos filósofos quinhentistas um interesse pelos criadores da beleza da arte que os seus escritos estão longe de testemunhar.

Invoquemos o documento mais citado a esse respeito, o projeto de uma Academia Florentina lavrado por Marsilio Ficino. Ele prevê um lugar para todas as classes de letrados, sábios e filósofos, mas lugar nenhum para os artistas. A bem da verdade, o paradoxo só existe na nossa imaginação. Somos nós que, porque Platão fez tanto caso do Belo em si, do qual o artista é um imitador de segundo grau, acabamos por atribuir-lhe uma elevada estima pela arte e pelos artistas, da qual o mínimo que se pode dizer é que não deixou nenhum traço em seus escritos. Mais não lhe pediriam os filósofos: ele coloca o Belo nas alturas, logo nutre pela arte uma elevada estima; é o que lhes basta.

A tradição filosófica ocidental sempre se manteve fiel a esse ponto de vista, o qual reduz a arte ao conhecimento e faz da beleza produzida pelo homem uma variedade da verdade. Quando realizam um esforço excepcional para discernir a função particular do artista, os filósofos não chegam a se desviar da linha do conhecimento; fazem do artista uma espécie de vidente, quando falam a seu respeito. O próprio Schopenhauer, cujo universo é assolado pela vontade de viver, não pensa na arte senão como meio de possível redenção. No capítulo XIX de *Parerga und Paralipomena*, que trata "Da Metafísica do Belo e da Estética", Schopenhauer identifica o belo com as Ideias de Platão, que são as formas primitivas e essenciais de todo ser animado ou inanimado. O mundo do devir volve diante de nós o seu movimento sempre cambiante como o de um jogo de marionetes, mas só o artista vê, e faz ver, os tipos imóveis que lhe constituem a realidade; a mesma possibilidade de uma tal visão do belo, que é a visão da Ideia, tem, portanto, como condição essencial a existência "de um sujeito cognoscente puro de toda vontade, isto é, uma inteligência sem intenção nem fim" (§ 209). Muito longe de ser expressão da vontade de viver, a arte é a suspensão dessa vontade.

Observações análogas se aplicam àquela filosofia moderna em que ao menos o ato livre, inovador e produtor do realmente novo, é reconhecido e descrito com o máximo de precisão. Também para Bergson a raiz da arte é uma intuição, uma determinada maneira excepcional de ver e, no fundo, uma espécie de contemplação. A esse respeito, o seu informe sobre *La Vie et l'Oeuvre de Ravaisson* é um documento de riqueza inesgotável. Pois, aos olhos de Bergson, a diferença entre Platão e Aristóteles era "frequentemente ligeira e superficial, para não dizer verbal". Com efeito, que a realidade seja no fundo Ideia platônica ou Essência aristotélica, permanece sempre da alça do imóvel, que subsiste imutável sob as aparências do movimento. É muito difícil distinguir, nesse retrato que pinta de Ravaisson, os traços que pertencem ao pintor dos que pertencem ao modelo. Como quer que seja, Bergson empresta a seu modelo a ideia de que o escultor alcança em sua obra uma espécie de generalidade, não como o filósofo, à força de esvaziar o conceito de todo conteúdo concreto e, pois, de abstrair, mas, pelo contrário, incluindo na realidade única da obra o essencial do que se acha em estado de dispersão na multiplicidade dos indivíduos. Como o olho estimulado reencontra a luz branca em cada uma das cores que a constituem, assim também "da contemplação de um mármore antigo poderá jorrar, aos olhos do verdadeiro filósofo, mais verdade concentrada do que a existente, em estado difuso, em todo um tratado de filosofia". Como quer que seja, trata-se de conhecimento e de verdade por descobrir. Embora o artista e o filósofo metafísico a exprimam por meios diferentes, a realidade que representam é no fundo a mesma. "Como", pergunta Bergson, "não ficar impressionado com a semelhança entre a estética de Leonardo da Vinci e a metafísica de Aristóteles tal como Ravaisson a interpreta?". Acrescentaríamos de bom grado a essa lista a própria metafísica de Bergson. Para esses três grandes espíritos, segundo a respectiva autocompreensão, o olhar do artista sobre a natureza é o mesmo que o do filósofo metafísico.

Para além do que pensassem a respeito, contudo, a importância do evento histórico estava nesse encontro de arte e filosofia. Havia algo de novo no simples projeto de consultar um pintor acerca de questões tradicionalmente reservadas ao filósofo. A maneira como sucede tal junção no pensamento de Ravaisson, tal como Bergson o interpreta, pode descrever-se pela simples absorção do artista pelo filósofo; tanto quanto uma vitória de Aristóteles, essa era também uma vitória de Platão.

Não chega a ser um exagero descrever o conjunto da cultura ocidental, da Antiguidade aos nossos dias, como a idade de Platão. Não propriamente do homem Platão, claro está, mas antes do espírito especulativo, contemplativo e intelectualista de que sua obra é a expressão perfeita e que, justamente por sê-lo, tão poderosamente contribuiu para difundir. No fundo, é o próprio espírito humano encarnado na civilização grega que se tornou o espírito do Ocidente, expresso de maneira algo distinta pelos três grandes espíritos que vimos de considerar. Na medida em que tomam forma de filosofia, as grandes teologias cristãs não falam outra língua, e de nada adianta chamar a atenção para o que haja de assombroso nessa simbiose de ontologia puramente filosófica e interpretação integralmente religiosa do mundo: os que vivem na *aetas platonica* são tão incapazes de imaginar a simples possibilidade de um universo diferente do que está no pensamento grego, que perderam a capacidade de se assombrar.

Se alçarmos um voo bem alto e incluirmos numa única visão a imensa área de filosofia que se estende de Parmênides a Hegel, não perceberemos mais acidentes de superfície que os de um oceano em que mal roça o vento. Há o ser e, porque o há, não se pode conceber que o não haja. Se não houvesse, donde proviria, senão de si mesmo? O ser é, pois, necessário e, ao mesmo tempo, dado por inteiro. Eis por que o ser é imutável, pois é possível observar alguma mudança nas aparências, mas porque o ser é necessário, nada se perde e nada se cria: *ex nihilo in nihilo posse reverti*; estamos certos, pois, de que todo o possível é real e da constância do total do ser. Essa visão de conjunto da realidade se nos tornou familiar e se nos oferece como tão inevitável que perdemos de vista o que há de paradoxal numa realidade assim concebida. Pois se a realidade é tal, a aparência é bem diferente e não sabemos como reconciliar o que é com o que parece ser. Não obstante, é preciso consegui-lo, pois se apenas o absoluto do ser é pensável, vivemos na relatividade das aparências, a que o homem deve saber se acomodar. E é o que ele faz ao aceitar um certo número de conclusões, se não como claramente inteligíveis, ao menos como inevitáveis; todas se seguem da mesma premissa, segundo a qual o ser é e não pode não ser nem, em suma, mudar o que é.

Consideremos algumas dessas conclusões. Por exemplo, porque o ser e o uno são convertíveis, e nada podemos acrescentar ao ser (pois o que acrescentássemos ainda seria ser), não pode haver mais no múltiplo que no uno; ao contrário, o múltiplo é uma como que tentativa de imitar pelo número a unidade que não se pode atingir. Tentativa fadada ao fracasso como se vê na frustrada reconstituição do número 1 a partir da soma de meio, um terço, um sexto, um doze avos e assim por diante; a série irá ao infinito e a soma, conquanto sempre crescente, jamais alcançará o valor de uma unidade.

  Essa relação é apenas a primeira de uma classe sobre a qual a reflexão dos filósofos se debruçou desde sempre. Assim como há menos na multiplicidade que na unidade, e no fundo pelo mesmo motivo, há menos no outro que no mesmo, pois conquanto fosse muito bom adicionar um número infinito de imagens diferentes de um só e mesmo objeto, sempre sobraria espaço para imagens novas e jamais, tomadas em conjunto, essas imagens equivaleriam à inesgotável identidade do modelo. Do mesmo modo, haverá sempre menos na ilusória riqueza das aparências que na simplicidade da realidade, menos no móvel que no imóvel. Conclusões a que a razão deve se submeter mesmo que a experiência da vida proteste contra elas. Assim Parmênides colocara face a face o mundo do ser imóvel e o da aparência cambiante. Parece que Platão acabou por conceder que o outro, o múltiplo e o devir também são – à sua maneira. Mas isso não seria conceder que o não-ser é? Como acolher de bom grado um tal pensamento? Há uma e única maneira de fazer o ser e a sua aparência coexistirem, de um ponto de vista inteligível. É imaginar o universo como a substância infinita dotada de uma infinidade de atributos infinitos e cujos modos finitos, sendo infinitos em número, por assim dizer se correspondem e compensam uns aos outros. Porque concebeu qualquer coisa desse gênero, Espinosa permanece uma tentação permanente para o pensamento ocidental, mas o espírito que se deixa arrebatar por ele ainda não conhecerá o desejado repouso. Pois é o mundo de Platão que se perpetua, sempre cheio do mesmo problema. Se a Substância Infinita é feita de uma infinidade de atributos infinitos, por que possui modos finitos? A sua finitude é uma aparência, responde Espinosa; ela nasce dos caprichos da imaginação, os quais causam a nossa servidão e cujo conhecimento filosófico, e apenas ele, nos pode libertar. Sem dúvida que pode, mas não parece que o ser consiga se libertar da aparência. A maldição de Parmênides persegue os sucessivos universos do pensamento ocidental; o mesmo verme habita todos os suculentos frutos da árvore platônica.

  O que se pode fazer com um universo desse tipo? Nada, exceto conhecê-lo tal como é e não pode não ser, não fosse para reconhecer aí o próprio lugar e aprender a se acomodar a ele. O mundo de Platão, que é o mundo ocidental, é, pois, por vocação primeira, o mundo da ciência, que é o conhecimento do ser tal como é. Essa aptidão do conhecimento para representar adequadamente no pensamento o que os seres são na realidade se chama verdade. A verdade é, pois, o que há de mais próximo ao ser, cujos traços reproduz tão fielmente quanto a imagem de um objeto no espelho. Ainda aqui, a possibilidade do erro é uma anomalia chocante, de que nos livramos ao relegá-la ao não-ser; porém, se a tratarmos como simples aparência, é possível que não consigamos justificá-la como momento parcial da verdade. A certeza de que a integração das verdades parciais sempre se pode levar mais longe é o próprio motor do surpreendente desenvolvimento da ciência ocidental. Na medida em que é verdadeira, porém, a ciência mais não acrescenta ao universo que a sua imagem inteligível; porque lhe não poderia acrescentar senão o erro do não-ser, a perfeição da ciência está, pelo contrário, na adequação do seu conhecimento do universo à realidade que deseja exprimir.

E aqui chegamos à raiz de todas as nossas dificuldades, já que não há lugar para a arte num universo desse gênero. Todo o ser está dado: o que se lhe pode acrescentar? A única beleza perfeita que nos cabe desejar é uma beleza que se pode dizer natural, da alçada do inteligível. Apreendida pelo pensamento tal como é, a verdade do ser se confunde com ele e é por assim dizer a sua transparência no espírito: ela é bela. É precisamente aí, para retomar as palavras de André Danjon, que os matemáticos puros encontram "os belos encadeamentos lógicos de proposições e teoremas cuja contemplação lhes proporciona o mesmo deleite estético que uma obra de arte". Um sistema de equações que exprime perfeitamente uma ordem de relações reais dadas na natureza é para o pensamento uma fonte de alegrias em que não raro o próprio corpo toma parte, mas essa beleza da verdade concerne às relações reais dadas na natureza antes de sê-lo no pensamento. É a beleza de que Leibniz não cessava de admirar a sábia aliança de fecundidade de efeitos com simplicidade de meios. O que tal filosofia tem dificuldade de compreender, e mesmo de admitir, é que o homem possa querer produzir beleza que não seja a natural. Com efeito, já que tudo o que se pode fazer com o ser é conhecê-lo, imitar a sua aparência sensível será necessariamente uma maneira de exprimir o conhecimento que dele se tem. Ou bem a imitação será verídica e, na medida da beleza do modelo, será bela, ou bem será mentirosa e o resultado nem sequer será uma imagem. A verdade na representação da beleza natural é, pois, nesse caso, a própria essência da beleza artística.

Retraçando a história da arte ocidental desse ponto de vista, veremos, porém, que os artistas continuaram o seu trabalho com tanto mais sucesso quanto menos cuidaram do que os filósofos diziam. As intermináveis controvérsias acerca do objeto da arte de que certos artistas participaram não lhes prestaram serviço nem desserviço, já que cada pintor, escultor, músico ou poeta costuma requerer à filosofia da sua arte que justifique a sua maneira pessoal de praticá-la. No máximo se dirá que alguns deles se meteram em vão no maior constrangimento ao aceitar teorias que, na prática, sempre teriam de contradizer, para serem artistas. Se apenas a verdade é bela, basta-nos a ciência: com a arte não há nada a fazer. Falar em verso para melhor exprimir a verdade é simplesmente uma ideia parva.

O fim do século XIX viu surgir uma revolução na noção tradicional do universo e na sua expressão filosófica. Não surpreende que as belas-artes tenham desempenhado um importante papel nessa história, pois se tratava de colocar em questão essa mesma noção do ser que só fazia ignorar a função própria da arte, e até lhe interditava a existência.

Escolhemos o nome de Platão para simbolizar a primeira concepção ocidental do mundo e do homem na sua relação com o mundo. Se necessário for um segundo nome para simbolizar o movimento revolucionário de que iremos falar, não há outro melhor que o de Friedrich Nietzsche. É indispensável compreender as razões profundas da sua atitude se se quiser encontrar um sentido nos muitos movimentos que, com toda a justiça, se tomam por característicos do nosso tempo. Pois são todos movimentos de revolta, e a revolta pessoal de Nietzsche é em certo aspecto o modelo exemplar e a Ideia de cada um deles no seu modo particular. Ao fim e ao cabo, o seu motor parece ter sido, em Nietzsche, um sentimento de rebelião contra um universo no qual não há lugar para o homem. Com efeito, se o universo, para nós, não passa de um objeto a se conhecer e uma necessidade a suportar, não é literalmente verdade que não temos nada a fazer num tal lugar? É precisamente isso que Nietzsche se recusa a aceitar. O homem da tradição ocidental sempre foi submisso à natureza, e, quando reconhecia a existência de um Deus, tratava-se ainda da natureza – *Deus sive natura* – ou de um Autor da Natureza. Num tempo em que se exprimia meio que por toda a parte um tipo de difusa impaciência contra tal situação, Nietzsche teve clara consciência desse sentimento e, alimentando-o com o orgulho verdadeiramente prometeico que o animava, levou-o a ponto de explodir: "*Humanizar* o universo, isto é, sentirmo-nos cada vez mais os seus mestres"; esse programa cedo ou tarde devia se abrir à imaginação de um protestante indignado com tanta e tamanha naturalização do homem. Nietzsche é o porta-voz de todo homem que, cheio do universo de Platão, entende que não é mais natureza, senão vontade, liberdade, poder.

O que está em causa não é Nietzsche e sua doutrina, mas antes o ressentimento que o anima e o faz sumamente representativo. Seu nome é tão amiúde associado ao de Kierkegaard como iniciador do existencialismo contemporâneo que talvez valesse a pena assinalar as suas diferenças. Aos olhos de Kierkegaard, Sócrates é o próprio filósofo na sua verdade; segundo Nietzsche, a grande época da filosofia termina com os pré-socráticos, e Sócrates é o começo da decadência de que Platão constitui o apogeu. A corrupção da filosofia grega data do dia em que a física se subordinou à moral. Começou-se, pois, desde então a conceber a natureza e a ordem do universo tais como deviam ser para justificar a submissão do homem às leis da república, isto é, da sociedade. Assim estaria assegurado o triunfo da massa dos fracos sobre a pequena elite dos fortes e nobres, contra o que precisamente Nietzsche prega a revolta. Como não lembrar que Platão é o autor da *República* e das *Leis*? Em *A Vontade de Poder*, Nietzsche lembra que "desde Platão, a filosofia está sob o domínio da moral", e numa nota cheia de sentido, anuncia o projeto de "descrever a decadência da alma moderna sob todas as suas formas: em que medida ela remonta a Sócrates; minha antiga aversão a Platão; o *antiantigo*, a *alma moderna* que já existia". Ora, é no mínimo digno de nota que ao mesmo tempo em que lhe reprova o ter subjugado o homem, Nietzsche denuncia em Platão o que não tem pejo de chamar de "o ódio da arte". É assim que o problema da natureza e do lugar da arte aparece como um momento decisivo deste outro problema: a revolução espiritual do mundo moderno. Se a república platônica se realizasse, a arte seria banida. O que absolutamente não é necessário, pois se afastar da arte é se afastar da vida. De modo que "a arte agora quer a sua revanche", e sabemos como ela deve ser. Trata-se de assegurar o triunfo da vontade de poder sobre a vontade de saber; numa palavra, Nietzsche quer se libertar da supremacia do *ánthropos theoretikós*, o homem contemplativo.

    Uma análise mais atilada desses textos mostraria o quanto Nietzsche tem consciência de exprimir aí uma das tendências do mais autêntico idealismo alemão, e, com efeito, em toda a parte onde esse movimento interveio na evolução das artes e das letras sob a forma do romantismo, o efeito foi proporcionar à arte a sua revanche contra a ciência e, sobretudo, voltá-la para si mesma, substituindo a aviltante noção de arte-imitação pela de arte-criação. A partir do século XIX, a noção de artista criador tende em toda a parte a substituir a outra, doravante caduca, do artista imitador da natureza. Schiller e Schelling a formulam na Alemanha; Madame de Staël a introduz na França em seu livro *De l'Alemagne*; Eugène Delacroix se inspira nela em suas reflexões sobre a pintura; Edgar Allan Poe quase a demonstra no célebre ensaio *The Poetic Principle*, e suas ideias, retomadas por Baudelaire, fornecem-lhe o ponto de partida ao que se vai transformar na querela da poesia pura. O nome de Nietzsche simboliza muito bem a unidade de inspiração que reúne esses movimentos. Todos em conjunto pareciam-lhe ligados ao surgimento da arte de Wagner, passionalmente amada e detestada ao mesmo tempo, mas na qual se mostrava com todas as evidências a forma dionisíaca de arte que Nietzsche anunciava e conclamava à ressurreição.

    Duplo é o sentido desses eventos. Desde logo, eles explicam a espantosa evolução que conduziu todas as belas-artes a se liberar uma após outra da obrigação de imitar a natureza, a que tradicionalmente estavam coagidas. Pode-se resumir a história da arte moderna destacando a sua tendência a se tornar cada vez menos representativa. Nada conseguiu deter essa tendência dos artistas, mas a sua própria coragem acabou por engajar a empresa num impasse que, conquanto lhe seja próprio, se assemelha aos labirintos de que todos tentamos escapar.

A poesia primeiro foi impedida de ensinar, depois de dizer o que quer que pudesse dizer-se em prosa; à força de querer-se livre de todo elemento não poético, chegou a não dizer absolutamente nada, o que pouco se lhe dá, pois, desde que testemunhe o poder humano de criar combinações de palavras formalmente belas, a sua mesma essência está salva; resta-lhe somente o problema de encontrar leitores, coisa que ainda encontra, por poucos que sejam.

A música parecia não ter nenhum problema para resolver, já que mal se observa o que pudesse imitar; em vez de imitar, contudo, quiseram coagi-la a exprimir, ou, pelo menos, simbolizar. Portanto, a música quis se liberar dessa servidão e acabou por romper as amarras formais que lhe impunham as gamas, os tons, os modos e, em suma, as leis da harmonia, da composição e da orquestração que deliberadamente se autoimpusera. O final dessa evolução parece que está prestes a ser atingido, assim como o músico está prestes a se ver totalmente livre de qualquer coerção, a única dificuldade sendo, então, que, sem matéria definida para submeter à forma, nem mensagem para transmitir, nem sentido inteligível para exprimir, a música se desagrega e volta ao estado de ruído.

O caso das artes ditas plásticas é ainda mais difícil. Desde as primeiras manifestações da arte grega, passando pela Idade Média e atingindo a sua perfeição com o Renascimento italiano, a escultura e a pintura alçaram-se a uma tal imitação das formas humanas que ainda hoje causa a admiração de todos. Progressivamente, a pintura anexou todos os outros tipos de formas naturais, juntando as cores às linhas e aos volumes e conquistando, enfim, as leis da perspectiva e até o *trompe-l'oeil*. O que resta hoje de tais conquistas? Os escultores se recusam a imitar o que quer que seja; nos casos mais felizes, o que resta da imitação, na forma das estátuas, não passa de mera alusão e "pretextos" pelos quais, de resto, qualquer interesse é simplesmente indecente. Com a arte dita "abstrata", os pintores deixaram de representar o que fosse, ou, melhor dizendo, eliminaram sistematicamente de suas telas tudo o que pudesse não somente imitar alguma forma natural, mas até mesmo fornecer ao observador um qualquer pretexto para imaginar alguma. Assim, qualquer que seja a arte em questão, o artista trabalhou cada vez mais para se colocar na situação de um demiurgo que, à diferença daquele do *Timeu*, não precisa nem de modelos inteligíveis para, contemplando-os, construir suas criaturas, nem sequer de matéria dotada de forma natural para lhe impor a forma prevista na sua arte.

O segundo aspecto da revolução ora em pauta permite-nos situar o que a arte acaba de sofrer num conjunto em que adquire todo o seu significado. Como Nietzsche tão profundamente percebeu, a revolta do artista contra as injunções da imitação da natureza é, no fundo, uma revolta contra a própria natureza, e como essa está dada no conhecimento teórico ou especulativo, a recente evolução das belas-artes exprime a refletida vontade do *homo faber* de não aceitar nenhuma natureza imposta desde fora, mas somente a que ele próprio tenha criado. Ela se aparenta, pois, ao existencialismo do século XX, o qual, no domínio do conhecimento especulativo, liberta o homem das injunções da ciência e das fatalidades da natureza, assim como no da razão prática o liberta das convenções da moral. Natureza e moral estão parcialmente ligadas, desaparecem, pois, ao mesmo tempo, deixando o terreno livre para o Homem que, enfim, é senhor do seu destino.

Não nos parece que tenha havido um filósofo que elaborasse a síntese doutrinal que uma situação assim tão complexa requeria. E isso porque, talvez, o que está em jogo é uma completa reviravolta dos valores, aventura de que o mesmo Nietzsche falou a contento, mas que de fato não ousou realizar. Passou, contudo, o tempo de realizá-la, e é melhor assim: conquanto (ou precisamente porque) nem tudo careça de justificação nas reivindicações que inspiraram a empresa, o que tal justificação tinha de verdade acumulou tantos erros ao tomar forma de sistema que nos devemos alegrar com a sua não execução. A desculpa dessas reivindicações é também a sua causa. É a subordinação do ser ao conhecer, enquanto o primado do ser sobre todo o resto, inclusive sobre o conhecer, é a verdade primeira da metafísica.

Pode-se chamar de "pan-noetismo" o erro contrário, que consiste em ter por princípio o primado do conhecer sobre o ser em todas as ordens. Se se admitir tal erro sem restrições, a própria essência da realidade logo se torna pensamento, conhecimento, intelecção, e, já que o pensamento e seu objeto são uma só e a mesma coisa, a inteligibilidade se confunde com a realidade ou, antes, a constitui. Essa modificação da noção de realidade se acompanha de uma correspondente modificação da noção de filosofia, a qual, sem abdicar do título de sabedoria, concebe-se a si mesma como coincidência entre o pensamento e a realidade inteligível, tanto que o mundo se torna transparente ao pensamento pelo simples fato de o pensamento tomar clara consciência de si. Enfim, já que todo pensamento toma forma de discurso, uma tal visão de mundo tende naturalmente a tomar a forma de um "panlogismo" semelhante aos de Leibniz e Hegel, em que todo o real é inteligível, tanto que o espírito não precisa senão de suas próprias leis para reconstruí-lo. Toda filosofia desse gênero é uma filosofia da palavra, porque o intelecto pode "dizer" pelo discurso tudo o que é, o que não se diz sendo como se não fosse.

Feita da palavra, pela palavra e para a palavra, essa cosmovisão tem todas as chances de sucesso ao seu favor, pois sempre pode recorrer à linguagem para se justificar, e a linguagem se presta tanto mais voluntariamente à operação quanto trabalha assim para o seu próprio triunfo, enquanto os seus adversários são obrigados a lhe pagar tributo porque não dispõem, para combatê-la, senão da mesma linguagem. Donde o vasto oceano da linguagem que tudo carrega e onde tudo se afoga. O esforço mais discreto para limitar a hegemonia da palavra e do noetismo costuma agitar toda a imensa horda que a serve e vive dos serviços que lhe presta. A massa se ergue contra esse insulto ao que lhe há de mais sagrado: escritores, oradores, filósofos, eruditos e professores, enquanto o temerário que reivindica o primado do ser sobre o pensamento e a palavra está certo de os carregar a todos nas costas, de vez que se dedicam ao serviço e quase ao culto do discurso, sem o qual o pensamento não existe. Quanto mais a sua causa é injusta, tanto mais estejamos certos de que não se furtarão a qualquer artifício para defendê-la, chegando mesmo a fazer de Deus o Pensamento do Pensamento, a ver se conseguem pô-lo do seu lado.

É preciso, porém, correr esse risco e falar em voz alta a favor do oprimido — e o primeiro deles é o ser, que inclui todos os outros. Pois só o que podemos pensar do ser é o que se pode suster no discurso, mas ele mesmo não é discurso. Muito pelo contrário, na medida em que não fosse da alçada do ser, o discurso não seria nada. O noetismo se exprime como se o primeiro princípio em filosofia fosse "o pensamento pensa e o pensamento fala". E isso porque, segundo essa cosmovisão, um além do pensamento não é pensável, o que é verdade no sentido de ser inconcebível que algo seja sem ser objeto de pensamento, para si mesmo ou para nós, mas da circunstância de o ser só se dar no pensamento não se segue que ele seja pensamento. O primeiro princípio não é que o pensamento pensa, mas que o ser é. Mas bem se vê por que ninguém pode esperar vencer o noetismo, pois, para lhe impor um limite, é preciso que o ser pense e fale, posição que, mesmo lhe sendo contrária, é uma maneira de lhe pagar tributo. O idealismo é, pois, a inclinação natural do entendimento. Sendo, como é, pensamento, não admite a existência de nada diferente de si. Desde que se lhe conceda o conhecimento, o mais não lhe interessa. Com efeito, onde o ser se reduz ao que se pode conhecer e dizer, o que não se pensa simplesmente não é.

É estranho, mas não deixa de ser verdade: o noetismo causa menos protesto no domínio que mais estraga, o do ente (ou aquilo que é) considerado precisamente como ente. É verdade, com efeito, que o primeiro princípio, tanto *in re* como *in ratione*, é o que o ser é, mas como tudo depende disso, inclusive nós mesmos, diga-se de passagem, esse primeiro princípio pode ser colocado entre parênteses, ou ainda podemos declará-lo estabelecido de uma vez por todas e, como se diz, sem volta. Assim, dá-se que os filósofos concordam em admitir que o ser é o primeiro princípio e, ao mesmo tempo, não façam mais conta dele depois de admitido o seu primado. Para não correr o risco de esquecer uma possível exceção, diremos que quase todas as filosofias de inspiração helênica e ocidental são desse gênero. Uma vez admitido por todos, o fato de que o ente seja não lhes coloca nenhum problema; as filosofias desse gênero se interessam, pois, exclusivamente pelo que, afinal, o ser é. Daí esta segunda consequência: assim como o idealismo é a inclinação natural do pensamento ocidental, a ciência é o seu fruto mais característico e, aliás, mais belo. À questão: o que é a Europa? Respondeu-se: é a ciência. A resposta está correta, na medida em que a Europa é a Grécia de Pitágoras, de Euclides, de Platão e de Aristóteles — o que, a propósito, não era a Grécia toda. Não é preciso, porém, medir-lhe a admiração e o reconhecimento, pois só ela separa, para o Ocidente, a civilização da barbárie. Ser *homo sapiens* é ser o próprio homem; na medida em que se distingue da besta, o homem é o ser que quer conhecer o que é, tal como é.

Não há triunfo sem opressão e os oprimidos sempre estão errados, mas eles reclamam e a rebelião do homem moderno é, em larga medida, um protesto do ser do qual alguns direitos foram desprezados. Todos esses direitos se resumem aos direitos da história, pois se é verdade que devemos a história à Grécia, como lhe devemos a ciência, ela jamais as conseguiu reconciliar. Desde logo, a história não é o relato do que acontece, senão isso mesmo que acontece, o que "se passa", o evento. A história que conta tende naturalmente a absorver a história que acontece e absorve-a ao explicá-la, mas uma resistência invencível se opõe a que tal explicação do histórico se torne integral; se conseguisse fazer do seu objeto algo totalmente inteligível, eliminá-lo-ia. No âmago de todo historiador digno desse nome há uma inextirpável repugnância a levar a operação a termo, e como a filosofia está sempre do lado da ciência, o conflito entre história e metafísica é tão velho quanto o outro, entre poesia e filosofia. No fundo, é o mesmo conflito, e é isso que se tem constatado hoje em dia.

Na sua essência, pode-se simbolizar esse conflito pela distinção entre filosofia e mito na obra de Platão. A grandeza desse homem prodigioso, que ainda nutre a nossa indigência com as migalhas que caem da sua mesa, bem se manifesta na cuidadosa recusa a eliminar o mundo da aparência e do devir, mesmo que não soubesse o que fazer com ele. Em sua filosofia não há lugar para o eventual, mas somente para o eterno, imutável e necessário. No entanto, ela não se recusou a dizer alguma coisa a respeito do devir, mas, não podendo dizer a verdade, disse apenas o verossímil. Todos os "mitos" de Platão se propõem precisamente a tratar algum problema da existência segundo a probabilidade, isto é, explicar não o que um ser é, mas por que é e deve continuar a ser no futuro. Mito significa simplesmente relato. O mito de Platão não se chama tal para advertir-nos contra a sua verdade, mas simplesmente para destacar que é um relato de eventos que se deram provavelmente da maneira como são contados. Para transformá-los em ciência ou em filosofia, precisaríamos poder transferi-los da ordem do devir para a ordem do ser, mas então não haveria mais história, porque não sucederia nada.

A história que acontece (*die Geschichte*) se compõe de eventos de natureza tal que, sendo o que são, a história que os conta (*die Historie*) não possa jamais tomar forma de conhecimento científico. E o não pode porque mesmo se se admitir que cada evento histórico tomado em si mesmo esteja determinado, sua próxima determinação não é de natureza inteligível. O conjunto das suas causas determinantes sendo único, não pode ser generalizado. Ora, os problemas da existência são precisamente assim. A ciência não para de progredir no conhecimento do que é o mundo, mas, à questão de saber por que há o que se pode conhecer, a ciência não tem resposta científica. Nem tampouco a filosofia tem resposta filosófica à questão de saber por que há antes o ser que o nada. Não que a questão seja mais obscura ou mais complicada que as precedentes. Antes diríamos que é de outra natureza, e é a natureza do seu próprio objeto que é diferente. Para lhe achar uma resposta, Platão renuncia, pois, à ordem das condições de inteligibilidade do ser para se voltar à dos eventos. Com efeito, que o mundo seja é um fato; que haja chegado à existência é um evento cuja explicação só se pode encontrar em outras existências, pois a única causa concebível da existência de um ente é a existência de um outro. Salvo nos casos, se é que existem, em que os efeitos são praticamente idênticos à suas causas, não há explicação científica ou filosófica exaustiva para a existência de ente nenhum.

Não é preciso procurar muito longe a razão da secular indiferença dos filósofos para com a arte e os artistas. Enquanto a arte se contentar em ser uma técnica (*recta ratio factibilium*), parece que merecerá ainda o seu respeito, pois, nesse caso, trata-se de uma forma do conhecimento que, conquanto dirigida à ação – e, portanto, subalterna –, ainda retém a dignidade inerente a todo modo de conhecer. Mas a partir do momento em que a arte se reivindique o distinto privilégio de ser um *poder*, tanto quanto um *saber*, a filosofia a deixará de lado e fingirá ignorá-la. A atividade do artista se apresentará então como produtora de obras que, com efeito, são eventos imprevisíveis. Uma vez produzida, porém, o filósofo poderá se interessar vivamente por tal obra, pois, tendo chegado à existência, ela se torna por isso mesmo conhecível e susceptível de explicação, mas aquele que a fez existir não oferece mais interesse que a secreta operação pela qual o fez. O mais avisado é não falar a respeito. Pois, falando agora em termos estritamente exatos, não sabemos o que isso é.

Infelizmente, a filosofia nem sempre teve a sabedoria de se calar. Do alto de função diretora e certa de que toda atividade humana é digna de respeito na medida em que for conhecimento ou redutível ao conhecimento, a filosofia acreditou poder mandar na arte. Para conferir a esta a maior dignidade possível, vimos que a filosofia lhe atribuiu por fim a imitação da natureza, isto é, algo como um modo concreto de conhecê-la e exprimi-la. A evolução da arte moderna desmente que esta seja a maior preocupação do artista, a tal ponto que o caráter cada vez mais abstrato e não representativo dessa arte parece ser a marca por excelência da sua história mais recente. O que podem fazer, pois, os defensores da noção "teórica" da arte, além de protestar? Eles o fazem, com efeito, mas à arte pouco se lhe dá, e cabe ao filósofo, por sua vez, voltar a sua crítica contra si mesmo. Ele pensa que a arte se engana, mas não seria ele o enganado a respeito da arte?

Entre tantos indícios que o levam a crer, impressiona sobretudo a presença de tantos artistas nas fileiras dos que reivindicam ao homem o poder de produzir a existência de seres dos quais outros produzirão a ciência. Se se toma realmente por um criador, o homem se engana, pois ele mesmo e a matéria que trabalha preexistem à obra; a bem dizer, ele não a cria: modela-a e forma-a. Se ele se vale do seu poder de produzir certos seres para reivindicar uma total independência em relação à natureza, engana-se de novo, pois ele próprio é um ser natural, cuja razão, mãos e matérias sobre os quais trabalha estão todos dados na natureza, ou se fabricam a partir de elementos naturais. É ainda mais deplorável que, sobretudo entre os poetas, alguns se deixem seduzir pela ilusão de que, por meio deles, o homem finalmente terá chegado à dignidade de Deus. Os sucessos dessa tragédia estão todos ligados entre si: a recusa da imitação, a vontade da criação total da obra (o que não passa de um outro nome da vontade de poder), e o momento terrível, enfim, em que, cheio do orgulho de haver produzido como que do nada um ser totalmente causado, o escritor cede à vertigem de se confundir com um poder produtor que transcende a própria natureza. Ele se crê Deus. Mallarmé se junta a Nietzsche nesse instante de vertigem. Fica fácil, nessas circunstâncias, discernir e condenar o erro, pois ele se torna demasiado grosseiro para não ser visto por todos, mas os nossos sábios que bem o condenam não têm aí a sua quota de responsabilidade?

A antiga contenda entre filósofos e poetas, que já Platão denunciava e dura ainda hoje, não deixa de ter consequências práticas. Uma delas é que, em tempos de crise, os artistas são tentados a se unir aos poetas contra a filosofia e as verdades que ensina. Cansados de ouvir as acusações de que não passam de imitadores da cama do carpinteiro que, por sua vez, imita a Ideia de cama, os artistas simplesmente negam que haja Ideias, e bem conscientes de que os filósofos que os julgam ignoram totalmente a essência da arte e a finalidade do artista, entram em rebelião contra tudo o que é natureza, lei e, numa palavra, contra tudo em cujo nome se pretende constranger a arte a ser o que não é. Não é já tempo que nós filósofos reconheçamos quão estreita, enfim, e incompleta é uma visão do homem que justifique uma filosofia cheia de ciência e vazia de arte, visão que herdamos de Platão e que ainda contenta a muitos de nós? De resto, as suas consequências são muito perigosas, pois quando o homem se engana sobre si mesmo, é de temer que também se engane sobre Deus.

É um lugar-comum que o cristianismo, propagando-se de início num meio intelectual impregnado de cultura grega, absorveu e assimilou, não na sua substância senão na sua linguagem, muitos elementos da filosofia de Platão e, mais tarde, da de Aristóteles. Foi muitas vezes censurado por isso, a ponto de os responsáveis por essa evolução terem sido acusados de, helenizando-a, paganizar a religião cristã. Este não é o lugar de mostrar o quão profundamente, ao contrário, o cristianismo impregnou o pensamento grego a ponto de torná-lo irreconhecível, transformando a herança de Platão. Nosso ponto requer uma outra ordem de reflexões, especialmente no que concerne às extremas dificuldades com que a teologia cristã sempre se debateu para obter da linguagem da metafísica grega noções que conviessem ao Deus judaico-cristão.

Nada havia preparado a filosofia grega para encontrar esse Deus, para ela completamente extraordinário, que, "no início, criou o céu e a terra". A Ideia platônica de Bem esclarecia por sua própria luz todas as possíveis combinações de essências e permitia compreender que as melhores se tivessem realizado; mas quem seria o seu autor? Ora, para Platão, o Demiurgo. Mas quem é esse consciencioso artífice que trabalha com os olhos fixos nas ideias? De que noção inteligível ele é o símbolo? Nós o ignoramos. O cume do universo de Platão não é o Demiurgo, mas a ideia do Bem, que nada faz. O Primeiro Motor imóvel de Aristóteles antes pensa que opera. Ele é pensamento que se pensa a si mesmo, e isso é tudo; cabe ao universo gravitar à volta dele, que de tal universo não se ocupa. O Uno de Plotino também não cria, o qual transcende não só a ação, mas também o pensamento, e apenas o múltiplo emana dele espontaneamente, e para ele volta, numa eterna circulação do ser que se dá por si mesma, sem que o Uno se digne a sabê-lo, ou sequer possa sabê-lo, pois, se pensasse nela, não seria mais o Uno. Durante longos séculos, a teologia cristã não dispôs de nenhum outro quadro filosófico para acolher esse Deus inconcebível aos gregos; um Deus artífice, um princípio supremo que talha toda coisa. Herdeira de uma metafísica em que o ente remontava à inteligibilidade e o ser ao pensamento, a teologia cristã não encontrou nada que pudesse utilizar para explicar esse ponto. Enquanto se tratasse apenas de uma teologia do Deus uno considerado em sua mesma unidade, Aristóteles oferecia grandes possibilidades de explicação, que os doutores cristãos souberam explorar a fundo e levar além; mas quando se tratava do Deus criador, não se podia mais esperar encontrar algo em Aristóteles além do que se desenvolvera a partir dele. Santo Agostinho, São Boaventura, Santo Tomás de Aquino e outros souberam fazer o necessário para obter da filosofia grega algo como uma teologia da criação que não se encontrava nela, e se se admitir, como convém, que a sua exegese de Aristóteles não passa de uma expressão do seu próprio pensamento, admitir-se-á também o sucesso dessa empresa.

  O ponto que deve reter aqui nossa atenção é que, a despeito desse sucesso, ele não se deu com a ajuda de Aristóteles senão, em certo sentido, contra ele. Não somente a noção de criação *ex nihilo* não se encontrava nos filósofos gregos, mas a ideia que eles faziam de Deus tornava extremamente difícil concebê-lo como criador. Do Deus de Aristóteles em particular, tal como o próprio filósofo o concebeu, convém dizer que não só não criava, como também não podia criar. Ser um ato puro era a sua perfeição, mas agir e produzir ter-lhe-ia sido uma fraqueza. É, pois, somente a despeito da sua herança filosófica grega que a teologia cristã pôde acolher este Deus extraordinário que criava o universo.

A noção desse Deus conservará sempre algo de inquietante para o pensamento filosófico ocidental, tanto que Leibniz a reduzirá a quase nada, e Espinosa acabará por eliminá-la.

A teologia cristã precisou de treze séculos para, graças a Santo Tomás de Aquino, encontrar o Deus de que se pode legitimamente esperar uma iniciativa criadora, de vez que a sua essência é o próprio ato de ser. Essa sua iniciativa, porém, está destinada a permanecer um mistério, mas o fato de que a tenha tomado agora aparece à reflexão como possível e sumamente conveniente à sua natureza: o Ser causa seres, e, sendo Ato, os seres que causa também são atos capazes de subsistir, operar e, por sua vez, causar seres semelhantes a si. Num universo criado por uma fecundidade primitiva, tudo o que é age e opera, seja segundo a sua mera natureza, seja, como o homem, segundo a sua natureza e a sua inteligência, a qual lhe permite conceber outros seres ainda não realizados. Todas as artes são-lhe métodos a seguir na produção das obras que acrescenta às da natureza, sendo, pois, as belas-artes técnicas de produção de objetos cujo fim próprio é serem belos.

Essa concepção moderna da arte como produção de seres belos que ainda não existiam só tem sentido num universo criado. O homem ocidental não errou, portanto, ao reivindicar os seus direitos de quase-criador. Ter tomado consciência da extensão do domínio aberto à livre iniciativa do artista é, pois, um título de honra para o homem ocidental dos séculos XIX e XX. Louvar-lhe tal título como se deve não nos dispensa, porém, de frisar os perigos da empresa, pois então o que fazemos de mal pode corromper o bem que fazemos.

Depois de tratar a função poiética do homem como uma espécie de parente pobre, quiseram submeter-lhe tudo, inclusive as ordens do conhecimento e da ação. Essa dupla revolução prometeica encontrou a sua mais nítida expressão na reivindicação existencialista da supremacia do homem domado contra a tirania da natureza. A partir desse momento, é ao homem que cabe dizer o que há de ser a natureza e, consequentemente, criar a ciência. O humanismo ateu dos nossos dias ganha aí o seu sentido mais profundo, mas é aí também que se acha a fonte dos nossos maiores perigos. Pois a liberdade do homem é real, mas se exerce apenas nas condições determinadas pela natureza, dentro dos limites da sua própria natureza, e da dos objetos sobre os quais ela age. Eis por que, embora a constitua e produza com a sua inteligência, o homem não decide a seu bel-prazer, ao fim e ao cabo, o que a ciência deve ser; ele a inventa no interior da mesma natureza da qual é conhecimento e expressão. Assim também o homem inventa a moral, como se pode observar na lenta maturação, através dos tempos, de certas grandes ideias diretrizes tais como a igualdade, a liberdade e a justiça social; mas essas noções não se aceitam senão precisamente como "direitos do homem", isto é, inscritos na própria natureza humana. Encontramo-los aí inscritos de antemão e esperando que a sua presença seja efetivamente reconhecida; eles não são obra nossa, o homem não os inventa a seu bel-prazer.

A única ordem em que o homem inventa como bem queira as obras da sua vontade é a das artes do belo, domínio próprio da poiética sob todas as suas formas. Aí mesmo, porém, o seu poder tem limites. A mais potente imaginação criadora permanece sempre a imaginação de um homem, e todas as imagens que produz, compõe e impõe à matéria têm sua origem última nas sensações que os objetos nos causam. Esses são os objetos da natureza, além da qual, salvo talvez em sonho, não poderíamos pretender agir nem remontar. Resta um domínio, muito estreito, é verdade, mas real, em cujo interior o poder do homem parece verdadeiramente livre para operar. Não é o do ser, claro, pois não está em seu poder nem se dar existência atual nem fazer brotar do nada o que quer que seja. Ele bem que o queria, e é por isso que escutamos vez por outra que Deus está morto; mas isso é simplesmente anúncio de que um homem quer tomar o lugar de Deus, não suprimi-lo, senão vir a sê-lo. Não é aí que o homem tem liberdade. Nem tampouco no domínio da verdade, em que a imensa atividade do homem se exerce toda no interior da natureza. No alto do seu triunfo, o homem ainda não conseguiu descobrir nas coisas mais inteligibilidade do que elas contêm; só lhe resta ignorá-las ou conhecê-las tais como são. Também não é no domínio do bem, pois aí o homem descobre e até inventa, mas sempre no interior das possibilidades definidas pela natureza, a sua e a dos objetos da sua vontade. O ser, a verdade e o bem certamente não existiriam para o homem se ele não se esforçasse por fazê-los ser, mas ele só os pode fazer ser tais como quer a natureza deles, isto é, ao fim e ao cabo, tais como são.

Portanto, resta-nos cultivar este estreito domínio da arte do belo em que, precisamente porque só produz flores divinamente inúteis, tudo é livre. O artista não tem de se preocupar com a verdade, pois tem o direito de fazer o que bem entenda, e pode, a seu bel-prazer, se engajar muito no que faz, ou pouco, ou absolutamente nada; a única regra na matéria é o gênero de beleza que se propõe a produzir, e já que todas as belezas, na medida em que são belas, são legítimas, ele é livre para operar como queira. As intermináveis querelas que colocam a arte em conflito com a moral costumam ter grande fundamento. É que o número de artistas dignos desse nome é extremamente restrito. À falta de poder produzir beleza, a única coisa que justificaria a sua obra de um ponto de vista estético, há quem lhe confira outros gêneros de interesse, vez por outra mais elevados, como se dá na arte dita sacra, patriótica ou social; amiúde mais baixos, quando se trata apenas de entretenimento, que não exclui a beleza, é verdade, mas passa muito bem sem ela e, no melhor dos casos, mal lhe tolera uma fraca presença; e no mais das vezes, enfim, esses substitutos da beleza são da qualidade mais baixa que se possa imaginar, adulando os apetites puramente animais do homem, seja para excitá-los e nutri-los, seja para oferecer-lhes satisfações imaginárias que miseravelmente os consolem das reais que não tiveram. Nessas condições, não é a moral que interfere na arte, mas, bem ao contrário, é a arte que trai a função que lhe é própria, de sorte que o seu pecado contra a moral é desde logo um pecado contra si mesma. Se há um princípio universalmente válido e verdadeiro que se deduz da evolução da arte moderna é o de que, *numa obra de arte, tudo o que não contribui diretamente para a sua beleza, que é a finalidade da obra, é uma infração contra a arte*. Aqueles que, na apreciação estética de um objeto qualquer, se sentem contrariados pela aplicação dessa regra não devem ser acometidos por uma crise de consciência, pois na ordem do belo não há dever, nem sequer o de perceber e admirar essa beleza. Acontece, então, simplesmente, que aquilo que procuramos numa obra bela não é a beleza, mas o sentido e as sugestões ou as lições que comporta. Nada mais legítimo, desde que não se confunda a beleza com o seu sentido. As obras de arte podem ser religiosas, patrióticas, morais, ou tudo o que se queira, mas a arte que utilizam para esses diversos fins e, como se diz, "a serviço" dessas causas, permanece essencialmente estrangeira a todos eles.

Capítulo VIII
A arte e o sagrado

O nível de abstração metafísica em que se desenvolvem nossas reflexões sobre a arte permite uma grande simplicidade e facilita a brevidade, mas devemos reconhecer que não propicia à filosofia primeira que cumpra totalmente o seu ofício. Pois ela é sabedoria e, sendo-o, deve-nos permitir esclarecer o concreto da experiência à luz dos seus princípios. A fim de apresentar nossas conclusões abstratas na sua eficácia inteligível, talvez não seja inútil mostrá-las em ação num caso particular, dando, assim, um exemplo do gênero de dissociação de ideias a que a metafísica submete o real, mas também da maneira como, mediante essas análises, ela o esclarece. Escolheremos como exemplo o problema muito discutido das relações entre o belo e o sagrado ou, mais concretamente, entre a arte e a religião.

Um fato deveria dominar a discussão do problema: não há nenhuma relação necessária entre religião e arte. Relação entre ambas há, já que o sujeito religioso e o homem e, desde que tenha de fazer alguma coisa, por exemplo, organizar um culto, sempre haverá homens para fazê-lo com arte. Deve-se observar, porém, que, em certas religiões, a arte só se pode exercer se recusar o domínio do sagrado ou, mais exatamente, do divino. Tal foi o caso do judaísmo; é ainda o caso do Islã e, mesmo na história do cristianismo e até do próprio catolicismo, encontrar-se-iam facilmente movimentos de reação ao abuso da arte no interior do culto. A esse respeito, o protestantismo é um chamado à ordem, mas São Bernardo de Claraval já nos chamara a atenção, e não era protestante.

A razão dessa desconfiança é simples. As religiões do espírito temem o paganismo e a idolatria de que amiúde se acompanha. Seria, pois, natural que o conflito entre o belo e o sagrado, ou arte e religião, tomasse a forma de um conflito entre o culto prestado em verdade e espírito, de um lado, e, do outro, a arte de esculpir e pintar imagens. O próprio Javé tomou a ofensiva de interditar ao povo judeu que se fizessem imagens talhadas e as recaídas tão frequentes desse povo na idolatria bem explicam a interdição. Esse fato bem conhecido vem aqui a propósito a fim de colocar em evidência a contingência da arte em relação à religião. Uma religião sem arte deve ser possível, porque a arte é excluída, às vezes, pela religião.

Observaremos, no entanto, que o que se exclui em semelhante caso é a representação do divino e, em primeiro lugar, a imagística. O que chamamos hoje de arte abstrata ou não representativa não está em causa, e é justamente por isso que o Islã deu o seu nome ao arabesco. Pela mesma razão, a querela da arte sagrada tomou de início a forma de uma querela das "imagens", e é precisamente a justificação da arte como representação do sagrado que esteve no primeiro plano da disputa. Tomando a defesa da pintura e da escultura, a Igreja pretendia antes de tudo legitimar a veneração das "santas imagens" concebidas como meios do culto cristão.

O problema era inevitável para o cristianismo. Encarnado na pessoa de Jesus Cristo, Deus fez-se visível aos homens. Portanto, tornou-se representável. A cruz, instrumento da redenção, parecia pedir para ser representada. O princípio foi logo admitido na história da Igreja, de sorte que, quando os Iconoclastas tentaram suprimir o culto das imagens como idólatra, o sétimo Concílio de Niceia lhes opôs o argumento, invencível na igreja católica, da existência de uma tradição estabelecida. Em 787, o Concílio afirmou a legitimidade das representações figuradas de todos os tipos, desde que fossem de matéria e cores convenientes, representando a forma da cruz salvífica ou a imagem de Deus Pai, de seu filho Jesus Cristo nosso Senhor, de sua santa Mãe, dos anjos e de todos os santos ou personagens dignos de veneração. A autorização valia para as igrejas, vasos e ornamentos sagrados, como também para todos os quadros e paredes, nas casas ou pelas estradas. A razão dessa decisão deveria exercer uma influência decisiva no seguir dos tempos. É que "a honra prestada à imagem vai para o seu modelo, de modo que aquele que adora uma imagem, adora a realidade que representa".

O quarto Concílio de Constantinopla (869-870) acrescentava ou precisava uma razão suplementar, também ela de grande importância. O Cânon III assimilava o respeito às imagens ao respeito que todo fiel deve aos livros dos Evangelhos. Com efeito, as imagens são uma espécie de livro. "Assim como todos recebem a salvação pelas sílabas contidas nos evangelhos, assim também sábios e ignorantes recebem a sua parte dessa bem-aventurança pelo efeito das imagens coloridas que têm sob os olhos. Pois o que a língua diz e prega com sílabas, essa escritura o faz com cores". O Cristo, a Virgem, os anjos, os apóstolos, os profetas e todos os santos tornavam-se assim matéria de um ministério sagrado confiado aos artistas. Não se tratava, diga-se a propósito, de uma permissão nem de uma tolerância, mas de uma ordem expressa, cuja desobediência era punida com anátema. As imagens são expressamente queridas pela Igreja como um meio audiovisual do ministério do dogma cristão.

Como o Concílio de Constantinopla assimilara as imagens aos evangelhos, o de Trento, em sua vigésima quinta sessão (1563), marcou o parentesco do culto que lhes é devido com o culto das relíquias. O Concílio teve aí a ocasião de sublinhar uma verdade presente desde a origem da tradição, mas que alguns perdiam de vista. O culto cristão das imagens difere totalmente da idolatria pagã no que, para o pagão, o culto e a adoração se destinam à própria imagem, como se a estátua tivesse certa divindade ou poder sobrenatural que merecesse ser honrado e adorado por si mesmo. Nada se pode pedir às estátuas, nada se pode esperar nem se fiar no seu poder. Retomando a observação já feita no Concílio de Niceia, os Padres de Trento precisavam que "a honra prestada às imagens se destina aos modelos que representam". Que os bispos cuidem, então, para que o seu povo seja instruído, por meio de imagens ou de estátuas, no conhecimento dos artigos da fé; que sejam postos diante dos seus olhos para que se lembrem deles. O benefício de ver e lembrar os dons do Salvador e os exemplos dos santos será imenso para todos. As imagens assim entendidas ensinam ao mesmo tempo em que alimentam a piedade.

A doutrina é clara. O Concílio de Pistoia (1794), sob a autoridade do papa Pio VI, deveria dissipar todo equívoco restante ao legitimar o culto das estátuas, sobretudo as da Santa Virgem, que seriam veneradas com títulos particulares concernentes ou bem ao lugar, ou bem à piedade, e assimiladas a algum mistério sagrado ensinado pela Igreja. Nossa Senhora de Lourdes, ou da Misericórdia, ou das Dores, são designações justificadas por isso mesmo. Como as da Santíssima Trindade, tais representações figuradas são boas. Interditá-las contrariaria um costume há muito estabelecido na Igreja como alimento da piedade dos fiéis. Hoje não há mais nada que a Igreja possa acrescentar a esse tema.

Como sempre, Santo Tomás de Aquino soube elaborar uma breve exposição, clara e completa, da doutrina da Igreja sobre esse ponto delicado. Resumindo o passado e preparando o futuro, já no seu *Comentário às Sentenças de Pedro Lombardo* (III, 9, 2, 3) lê-se a quintessência de toda a doutrina: "Três foram os motivos para a introdução de imagens na Igreja. O primeiro, para instruir os incultos, que as imagens ensinam como se fossem livros. O segundo, para lembrar o mistério da Encarnação e os exemplos dos santos representando-os todo dia aos nossos olhos. O terceiro, para alimentar os sentimentos de devoção, pois os objetos da visão a excitam melhor que os da audição". A doutrina da Igreja está toda contida, no essencial, nessas fórmulas lapidares. Ela constitui uma experiência coletiva de abrangência inegável e, por isso mesmo, um frutífero tema de reflexão filosófica.

Desde logo, é surpreendente que a arte nem sequer se mencione. Os textos conciliares ou teológicos falam unicamente de imagens, pintadas, esculpidas ou de qualquer outra natureza. A beleza de tais imagens também não recebe menção. Erraríamos, porém, ao concluir que a questão não interessava aos Padres, ou que aprovassem a feiúra neste ou naquele caso – muito pelo contrário, é de esperar que a desaprovassem, menos porque contrária à beleza em si que por ser nociva à eficácia do ministério confiado à arte sagrada e à piedade que ele devia inspirar. Se a arte e a sua beleza não estão em questão, fala-se muito, por outro lado, de representação, imagística e doutrina. As imagens são manifestamente consideradas como uma linguagem a serviço dos analfabetos (lembremos a *Bíblia de Amiens*) e, de um modo ou de outro, úteis e benfazejas à piedade de todos. Há um erro, pois, de ordem, quando se engaja a arte sacra na querela da arte abstrata, como se a escolha se oferecesse ao artista quando nem sequer à Igreja se oferece mais. Sempre houve na arte sacra um importante elemento não representativo na forma de decoração. Ao contribuir para a beleza de um edifício que servisse a um fim religioso, a decoração se associa à busca desse fim e se acha, pois, legitimada. Se se trata, porém, por razões artísticas quaisquer, de substituir a arte abstrata pela arte representativa no conjunto da arte sacra ou religiosa, a questão é bem outra. Surpreendemo-nos hoje ao ver padres se engajarem nessa via, como se a Igreja não tivesse posições muito firmes a esse respeito. Não se trata absolutamente de saber se a arte abstrata ou não figurativa é inferior ou superior à arte tradicional que herdamos dos gregos e da Renascença, passando pela Idade Média. A Igreja exige uma imagística no interesse da instrução e da piedade dos fiéis. A imagística é uma arte cujo fim, essencialmente representativo e mimético, requer do artista uma inteligência, um saber, uma técnica e talentos de imaginação e de invenção infinitamente variados. A combinação desses talentos com a arte de pintar ou de esculpir em vista da beleza é, sim, possível e pode se realizar de uma infinidade de maneiras e em inúmeros e diversos graus e proporções. O ponto em questão é outro. Trata-se de compreender que tudo o que se pode fazer passar por arte pura na arte sacra, mesmo a *Pietà*, de Michelangelo, só o é subordinando-se aos fins do ministério religioso ou da piedade, que caracterizam esse tipo de arte. Existe então uma subordinação da arte a um fim que lhe é alheio. É possível que a arte se eleve em dignidade ao aceitar servir a um fim mais elevado que o seu. O ser vem antes da verdade, que vem antes do bem, o qual vem antes do belo – e Deus é o ser. A arte se enobrece, pois, ao se colocar a serviço de Deus e da religião; fica mais grave e mais rica de verdade e de emoções de uma ordem superior à que comporta apenas a simples produção de uma substância em vista da sua mera beleza. Essa ordem é superior, e é também diferente. A beleza de uma obra religiosa, se for realmente bela, domina do alto a da pura e simples obra de arte; *A Divina Comédia* supera em muito o mais belo poema à moda de Mallarmé, cuja perfeição intrínseca é ela mesma o seu fim. A propriedade cumulativa das belezas coloca-se aqui a favor da arte engajada num fim mais elevado que a sua beleza intrínseca. A escultura e a pintura podem se tornar mais belas assim, mas uma estátua e um quadro não podem jamais dever a respectiva beleza a outra coisa senão à arte de pintar e de esculpir. A beleza total de uma obra depende do fim a que serve e da maneira como procede para atingi-lo; sua beleza como obra de arte depende unicamente da maneira como atinge o fim que lhe é próprio, que é produzir algo belo justificado por essa mesma beleza.

Compreenderemos melhor o sentido dessas distinções aplicando-as a casos particulares, reais ou possíveis. Basta falar dos mestres da Renascença para ver com evidência cristalina que, convidados a colocar a sua arte a serviço da religião, foi esta última, frequentemente, que acabaram colocando a serviço da sua arte. Os inquisidores de Veneza apenas cumpriam o dever censurando Veronese por introduzir tantas personagens profanas e até bufões em quadros religiosos destinados às igrejas. Esses padres sabiam exatamente o que queriam, por que o queriam, e o que os quadros deviam representar para cumprir a função religiosa que lhe fora atribuída. Mas Veronese, que não ignorava nada disso, pensava sobretudo em pintar um quadro tal como um pintor o concebia. Bem se desculpou, então, pela irresponsabilidade natural dos artistas, e fez o seu melhor para conciliar os interesses superiores da religião com os prazeres da arte. Não que esta não passe de um jogo, pois um jogo não tem outro fim além do prazer que confere, enquanto o fim da arte é a beleza que cria, mas, podendo servir à religião com a sua arte, o artista só tem a ganhar. Apenas o fim da pintura em si mesma não é o fim da religião.

Pouca gente ficará satisfeita com essa posição, que não por isso deixa de ser verdadeira. Descontentes com associar atividades distintas subordinando-as entre si e todas à mais elevada, a maioria preferiria que cada uma seguisse o próprio fim como se fosse o único, ou universal. A experiência nos permite ver a vaidade de tal ambição. Seguramente se podem definir as condições ideais de um caso em que a arte absoluta seria totalmente ela mesma, e nada além dela mesma, servindo os fins de uma vida religiosa também absoluta. Não obstante, supondo que uma vida religiosa absoluta seja uma essência simples, coisa que não é, é claro que nenhum liame propriamente necessário liga as duas ordens em questão. Uma enorme massa de imagens religiosas cumpre com sucesso as três funções que Santo Tomás lhes atribui: ensinar, lembrar e emocionar. Ousaremos sustentar que o cumprem com tanto mais sucesso quanto mais belas forem? Antes o contrário. O esforço da arte religiosa para se elevar ao nível de verdadeira arte plástica importa antes no aturdimento do público, oferecendo-lhe "objetos de arte" no lugar dos "objetos de piedade". Quanto menos o seu fim é ensinar e emocionar em vista do que representam, tanto mais as obras desse gênero satisfazem a condição própria da arte em si, que é a de que as suas obras agradem por sua mera beleza. A regra geral na matéria é a da distinção das ordens, e sua união na distinção. Tal união só pode ser hierárquica, e é evidente que, se se trata de arte religiosa, quem manda é a religião. Ou, ao menos, deveria mandar.

Ainda aqui a regra filosófica geral não nos permite deduzir nenhum juízo estético particular. Seria muito fácil citar imagens religiosas de abominável insipidez e feiúra extrema. Elas podem sempre, porém, instruir e rememorar, pois é em si mesmo que o fiel encontra o objeto de sua piedade e tudo o que lho lembrar há de ser útil. É verdade que nem tudo o que lho lembrar emocioná-lo-á; a imagem talvez o repugne. Nesse caso, trata-se, ao menos para o suposto fiel, de um mau exemplo de arte religiosa, ainda que, muitas vezes, os outros o achem bom. A imagística religiosa mais eficaz não é necessariamente a mais bela. Certa imagem muito difundida na Colômbia hoje em dia representa graficamente a vida do Bom e a do Mau, com os fins opostos a que conduzem; não se trata, certamente, de grande arte, mas cumpre exatamente a função atribuída à imagística pelos Concílios de Niceia, Trento e Pistoia. A arte não tem nada a dizer a respeito, e a religião não tem nada a lhe reprovar.

Mas insistamos um pouco. Por que uma perfeita obra de arte não seria também perfeitamente religiosa? Certamente há obras assim. Fra Angelico, Rembrandt e alguns outros nos vêm à memória. Mas, desde logo, tais sucessos são excepcionais. O número de pintores indiferentes em matéria de religião que pintou quadros religiosos é mais considerável do que se pensa. Os grandes italianos do Renascimento executaram as ordens que recebiam; alguns deles eram ímpios notórios, indiferentes ou quase isso; pintavam aquilo que os mandavam pintar, tal como, mais tarde, Delacroix decoraria a Capela dos Santos Anjos na igreja do Santo Suplício, sem que fosse animado de sentimentos religiosos particularmente intensos ou sequer perceptíveis. Um santo pode fazer má pintura; um bom pintor pode não ser um santo; um artista que não é nem santo nem bom pintor pode imaginar uma Santa Virgem ou um Sagrado Coração capazes de alimentar indefinidamente a piedade das multidões. É fácil voltar o sarcasmo ao ocasional mau gosto dos responsáveis pela decoração das igrejas, mas talvez não seja totalmente justo.

A coincidência do gênio plástico com a santidade é rara; para preencher a lacuna entre ambos, é preciso contentar-se com uma arte de compromisso que serve aos fins da religião sem ofender as exigências da arte. Nem sequer os grandes artistas conseguiram bem servir aos dois senhores sempre que tentaram. Se há nus de Michelangelo que ofendem, apela-se a algum alfaiate que os vista e lhes confira a decência própria dos habitantes do Santo Lugar.

E se forem bem-sucedidos? Como dissemos, os artistas podem sê-lo, com efeito, mas a distinção entre as ordens permanece no seio mesmo do sucesso. O quadro não é o mesmo como objeto de arte e como objeto religioso. No primeiro caso, não somente é desejado por sua perfeição própria, mas ele mesmo, além disso, é o objeto da experiência estética. Se eu observar uma obra de arte, e é para isso que vou ao Louvre, os *Peregrinos de Emaús* ser-me-á um quadro. O objeto de minha apreensão será a pintura percebida como tal, e, se falar a seu respeito, hei de descrever a composição, a cor e os valores, enquanto o tema, religioso ou não, será considerado, não em si, mas como motivo pictórico. A própria emoção que acompanha essa experiência será uma emoção estética, causada pela arte do pintor e voltada para a obra ou para a sua causa, isto é, o mesmo pintor. Mas se apreendermos o mesmo quadro como objeto religioso, como obra de arte sacra, esse objeto não será o mesmo. Nossa apreensão não se deterá no quadro como quadro, nem sequer por um instante; o que veremos será o instante sagrado da "fração do pão", exatamente o mesmo representado em outros quadros diferentes, porque a única função de uma tal representação é instruir, lembrar e comover. Ela nos faz voltar para nós mesmos a fim de encontrar o objeto de nossa piedade, ao qual, por meio da obra, nossa apreensão tende como que de imediato. A coincidência será tanto mais difícil de obter quanto mais perfeita a obra de arte for; sua beleza própria nos oculta Jesus Cristo.

Os teólogos não se ocuparam desse problema, mas discutiram um problema semelhante, e as conclusões de ambos são coincidentemente as mesmas. O sentido de um esclarece maravilhosamente bem o sentido do outro. A principal objeção dos Iconoclastas contra o culto das imagens era que venerar qualquer imagem, mesmo sacra, constituiria idolatria. A resposta era que o objeto desse culto não era a imagem, mas aquilo que representa, não a *imago*, mas a *subsistentia* correspondente. O interesse filosófico da resposta está na evidência em que põe o verdadeiro sentido da noção de imagem e, com isso, das noções de representação e imitação que lhe estão ligadas. Em si mesma, uma imagem é uma coisa como qualquer outra, papel, tela, pedra ou madeira. É precisamente isso que um vendedor de imagens vende. Mas, num outro sentido, a imagem é essa coisa na medida em que representa uma outra. Eis por que, como observa Santo Tomás na *Suma Teológica* (III, 2, 3): "o ato que se dirige a uma imagem é duplo, segundo a considere um objeto particular ou a imagem de outra coisa. A diferença desses dois movimentos é que o objeto do primeiro é a própria coisa que representa outra, enquanto o segundo, por meio do primeiro, se endereça ao que a imagem representa". Apreender a imagem como imagem é, pois, captar a própria realidade, a *res* de que é imagem. Certamente haveria idolatria se se adorasse a imagem tomada no primeiro sentido, como coisa que é uma imagem, mas absolutamente não há se se adora na imagem a realidade sagrada que representa: "Portanto, não se deve nenhum respeito à imagem do Cristo na medida em que é uma coisa qualquer, por exemplo, um pedaço de madeira talhada ou pintada, porque só se deve respeito a uma criatura racional. Resta, pois, que a respeitemos na medida em que é uma imagem, e é por isso temos o mesmo respeito pelo Cristo que pela imagem do Cristo". Raciocinando por analogia, dir-se-á também que o quadro pode ser apreendido como quadro ou como imagem religiosa. No primeiro sentido, ele não é conhecido exatamente como uma simples coisa, mas como uma daquelas coisas especificamente determinadas que são as obras de arte. É isso o que, em São Sebastião de Veneza, me faz esquecer que se celebra a missa enquanto eu o observo. No segundo sentido, pouco me importa que o quadro seja de Veronese ou de qualquer outro, que seja medíocre ou uma obra-prima, pois não é o quadro que observo, mas a realidade religiosa que evoca. É difícil num ato simples e indivisível apreender em si e por si mesmo um e outro desses objetos distintos.

Essa maneira de conceber a arte sacra não só corresponde às reflexões abstratas de alguns teólogos ou espíritos especulativos. Ela também resume uma experiência secular e diz o que essa arte é de fato, assim como o que quer ser. No seu *Vidas dos Santos Abades de Weremouth e Jarrow*, escrito no início do século

VIII, São Beda conta como São Bento Biscop, voltando de sua quarta viagem a Roma, trouxera, entre outras coisas, "quadros representando cenas sagradas para adornar a igreja de São Pedro que ele construíra, a saber, uma imagem da Virgem Maria e dos doze apóstolos, destinada a adornar a nave central, sobre um madeirame que se estendia de uma parede à outra; e temas tirados da história da Igreja para a parede meridional, e do Apocalipse de São João para a setentrional, a fim de que, mesmo se não soubessem ler, todos os que entrassem na igreja tivessem sob os olhos, para onde quer que olhassem, a consoladora visão do Cristo e de seus Santos, pintados, é certo, e pudessem meditar com atenção sobre os benefícios da Encarnação do Senhor, tendo sempre presentes os perigos do Juízo Final e procedendo, pois, a um mais severo exame de consciência diante disso". Comparando esse testemunho com a doutrina de Santo Tomás e com as decisões dos Concílios, veremos o quão de perto a teoria segue a prática. A noção de beleza pictórica das obras certamente não está excluída, ela simplesmente não está em causa; trata-se apenas de imagística, isto é, representações do que se tem de mostrar sob a forma de imagens, à falta de poder mostrar as realidades.

A conclusão se impõe de modo particularmente evidente no que concerne às artes plásticas, mas vale para todas as artes. Por exemplo, a música, que a Igreja lutou sem cessar para reduzir à sua função propriamente litúrgica, sempre se esforçou para transcender esses limites, a ponto de perigosamente usurpar o culto religioso. Muito se discutiu para saber "como colocar a arte no seu devido lugar, ou a música de igreja na igreja". Uma única resposta a essa questão parece possível: a música religiosa é a forma cantada da oração coletiva; quanto mais simples, como no cantochão tradicional, mais bem-adaptada à função que lhe cabe no todo do culto. A questão não é saber se o canto gregoriano é ou não é *a mais bela* música de igreja. Ele tem a sua beleza própria, mas é uma beleza mais religiosa que artística, pois não foi composto em vista da criação de arquiteturas sonoras agradáveis por si mesmas, e cuja repetição é em si mesma desejável. A música propriamente religiosa e a música propriamente artística constituem duas ordens heterogêneas que não cabe comparar nem confundir.

Essa dificuldade se mostra de maneira exemplar quando, durante um ofício em que algumas palavras litúrgicas foram cantadas segundo um dos modos tradicionais, uma orquestra cheia de coros dispara um *Kyrie*, um *Gloria* ou um *Credo* compostos por algum músico moderno na linguagem musical que lhe é particular. O disparate não está no estilo musical, é o próprio sentido da palavra "música" que agora está em causa, pois uma missa de Mozart é o produto de uma arte concebida por músicos ciosos de criar belezas sonoras desejadas por si mesmas, enquanto o cantochão é uma arte desejada pelo fim religioso a que deve servir. Mozart faz o culto servir aos fins da sua arte, o canto gregoriano faz a arte servir aos fins do culto. A beleza musical que aí se encontra, amiúde real e verdadeira, não passa de uma espécie de subproduto. O estilo polifônico de Palestrina e seus êmulos foi um compromisso de gênio para salvar a música na igreja num tempo em que quase deixara de ser música de igreja. Devemos-lhe admiráveis obras-primas e a sua influência sobre a música moderna é ainda hoje perceptível, mas nada jamais impedirá os músicos de colocar a religião a serviço da música. Eles têm esse direito, desde que não tomem a própria obra por música sacra. A *Missa em Si* e a *Missa em Ré* são grandes obras-primas da arte musical, mas seriam monstruosidades litúrgicas se se tentasse introduzi-las no culto, e mesmo as missas de Haydn e Mozart, de duração mais apropriada, "desafinam" quando executadas durante a celebração. Essas composições estão lá por si mesmas e não falam de Deus, mas de Mozart ou de Haydn. A arte da música como tal não é uma arte sacra. Nenhuma arte do belo como tal é uma arte sacra. Esse aparente paradoxo é uma tautologia, porque importa em dizer que a virtude a que chamamos arte não é a virtude da religião. Isso vale para a própria poesia. Um poema religioso se reconhece por falar de religião ou porque incita à piedade, mas há sempre o problema de saber se o seu autor é essencialmente um artista que explora os recursos da religião em vista da poesia ou o inverso. O primeiro caso é o do poeta cuja obra é essencialmente uma obra de arte. O segundo é o do teólogo ou autor espiritual que escolhe uma forma poética para exprimir sua fé ou sua caridade; sua obra, em essência, é da alçada direta da religião.

Falou-se muito do *theologus Dantes nullius dogmatis expers*. Com efeito, o saber filosófico e teológico de Dante impressiona por sua precisão e extensão. Ele sabia muito mais teologia que certos teólogos de hoje. Além disso, essa teologia não é uma espécie de ornamento com que ele quisesse paramentar a sua obra.

Ela forma a substância mesma dessa obra, já que lhe confere o tema, lhe determina a estrutura, lhe dirige o desenvolvimento e a conduz, de episódio em episódio, ao êxtase final que é o seu epílogo. No entanto, *A Divina Comédia* é, em certo sentido, mais vasta que uma obra puramente religiosa e teológica. Ela inclui a pessoa de Dante, enquanto nenhuma suma de teologia inclui a pessoa do teólogo. O drama que aí se representa é o da história universal, cujo centro é Roma, e o destino da Itália ainda por nascer, ou renascer, está continuamente em causa no poema sacro. O gênio criador do poeta fundiu essas realidades todas, naturais e sobrenaturais, num único corpo de ficção que deve a sua existência unicamente a ele. O universo e a sua história forneceram as pedras a esse difício, o mais belo, talvez, que a arte literária jamais tenha criado, mas isso justamente porque *A Divina Comédia* é essencialmente obra de arte e, no pleno sentido do termo, poesia. É beleza a serviço de verdades que só comparecem em vista da obra e de sua beleza absoluta.

Para compreender melhor essa distinção, suponhamos que pudéssemos perguntar a Santo Tomás o que pensava da obra de Dante. Representemo-lo abrindo o livro e lendo:

> *Nel mezzo del camin di nostra vita*
> *mi ritrovai per una selva oscura*
> *ché la diritta via era smarrita.*
>
> [No meio do caminho em nossa vida
> eu me encontrei por uma selva escura
> porque a direita via era perdida.][1]

O Doutor Comum fecha o livro com um suspiro: "Poesia de novo", diz, "isso não é verdade". Pois esse aristotélico que nunca leu Platão pensa, contudo, da poesia, o mesmo que o autor da *República* e das *Leis*. A não verdade está na própria essência da poesia. Tudo nela é ficção, a tal ponto que se usamos o verso para dizer a verdade, não se trata mais de poesia, mas de ciência. Aristóteles dizia que o poema de Empédocles era física. No início do seu *Comentário às Sentenças de Pedro Lombardo* (Prol. 1, 5, 3 m), na flor da sua juventude, nosso teólogo escreve friamente

---

[1] Dante Alighieri, *A Divina Comédia*. Trad. Vasco Graça Moura. São Paulo, Landimark, 2005, p.31.

que "a ciência poética trata do que, devido à sua falta de verdade, a razão não pode apreender": *poetica scientia est de his quae propter defectum veritatis non possunt a ratione capi.*

Não obstante, dir-se-ia, o mesmo Santo Tomás foi poeta. Surpreendê-lo-íamos se lho disséssemos, pois ele escreveu versos, e às vezes belos versos, mas então jamais se permitiu dizer algo além da verdade. O que fazia ele, pois, ao escrever o *Ofício do Santíssimo Sacramento*? Fazia liturgia. Participava da criação do ofício do *Corpus Christi*, que é um dos grandes momentos do ano litúrgico e celebra o maior dos milagres, o qual está no próprio cerne do culto cristão. Desta feita, o Santo vai cantar:

> *Lauda Sion salvatorem,*
> *Lauda ducem et pastorem*
> *In hymnis et canticis.*
>
> *Quantum potes tantum aude:*
> *Quia major omni laude,*
> *Nec laudare sufficis.*
>
> [Louva, Sião, o Salvador,
> louva o guia e o pastor
> com hinos e cantares.
>
> Quanto possas, tanto o louva,
> porque está acima de todo o louvor,
> e nunca o louvarás condignamente.][2]

Eis então o que diz o nosso teólogo sobre o modo lírico: *Sit laus plena, sit sonora; sit jucunda, sit decora mentis jubilatio;*[3] mas o seu louvor não será senão verdade, e a mais alta de todas que é a do dogma cristão na sua pureza: *Dogma datur Christianis, quod in carnem transit panis, et vinum in sanguinem.*[4] Os que excluem da poesia tudo o que se pudesse igualmente bem dizer em prosa podem, aqui, dar vazão à sua verve. Eis uma poesia impura como jamais houve, pois o seu autor visivel-

---

[2] Disponível em: www.saopiov.org/2009/02/hinos-eucaristicos-lauda-sion_28.html (As traduções desses hinos foram todas tiradas desse mesmo sítio.) (N. T.)

[3] "Ressoem, pois, os louvores, sonoros, cheios de amor. Seja formosa e jovial a alegria das almas." (N. T.)

[4] "É dogma de fé para os cristãos que o pão se converte na carne e o vinho no sangue do Salvador." (N. T.)

mente não tem outra preocupação além de dizer em verso a verdade que tão bem se diria em prosa. A que precisões dogmáticas ele ousa chegar? *Sub diversis speciebus, / signis tantum, et non rebus, / latent res eximiae. / Caro cibus, sanguis potus, / manet tamen Christus totus, sub ultraque specie.*[5] Lembro-me de um jovem jesuíta americano que me cantava a teologia da Santíssima Trindade em três ou quatro dísticos com acompanhamento de violão. Aqui, porém, Santo Tomás não se propõe a ser didático. Ele ensina porque ensinar é o único meio de comunicar a verdade, o que é o dever do teólogo. Quando a emoção irrompe sob o verso, é o seu amor a Deus que toma a palavra: *Ecce panis Angelorum, / factus cibus viatorum; / ecce panis filiorum, / non mitendus canibus.*[6] Quando o Santo para de ensinar, reza: *Bone pastor, panis vere, / Jesu nostri miserere (...).*[7] À questão: isso é poesia?, não sei o que Santo Tomás teria respondido, pois a sua língua era livre e ele foi sempre muito cioso de lhe justificar o uso, mas certamente não a teria caracterizado por um *defectus veritatis*. Nem na doutrina nem na prática vemos surgir aí aquele momento privilegiado da arte propriamente dita, em que o poema não é percebido nem como coisa nem como imagem do que tal coisa significa, mas como algo planejado e produzido por aquilo que é. O *Lauda Sion*, poema a que não falta beleza, não é uma homenagem ao belo, mas à fé. E se a finalidade especifica a operação, nenhuma hesitação seria possível: o poético, aqui, foi absorvido pelo religioso.

Tudo o que o artista submete à forma da sua arte pertence à matéria da obra, e como a obra age em tudo por si mesma, produz em nós uma impressão global na qual é impossível discernir o que vem da arte do que vem da matéria. O crítico, o historiador e o sujeito cognoscente podem, a seguir, se interrogar sobre as componentes da experiência estética, mas chegam muito tarde. As conclusões da reflexão também podem, por sua vez, modificar as experiências seguintes. Muitas vezes percebemos que nos deixamos levar por facilidades superficiais, pelo prazer de reencontrar fórmulas conhecidas ou, na outra

---

[5] "Debaixo de espécies diferentes, que são apenas sinais exteriores, ocultam-se realidades sublimes. O pão é a carne e o vinho é o sangue; todavia, debaixo de cada uma das espécies Cristo está totalmente." (N. T.)

[6] "Eis, pois, que o pão de que se alimentam os Anjos foi dado em viático aos homens: pão verdadeiramente dos filhos, que não deve dar-se aos cães." (N. T.)

[7] "Ó bom Pastor e alimento verdadeiro (...), ó Jesus, tende piedade de nós." (N. T.)

extremidade da escala das qualidades estéticas, pela intensidade de sentimentos capazes de emocionar por si mesmos, pela beleza moral das ideias e pelas emoções patrióticas ou religiosas que o assunto da obra coloca em questão. Essas componentes mudam de valor e de sentido segundo as disposições do usuário. Certas páginas de *La Chanson de Roland*, que tocavam Joseph Bédier até as lágrimas, não tinham nenhuma graça aos olhos de um André Gide ou um Paul Valéry, que consideravam essa venerável epopeia como ainda mais aborrecida que as de Homero. Um cristão jamais há de enxergar um Apolo ou um Zeus do mesmo modo que um grego piedoso; um francês jamais há de sentir Dante Alighieri como os seus leitores italianos, e particularmente como o padre Cornoldi, que a cada leitura sentia a dupla satisfação de reencontrar a pátria e a filosofia tomista. A história literária moderna complica ainda mais a situação. Toda a biografia pessoal do escritor passa por ela; pintor ou músico, o artista é analisado, psicanalisado, sociologizado, anatomizado e fisiologizado até ficar reduzido ao estado de quebra-cabeças que o leitor gosta de reconstruir à sua maneira. Gastam-se tesouros de engenhosidade em tais empresas, mas também de puerícia que chega ao infantilismo. Como quer que seja, a molécula de arte pura mergulhada em toneladas de uraninita é a secreta substância radioativa que lhe confere energia. É dela que o todo adquire a forma da arte.

Ela explica também a tendência de tantos amigos da arte para exaltar-lhe a nobreza além de todos os limites. É possível, com efeito, que não haja nada acima de si mesmo na consciência de quem assim se exprime. Diz-se, então, com toda a justiça, que a arte é o seu deus, ou que a arte é a sua religião. Melhor essa que nenhuma. Ao ler os cadernos de Delacroix, perguntamo-nos que homem teria sido se não houvesse a pintura. Sem fazer disso o ápice da vida espiritual, não se pode acercar da arte pura, por pouco dela que haja numa obra, sem experimentar a emoção particular daquilo que, na própria natureza, parece transcendê-la em essência e em dignidade. Um verso de Virgílio, de Racine ou de Blake basta; uma frase de Haydn ou de Mozart, inesperada pela perfeição quase miraculosa de sua necessidade formal, nos emociona fisicamente como uma presença mais sentida que conhecida, e testemunha na própria matéria do nosso mundo a realidade de um outro, como se os nossos sentidos nos transmitissem mensagens vindas do espírito. Não surpreende que aqueles que não têm mais nada tenham ao menos isso para lhes dar o sentimento de uma emoção propriamente religiosa, de um toque do divino.

É que a arte cria a beleza, que é um transcendental do ser, e acercar-se do ser é penetrar sempre numa zona onde se sente a presença do sagrado. A verdade pura, procurada, encontrada e amada por si mesma; o puro bem, querido como incondicionalmente desejável, porque é o bem; a unidade e a ordem, enfim, buscadas por si mesmas, que são, como o bem e a verdade, aspectos do ser na medida em que é ser. Trata-se, pois, por assim dizer, de modalidades ontológicas. A beleza é outra dessas modalidades. É a mais modesta delas, pois é apenas o bem da apreensão sensível do ser, quando há adequação entre o sensível e a sensibilidade de um sujeito inteligente. Esse é o belo das artes do belo. É apenas isso. Não se lhe pode negar o direito de procurar se realizar em si e por si. Quando tenta fazê-lo, vemos os epítetos "puro" e "virgem" se multiplicar da pena dos poetas. Não é sem razão que o formalismo pictórico e musical esteja excomungado pelo materialismo do Estado marxista, pois, mesmo quando estão dados na matéria, o branco, o azul, o dia puro e pungente são testemunhas sensíveis da vocação espiritual dessa matéria que, nascida do espírito, aspira ao espírito. Donde as surpresas estonteantes que nos causam certos sons, certas linhas, certas palavras, certas atitudes em que se deixa entrever um mundo material diferente do nosso, ou o nosso em estado de glória. O mais modesto de todos eles, o belo, não deixa por isso de ser um transcendental. É o transcendental do corpo, o único a que o homem acede, não a despeito do conhecimento sensível, mas nele e por ele, quando funde o intelecto com os sentidos em vez de os evitar. Coisa intensamente terrestre, a arte parece que foi dada ao homem para consolá-lo de não ser um anjo. Não surpreende, pois, que um vinho assim tão forte possa embriagar, sobretudo se o bebermos puro e, como todo início de embriaguez, também essa vier acompanhada de ilusões. Ela não se engana, porém, a respeito da nobreza do seu objeto e da natureza da sua causa. Como quer que abordemos o ser na medida em que é ser, fosse apenas por meio do corpo e da percepção sensível, expomo-nos à presença do Ser. Ele jamais está longe de nós, e não é Ele, mas um reflexo da sua glória que nos toca na mais humilde das obras de arte.

CAPÍTULO IX
Arte e filistinismo

O ponto de partida de nossas reflexões metafísicas sobre a arte foi a distinção tradicional entre as ordens do conhecer, do agir e do fazer. O seu ponto de chegada é a constatação de que as belas-artes não dependem diretamente nem do conhecer nem do agir, senão do fazer, e que, mesmo nessa ordem, a sua diferença específica é fazer objetos cujo fim é serem belos. A conclusão de que a noção de produção é essencial à arte será sem dúvida aceita, e sua evidência imediata é por si mesma tão manifesta que nem sequer valia a pena dizê-la, é verdade, mas nosso objeto não era nem descobrir uma coisa assim tão evidente, nem dizê-la, senão descobrir e dizer por que razão essa evidência reconhecida por todos é via de regra olvidada tão logo se reconheça. É estranho que uma verdade assim tão certa, de direito reconhecida, seja constantemente negligenciada de fato, e que um princípio que deveria dominar tudo o que se diz das belas-artes e suas obras não desempenhe na prática nenhum papel na sua interpretação.

O título da *Poética* de Aristóteles constituía sozinho um magnífico programa, pois é notável que a linguagem tenha escolhido a palavra "poema" para designar esses produtos fabricados que são uma epopeia, uma tragédia ou uma comédia. Ora, a sua natureza ou essência não é precisamente serem "feitas"? Essa evidência imediata, aliás, jamais se perdeu de vista. Conquanto a maioria dos que escrevem sobre a arte não tenha dado por ela, encontram-se de tempos em tempos, e às vezes em autores improváveis, uns quantos testemunhos da verdade.

Entre os bastiões da noção de arte como factividade mencionemos Lamennais. Chegou a ela por um desvio, pois em seu tratado *De l'Art et du Beau*, excerto do *Esquisse d'une Philosophie* publicado em 1841, ele permanecia desde logo fiel à noção da beleza como manifestação da verdade, mas rapidamente se elevava ao princípio de que, já que nada se pode manifestar exceto pela forma, a qual especifica o ser, "se segue que o Belo é o próprio ser na medida em que é dotado de forma, e assim a forma é objeto próprio da arte". Lamennais se opunha, pois, firmemente, nas considerações preliminares do seu livro, àqueles que "procuraram o princípio da arte na imitação". Essa última, dizia com toda a razão se referindo à mesma arte, "é um dos seus elementos, não o seu princípio". A arte é apenas uma das faces do desenvolvimento do homem, das suas potências ativas. "Relacionando-a ao poder humano" de conferir à ideia uma forma sensível que a manifeste exteriormente, ele concluía que "a arte está para o homem assim como o poder criador está para Deus: donde o termo "poesia" – *poíesis*, de *poieîn*, fazer, produzir, criar – na plenitude de sua primitiva acepção". Vê-se aí quão profundamente Lamennais continuou a ser sempre um teólogo. Todo o primeiro capítulo, "Visão geral da arte", é uma como dedução da arte humana a partir do ato divino: "Assim, na sua evolução, a arte continua a manifestar o universo ou a obra de Deus". Lamennais associa intimamente as noções de arte e de criação. Num espírito completamente oposto, essa mesma reivindicação ao pleno sentido da noção de poesia é familiar a Paul Valéry, cuja arte, aliás, não deixou de afetar. Ele disse muitas vezes que o seu interesse se voltava antes para as condições necessárias à produção das obras do espírito que para as próprias obras. Quando, em 1937, o Collège de France criou e ofereceu-lhe a Cátedra de Poética, esse título, escolhido pelo próprio Valéry, tinha na sua mente toda a força que lhe cabe. Ele não o restringia à arte do verso, mas, tomando-o na sua simplicidade primeira, e pretendendo estender o sentido das palavras "fazer" e "fabricar" ao conjunto das produções do espírito, Valéry revelava a influência do moderno desenvolvimento das técnicas industriais sobre o seu pensamento. Já que se pode produzir tudo, por que não haveria uma ciência das condições necessárias para produzir as técnicas de produção? O seu espírito voltava constantemente à ideia de uma como "fabricatória" universal, correspondente à combinatória universal ou arte de combinar à vontade todos os signos mentais e, assim, fazer todas as descobertas, a qual obcecara um dia as meditações de Leibniz. Mas justamente aí o perigo latente sob essa ambição, de resto preponderantemente imaginária, não tardou a se revelar.

É simplesmente notável que os promotores desse movimento hajam todos sido assaltados pela mesma tentação. A fim de colocar em evidência que a arte é essencialmente factividade, chegaram ao cúmulo da tese e sustentaram que ela não passa de fabricação. Edgar Allan Poe é aqui o artista representativo. Lembre-se, a propósito, do célebre *Filosofia da Composição*, que muitos, aliás, se recusam a levar a sério. Trata-se, dizem eles, de um simples gracejo, mas nada é menos certo do que isso. A intenção de Poe, muito pelo contrário, parece ter sido demonstrar, por meio de uma análise do seu poema *O Corvo*, que nada, nessa composição, se pode explicar "a partir da intuição ou do acaso, senão que a obra progrediu passo a passo até o fim com a precisão e a rigidez inferencial de um problema matemático".[1] As mesmas palavras retornam no decorrer da desmontagem do poema, executada por Poe com o fito de excluir o que há de aparentemente mais estranho ao cálculo na composição poética: a noção de originalidade. Salvo em espíritos de força absolutamente excepcional, a originalidade não é da alçada da intuição ou do impulso (*a matter... of impulse or intuition*). Naturalmente, Poe sabe muito bem que todos os raciocínios sobre o método a seguir de nada servirão a quem não possa segui-lo, mas todos os autores de artes poéticas concordam nesse ponto. Explicando o que é preciso fazer, todos acrescentam esta condição acessória: é preciso ser capaz de fazê-lo. É justamente por onde começa Boileau – "*C'est en vain qu'au Parnasse un téméraire auteur...*" etc. –, e é infelizmente aí que está o fundo do problema. Pois "*some amount of suggestiveness – some under-current, however indefinite, of meaning*", é precisamente o que confere à obra de arte aquela "riqueza" que "de bom grado confundimos com o ideal".

---

[1] "*It is my design to render it manifest that no one point in its composition is referable either to accident or intuition – that the work proceeded, step by step, to its completion with the precision and rigid consequence of a mathematical problem.*"

Assim, de um lado, Poe deixa uma porta aberta para o incalculável em poesia, mas ao mesmo tempo continua a perseguir tudo o que possa haver de noetismo na noção de arte. É o que parece dizer a sua ironia contra o ideal, objeto de contemplação e consequentemente de conhecimento, enquanto a beleza é o único domínio legítimo do poema: *"Beauty is the sole legitimate province of the poem"*. Percebe-se talvez aí como duas noções à primeira vista estranhas podem estar ligadas: um poema é coisa que se fabrica, e o objeto da arte é causar na alma (não no intelecto nem no coração) o prazer exultante que decorre da mera contemplação da beleza. Com efeito, já que nenhuma verdade está em causa, o poeta não pôde pretender comunicar nenhuma intuição ou conhecimento; ele não podia senão oferecer um belo objeto à admiração do espectador, e a única maneira de providenciá-lo é fazê-lo ser algo em si mesmo. É preciso fabricá-lo.

Poe não é um filósofo; não convém, pois, pressionar o sentido de suas palavras além dos limites de uma linguagem comum empregada com todo o cuidado. Não se pode censurá-lo por não dizer claramente o que é o belo. Os maiores filósofos do mundo terminaram por confessar que o mais que podemos fazer é reconhecê-lo quando está diante de nós. O que importa na mensagem de Poe, aquilo em que verdadeiramente insiste, é essa ligação à primeira vista estrangeira entre a ideia de que a arte não possui qualquer verdade para transmitir e estoutra de que essencialmente ela é fabricação.

Não parece que Baudelaire o haja seguido nesse ponto, mas o essencial da *Filosofia da Composição* passou, por sua vez, de Poe a Paul Valéry, não sem se expandir a dimensões que nada fazia prever.

Para considerar, desde logo, tão somente a poesia, notemos que Valéry sempre a teve por fabricação – como, de resto, Poe pretendia fazer. Nada seria mais fácil que citar mil passagens suas a esse respeito; elas têm uma franqueza que beira a provocação, pois algumas deixam tão pouco espaço para a inspiração em poesia quanto num jogo de palavras cruzadas: "Poesia. Procuro uma palavra (diz o poeta), uma palavra que seja feminina, dissílaba, contendo P ou F, terminada em consoante muda, sinônima de "brisure" ou "désagregation", nem erudita nem rara. Seis condições – ao menos – para cumprir!" (*Pléiade*, II, 676). Tanto quanto a Poe, também a Valéry não convém pressionar além do que sua linguagem suporta, mas deve-se admitir que essa atitude representa muito bem a que estimava ser a atitude do poeta, a qual, por sua vez, aprendera com Mallarmé, cuja declaração a Degas ele cita com frequência: "Mas, Degas, os versos não se fazem com ideias, mas com palavras".

O que deve reter a atenção, no caso de Valéry, é a extensão do princípio ao conjunto do que tão bem denominou de "operações do espírito". Assim como a arte, também o conhecimento ele toma por fabricação, construção calculada, coisa produzida. Observamos nele uma como universalização monstruosa da noção de método proposta por Descartes, cujo espírito preserva. Descartes já desconfiava da ideia de que alguns fazem grandes descobertas porque são dotados de gênio ou de uma força de espírito que falta aos demais; a razão do seu sucesso é a maneira como usam a própria razão, ou seja, o método. Valéry concebia do mesmo modo as condições da obra-prima literária ou artística e as da descoberta científica ou do progresso técnico. As duas personagens que inventou a esse propósito (pois ambos são mitos) representavam este ser ideal, tão completamente senhor dos movimentos do seu pensamento que conseguisse obter à vontade a solução de qualquer problema especulativo, prático ou artístico. A ciência das condições ideais de resposta a toda questão concebível teria sido a mesma poiética, aquela que se propunha a ensinar no Collège de France e a respeito da qual, por não conhecê-la de tal modo que a pudesse ensinar – como, aliás, de bom grado reconheceu –, ao menos falou o quanto pôde.

Assiste-se, pois, com Valéry, a uma reviravolta completa da posição tradicional dos problemas. Oprimido até então pelo saber, o fazer vai com ele à desforra e reduz o próprio conhecimento a uma sequência de operações calculadas em vista da obtenção de um resultado determinado. A esse respeito, nunca insistiríamos o bastante na *Leçon Inaugurale du Cours de Poétique au Collège de France*. Ensinar aos homens a arte de prescindir do gênio já constituía um lance de gênio. A *Leçon* é de resto notável em todos os aspectos. Depois de dizer que evitaria a forma "poiética", Valéry precisava que era justamente isso, no entanto, o que tinha em mente: "O fazer, o *poieîn*, de que desejo me ocupar, é o que se leva a termo em qualquer obra" – e particularmente nas obras do espírito. Especificava também que esse gênero de estudo é totalmente diferente das próprias atividades produtoras às quais se aplica, pois investigar como se fazem obras e descobertas não é fazer obras nem descobertas, mas é com total consciência dos motivos dessa decisão que Valéry veio a tomá-la. Ele supunha um espírito mais curioso da *ação que faz* que da *coisa feita*. O passo decisivo, pois, estava dado; o primado do fazer era enfim reconhecido, como, outrora, o do ser e o do conhecer. A reforma da arte no sentido de uma atividade puramente operacional se estendia agora a todas as atividades do espírito humano.

Através de muitos desvios – já que, para Valéry, escrever uma aula inteira era obra de fôlego –, esse programa de ensino leva-nos a certas noções cardeais. Desde logo, "o poema é a execução do poema"; as obras do espírito, pois, absolutamente não se relacionam a nada senão às operações do pensamento que as engendraram e as quais precisaríamos conhecer para compreender a obra precisamente na medida em que é um fazer. A obra feita é outra coisa, não é mais fazer, já que está feita. Quando ela chega aos olhos do público, foi um poema; terminada a execução, deixa de sê-lo. Na linguagem menos abstrata, mas não menos sutil, de Edgar Allan Poe, dir-se-ia que o poema, como tal, é o conjunto das operações pelas quais o poeta o compõe, ou seja, é a sua composição.

Em seguida, entre tais obras assim consideradas "em ato de produção", convém distinguir a classe das que chamamos "obras de arte". Procurando justificar essa distinção, Valéry reconhece que não encontra distinção nenhuma entre as operações do espírito. Quer se trate de ciência ou de arte, o espírito procede da mesma maneira; oferece o mesmo espetáculo de cálculo e de imprevisto, de método refletido e acidente feliz, a despeito do gênero de problemas que se propõe a resolver. Os que a arte coloca devem, pois, distinguir-se pela natureza do seu objeto. Valéry atribui à arte como objeto a produção de uma obra "cujo efeito deve ser reconstituir num qualquer receptor um estado análogo ao estado inicial do produtor". Seria injusto insistir no que há de vago e arbitrário nessa noção, já que o mesmo Valéry declara que, nesse caso, o pensamento se esbate contra o indefinível, mas ao menos se pode observar que esse espírito tão cioso de rigor e tão desdenhoso das imprecisões da filosofia se contenta, por sua vez, com muito pouco. Pois o que é esse "estado inicial do produtor", afinal, senão aquele que o levou a produzir, e a produzir a obra da qual se trata de compreender a gênese? Isso é manifestamente impossível, pois o estado de espírito de um consumidor é especificamente diferente do de um produtor. O problema, contudo, não está aí. O que é preciso reter dessa posição sobre o problema é que, nos termos da sua solução, a obra de arte é uma operação nula, porque se confunde com essa mesma operação.

Estendendo essa conclusão ao conjunto das atividades do espírito, constatamos que elas consistem não nos objetos da reflexão e nas conclusões a que o pensamento finalmente chega, senão nas operações por que aí chega. É isso o que, em *Poésie et Pensée Abstraite*, Valéry estendeu à metafísica, ao dizer que em nada, quiçá, a empobreceríamos se, eliminando-lhe a terminologia especializada, a situássemos para além dos objetos do pensamento "no próprio ato de pensar, no manejo desse ato". Entramos aí num universo da fabricação em que o próprio ato de fabricar é o valor supremo. O demiurgo não tem mais nenhuma importância, nem o mundo que ele cria; o que importa é apenas o ato da criação. Assim que se ponha a pensar, porém, o demiurgo logo toma consciência da sua importância pessoal, pois não há criação sem criador. É desse modo que a concepção da arte como factividade pura conduz fatalmente ao extraordinário "demiurguismo" de que falamos acima. Não se trata, aqui, de necessidade lógica. Todos deixamos de seguir a lógica de nossas ideias quando elas nos levam aonde não queremos ir, mas é preciso justamente querer parar para que não percamos a razão, engajados num caminho como o de Poe, Baudelaire, Valéry e *tutti quanti*. Mallarmé parece que se detém a tempo, mas por que alguém haveria de se deter, se é (ou quer ser) o criador de uma obra cujo sentido está no próprio ato que a cria?

Quando se considera sinopticamente a extraordinária aventura espiritual que foi a evolução da arte no Ocidente durante o século XIX, impressiona sobretudo o seu compromisso com tantos movimentos diversos, produzindo-se como que ao acaso em todas as ordens, mas culminando enfim na mesma reivindicação da absoluta autoridade do homem sobre a natureza, do direito de usá-la ao seu bel-prazer, e do poder discricionário que apenas o criador pode reivindicar sobre o ser saído de suas mãos. O símbolo mais impressionante dessa vontade de poder própria do homem moderno talvez seja o entusiasmo com que os dois maiores povos jamais consagrados à exploração industrial do globo se lancem à conquista do universo. Tudo se passa como se, não lhe bastando a Terra, o homem se pusesse a encontrar novos *habitats* onde a espécie verá se abrirem possibilidades de desenvolvimento jamais imaginadas. É doloroso pensar que grandes artistas se deixaram seduzir pelo espírito desse tempo rebelde a ponto de comprometer o sucesso da sua obra e quase perderem a razão. O caminho não é por aí. Não ganharíamos nada em sacrificar o conhecimento à factividade depois de celeradamente termos feito o contrário. Depois de nos recusarmos, com toda a justiça, a transformar o espírito num objeto a mais entre os objetos, o que seria a sua perdição, que grande erro não cometeríamos ao reduzir o real ao mesmo espírito, atitude essa que, por sua vez, tudo ou quase tudo no pensamento moderno parece fomentar. A salvação está, como sempre, no retorno à sabedoria, que não reconhece outro primado senão o do ser, do qual procede toda inteligibilidade, toda criatividade, e, com os seres nascidos de sua fecundidade inteligente e livre, o quinhão de verdade e de beleza desses seres.

O interesse próprio da arte como objeto de reflexão filosófica não está em justificar um qualquer protesto contra os valores de conhecimento cuja mais perfeita expressão humana é justamente a ciência. Se preciso for que nos enganemos, é melhor fazê-lo com a inteligência e pela inteligência do que contra ela. Para sermos exatos, porém, é impossível enganar-se em prol da inteligência, porque o seu objeto é a verdade (ainda que nem toda verdade lhe agrade do mesmo modo). Na maioria dos saberes comparece em particular uma certa desconfiança da arte, a qual surge do mesmo fundo que a sua tradicional desconfiança da história, dos acontecimentos, do tempo, e, numa palavra, do devir sob todas as suas formas. Isso é compreensível, pois, quanto mais inteligíveis, tanto menos razoável supor que as coisas mudem. Enquanto sigam sendo o que são, questão alguma se coloca; tudo está em ordem; mas, desde que mudem, o espírito se inquieta e se pergunta por quê. Ora, o porquê de uma mudança qualquer nunca é totalmente satisfatório, pois se o novo se limitasse a reproduzir o antigo nada mudaria; mas se aquele difere desse em qualidade ou quantidade, como explicar o surgimento dessa nova modalidade do ser que parece brotar do nada? Contudo, em vez de fazer cara feia para a mudança e se esforçar em vão por reduzir o devir ao inteligível ou, no caso de revolta, o inteligível ao devir, melhor fariam os filósofos se transcendessem a imobilidade do ente e a mobilidade do devir na pura atualidade do ser. Pois o ser transcende o ente, e no devir somente o mesmo ser, e nada mais, lhe pode conferir uma existência atual.

Uma filosofia da arte é, portanto, o complemento obrigatório de uma filosofia do ser, pois meditar no paradoxo da arte, imagem analógica da verdadeira criação, pode acostumar o espírito à noção de que afirmar a identidade do ser consigo mesmo não é dizer tudo a seu respeito – noção de importância capital para a verdadeira metafísica do ser –, já que a mesma afirmação também vale para o ente, enquanto apenas e tão somente o ato de ser é aquilo por que o ente é, é o que ele é e não cessa de mudar para tornar-se mais completamente o que pode ser. O que um exame atento da arte ajuda a compreender, se não se julgar o seu estudo indigno da seriedade de um filósofo, é que, se o devir é uma diminuição do ser, que o causa, é também, por outro lado, um crescimento do ente.

Percebem-se melhor, talvez, as dificuldades inerentes ao problema da arte no embaraço dos teólogos às turras com o problema da criação. O universo do devir lhes parece tal que precisam postular um criador para explicar a sua existência, mas, uma vez postulado esse criador, por que ele criaria? Os filósofos são homens razoáveis. São eles que não criariam sem "motivos" nem "razões". De modo que procuram razões ou motivos para Deus criar o mundo, e naturalmente os encontram, mas uma dificuldade sempre os paralisa quando estão prestes a concluir. A despeito dos supostos motivos e das razões alegadas, ao fim e ao cabo nenhuma necessidade de criação se pode impor à causa primeira. Se as coisas se seguissem necessariamente dela, ela as engendraria, mas não as criaria. Essa dificuldade se impôs aos espíritos com uma força toda particular desde que os teólogos cristãos decidiram enxertar uma doutrina da criação em metafísicas gregas às quais essa noção era estrangeira. Foi preciso, pois, penetrar no próprio cerne da noção de ser para aprofundá-la até o ponto em que a noção de um criador se tornasse concebível. Essa foi a obra da metafísica cristã sob todas as suas formas. Se há alguma verdade na noção de uma arte essencialmente poiética, pode-se pensar que essa mesma metafísica do ser cria um clima favorável ao desenvolvimento de uma filosofia da arte mais aberta à fecundidade, novidade e enriquecimento do real que as suas antecessoras. Sendo, como é, sabedoria, a metafísica só descobre a sua excelência no exercício da função reguladora quando se aplicam os seus princípios na elucidação de outras disciplinas. Há certos aspectos do ser como tal que não se deixam ver tão bem de nenhum lugar senão do ponto de vista da arte. O mais importante deles esclarece a natureza do ser na medida em que ela esclarece a natureza da arte, e talvez a melhor maneira de se iniciar na metafísica seja observá-la assim em ação, sob a luz com que ilumina os seus objetos.

Vemo-la, talvez, melhor do que nunca quando nos tentamos reencontrar, com a sua ajuda, nos labirintos do erro. Eles são múltiplos, indefinidamente variados e, à primeira vista, inextricáveis, mas a reflexão metódica os revela progressivamente como variações de um mesmo erro fundamental a que podemos chamar "filistinismo" e o qual, sob a forma especulativa assumida aqui, se revela em última instância como erro acerca dos transcendentais.

Coloquemos de lado, desde logo, os filisteus da história, povo cujo erro principal parece ter sido o de viver num território cobiçado por outro povo. Esqueçamos também os comerciantes e fornecedores de toda a sorte que os universitários alemães assim chamavam para puni-los, sem dúvida, por quererem receber o que lhes era devido. Chegamos então ao sentido ordinário em que o termo é praticamente sinônimo de "pessoa vulgar" e sem educação, incapaz, portanto, de reconhecer a beleza quando esbarra com ela. Esse filistinismo comum não apresenta qualquer interesse, salvo, talvez, nisto que, ninguém estando totalmente isento dele, sempre pode ser útil de se proceder a um autoexame sobre o assunto. O único filistinismo que merece a reflexão do filósofo metafísico é o que os espíritos cultivados devem à sua própria cultura intelectual. Porque toda obra de arte é um objeto e, como tal, cognoscível e inteligível, tais espíritos tomam essa sua inteligibilidade, que é apenas a matéria da arte, pelo que a arte se propõe a produzir. Como a sua raiz é um erro acerca dos transcendentais, podemos distingui-lo dos outros chamando-lhe "filistinismo transcendental". Sua presença se manifesta pela recorrência de um fundamental desprezo pela natureza mesma do objeto da experiência estética. Quando lemos no dicionário a descrição de "andorinha", o objeto de nossa atenção é a natureza da andorinha. Eis por que, assimilando a definição, não desejamos lê-la de novo, desde que nos lembremos dela. Muito pelo contrário, quando lemos a ode de Shelley, *To the Lark*, o objeto de nossa percepção, e também de nossa atenção, não é a cotovia, mas é a própria ode, e toda a verdade que eventualmente contenha sobre o pássaro cantor é, na ode, matéria que se submete à beleza. Eis por que se quer repetir a experiência do poema como boa em si mesma e por si mesma; podemo-nos considerar instruídos sobre a cotovia de uma vez por todas, mas a beleza do poema é um convite permanente a degustá-lo de novo e de novo.

A raiz metafísica do filistinismo é, pois, a eliminação do fazer em benefício do conhecer, e, consequentemente, o inevitável desprezo da verdade por essa como que cinderela dos transcendentais que a beleza sempre foi. E esse erro, diga-se, não é nada pequeno. Sua fórmula mais perfeita é igualmente a sua carta de nobreza: *dum Deus calculat, fit mundus*. Sua justificação metafísica é a doutrina de Leibniz, em que Deus, o Intelecto supremo, calcula a sua obra com tão perfeita exatidão que só pode executar uma única: precisamente aquela que faz. Não se poderia dissolver a arte no conhecimento de maneira mais completa, nem a beleza na verdade. Mas o Calculador supremo poderia calcular durante toda a eternidade sem jamais chegar a um resultado qualquer. E a dificuldade persiste mesmo que apelemos à noção platônica, segundo a qual o demiurgo não transmitiu às suas possíveis obras a perfeição do seu ser e do seu pensar. Um deus pode "não transmitir" o ser e o bem às suas obras eternamente, sem jamais lho conceder. O único Deus que a reflexão metafísica sobre a arte sugere é o Puro Ato de Ser, o qual, porque se ama a si mesmo tal como é, ama até mesmo suas possíveis participações finitas e lhes confere generosamente a perfeição de existir. Ao menos o artista enxergamos assim, como alguém possuído de um tal amor pelo próprio ser que o comunica livremente aos seres que a sua arte cria e os quais, depois de os ter concebido em gérmen, o seu amor conduz pacientemente à perfeição que lhes cabe, ou, como se diz, ao seu fim. Separado do belo por tudo o que conhece, o filistinismo metafísico tapa a própria vista com o véu discursivo que não cessa de tecer ao seu redor.

Ora, mas há casos de total cegueira ante a beleza? Ou bem de cegueira parcial, limitada a certas artes? É duvidoso que o haja, com efeito, já que o belo é uma propriedade transcendental do ser, e, pois, parece impossível a um homem cujas faculdades de percepção estejam normalmente constituídas que não experimente nenhum prazer em perceber objetos feitos especialmente para agradar. O que de fato é curioso é antes que, conscientes da presença de algo particularmente digno de nota no objeto percebido, alguns, desprezando-o, se protejam dele, em vez de acolher com gratidão a alegria que lhes oferece. Esse negativismo para com a arte não é algo duvidoso. Os que não amam a música não se contentam em não ouvi-la; tão logo a ouçamos em sua presença, eles sentem uma irresistível necessidade de falar para que a deixemos de ouvir. A poesia produz em alguns um efeito análogo, e, de resto, toda emoção literária prestes a nascer e que, segundo pensam, é preciso sufocar a tempo. Quem, no teatro, já não teve um vizinho de poltrona possuído de uma urgente necessidade de falar? Os mais discretos esperam o intervalo para enfim explodir, como se a supressão a que acabam de se submeter não se pudesse suportar nem mais por um segundo. Ora, note-se que esses tagarelas são, em geral, críticos acerbos; a peça não lhes agrada, e eles demonstram impiedosamente que não presta para dar a entender o quanto entendem de teatro — muito mais que o autor da dita peça —, já que saberiam fazê-la bem melhor que esse mesmo autor, mas também porque, por mais timidamente que exprimamos a nossa satisfação pessoal, eles não suportariam que a exprimíssemos. Retomando as principais cenas do ato a que se acaba de assistir, esses juízes impiedosos nos demonstram irrefutavelmente o quanto erramos ao nos deleitar — e, o que é mais triste, costumam nos convencer. Compreende-se melhor a natureza desse negativismo aproximando-o da necessidade de caricaturar os mais belos quadros ou de parodiar as mais belas obras literárias: numa palavra, de descer as obras-primas do seu pedestal. Scarron e o seu *Virgile Travesti* pode ser tomado por símbolo de todas as operações do gênero. Uma filosofia do *esvaziamento* descobriria aí uma reação defensiva, nunca nobre e às vezes baixa, mas sempre natural, contra o esforço que exige uma resposta adequada à presença da beleza. Propriedade do ser como tal, a beleza participa do mistério do primeiro princípio. A percepção mais confusa da sua presença basta para exigir nosso respeito, como aquele que o viajante experimenta diante de um templo em que está prestes a entrar. No fundo, se a arte é fazer, a percepção da beleza é conhecimento e contemplação. Mas contemplar não é natural do homem; para se poupar do esforço de recolhimento e generosidade interior que legitimamente o belo lhe exige, o homem evita a necessidade de encará-lo recorrendo ao expediente mais simples, que é suprimir a ocasião em que o belo se lhe dá. Rir dele é o meio mais seguro de fazê-lo, e é por isso que, em vista desse fim, o inimigo da alegria não hesita jamais em desonrar a beleza.

Da ausência completa de resposta à beleza até a sua negação ativa e destrutiva hostilidade se estende uma gama infinitamente variada, cuja fenomenologia, ora triste, ora divertida, não deixa nunca, porém, de ser muito instrutiva. A despeito dessa diversidade, contudo, o sentido permanece filosoficamente o mesmo. Pois longe de negar a realidade do belo, o filistinismo – à sua maneira, é bem verdade –, atesta, sim, a sua existência. No fundo, jamais há completa ausência de resposta, mas sempre uma ignorância ativa que, ao seu modo, constitui sem dúvida uma espécie de resposta. Não se vira as costas para o que não existe. Mas o gênero mais interessante de filistinismo, o seu gênero nobre, por assim dizer, é ainda um filistinismo positivo. Muito longe de ignorar o belo, ele tampouco se rebaixa o insultando, mas simplesmente o enterra com as devidas honras. Nas exéquias de toda obra-prima, o cortejo costuma sempre se compor de filisteus. Distinguem-se aí três grupos principais: os escritores, os professores e os eruditos. A bem da verdade, não há profissão que não forneça o seu contingente, mas essas três parecem as mais eficazes e as mais ativas, porque detêm o monopólio do saber e da palavra, o que lhes confere autoridade e certo benefício. O seu denominador comum é a linguagem tomada como meio de comunicar um saber cujo objeto é a arte. Nos três casos, tal saber a respeito da arte substitui a própria arte, e como a ciência inclui o objeto mais o conhecimento que dele tenha, tal saber a substitui vantajosamente.

Um grave defeito da palavra "filisteu" é insultar, o que, a bem dizer, é errado, pois, exceto em suas formas agressivas, o filistinismo não é um vício, mas uma enfermidade. Uma enfermidade, talvez, inerente à própria natureza humana, já que mesmo grandes artistas podem ser modelos de filistinismo em relação às artes que não a sua própria. Mesmo Goethe parece que o foi em música, mas ele possuía a inteligência da dúvida e, além disso, a sua prudência na matéria era extrema. Cada um de nós, que não somos Goethe, tem o seu quinhão de filistinismo, que tanto menos nos aflige quanto, na maior parte do tempo, menos damos por ele. Seria vão procurar outro nome: "burguês", caro aos românticos, não seria mais agradável, tanto mais que todos eles, sem nenhuma exceção, foram burgueses nascidos na burguesia e sustentados por ela. Já que a qualidade que a palavra designa tende a ser ruim, e não boa, jamais acharemos uma palavra agradável para designá-la, a vantagem de "filisteu" sendo precisamente que, desaparecido o povo assim designado, este não poderia reclamar. A única reação saudável a tal observação é interrogar-se cada qual sobre o tipo de filistinismo que o aflige.

A palavra "escritor" foi intencionalmente escolhida por ser vaga. Ela cobre o conjunto dos que cedem à tentação de escrever sobre as obras de arte, o que a maioria de nós não pode evitar. Ela inclui, pois, as duas outras classes que nomeamos acima, pois ambas também escrevem sobre o assunto, com a única diferença de que os chamados "escritores" apenas expressam uma reação verbal, simples e comum a quase todo homem, à experiência da beleza. Em vez de deixar que se cale, o escritor se volta a essa experiência como Orfeu a Eurídice, e, pois, interrogando-a, mata-a, mas é justamente então que Orfeu revela o traço menos adorável do seu caráter, pois, perdida pela segunda vez, canta a Eurídice qual se fora ainda mais bela, quando todos sabemos que ela nunca passou de um seu pretexto para cantar.

A imensa torrente verbal com que tantos escritores inundam a arte e suas obras a ponto de afogá-las é justamente isso. Múltiplas são as fontes do fenômeno, mas sempre confluentes, e a principal bem parece ser a necessidade elementar de exprimir uma emoção que se sabe nobre e que, ao exprimir-se, fica por assim dizer aliviada. Por que chamar de filistinismo esse canto de reconhecimento? Porque, conquanto sincero na origem, não deixa de padecer dessa fraqueza fundamental, que consiste em crer seja realmente a beleza aquilo de que se fala. Como não pode sê-lo, o que dizemos a seu respeito toma inevitavelmente o seu lugar e acaba por suprimi-la.

Dificilmente se pode falar desse problema sem, de maneira implícita, colocar esse outro da crítica de arte e, em contrapartida, o da crítica literária, que considera a arte de escrever. O terreno é perigoso, desde logo porque fatalmente se colocam em causa aqueles cuja função própria é julgar os escritos. Não se espere subtrair ao seu julgamento, porém, um escrito que se apressa em colocar a sua autoridade em questão, mas o ponto não é esse, pois ninguém em sã consciência contestaria a quem quer que seja o direito – absolutamente natural e, pois, imprescritível – de formular a própria opinião sobre qualquer obra de arte que lhe venha ao encontro e, uma vez formulada, de comunicá-la aos semelhantes. Na medida em que informa o público do surgimento de obras novas, descreve-lhes o gênero, tenta sugerir o seu estilo e arrisca uma opinião sobre o seu valor provável, a crítica faz obra útil e legítima. Não se poderia julgá-la *in toto* sem considerar a arbitrariedade que muita vez se lhe censura. A crítica vale o que vale o crítico. Na medida em que pretende julgar, não se lhe poderia exigir uma infalibilidade no julgamento que a própria natureza do seu objeto – uma relação – não permite universalizar ou generalizar. É verdade que o crítico às vezes escreve com uma certeza desconcertante, mas, então, cedendo à necessidade de afirmar a própria autoridade, ele acaba por prestar uma indireta homenagem à superioridade do criador e da obra sobre ele mesmo, cujo único mérito é falar bem ao seu respeito.

  O verdadeiro problema da crítica se coloca além das querelas superficiais. Ele nasce disso que, por mais perfeita que se seja, a crítica é estrangeira ao seu objeto. Isso é evidente em todos os casos em que há crítica, ela que é uma função da linguagem, das artes que o não são. Aí, quer descreva, relacione, censure ou louve, a crítica não tem poder. Um matemático pode criticar um raciocínio matemático, porque lhe pode relacionar os termos e porque a linguagem de que se serve é a mesma que critica, mas quem fala de música, escultura, pintura e arquitetura se instala de antemão numa ordem paralela àquela de que trata. Sinal disso é que, nesse caso, ele não pode "citar" o seu objeto. A enxurrada de livros ilustrados, ditos de arte, em que numerosas "reproduções" pretendem mostrar obras plásticas reduzindo-as a transposições onde tudo é inexato, dimensões, cores, valores e a própria matéria, é prova suficiente de que aqueles que pretendem descrever as obras das artes plásticas se sentem às turras com o impossível. O escritor pode ser excelente, a página escrita pode ser mais bela que o modelo plástico – aquela de Louis Gillet sobre *Jupiter et Thétis*, de Ingres, é um belo exemplo, pois ao menos em Louis Gillet não vemos o Júpiter de ópera que, soltando raios e trovões, aparece no quadro de Ingres –, mas em caso nenhum podemos encontrar no escrito as qualidades sensíveis da obra em questão. Numa página escrita ou impressa, não há volumes, nem valores, nem cores, nem sons, nem timbres: só palavras, sempre palavras.

No caso da crítica literária, contudo, trata-se de palavras acerca de palavras, mas nem tampouco aí o meio de interpretação é da mesma natureza que aquilo que interpreta. Usando a escrita para falar de obras escritas, o crítico faz um uso natural da linguagem, que é comunicar conhecimentos, informações, opiniões e julgamentos. O uso poético, porém, é bem diferente desse; não pretende comunicar a verdade senão criar a beleza, e é por isso que, em geral (como se tem amiúde observado), a despeito da insignificância do que um poeta diz, a qual vez por outra beira o absurdo, a beleza da sua obra permanece intacta, se é que não aumenta. A questão não é, pois, saber se a crítica é pertinente, penetrante e, numa palavra, se ela é plenamente justificada, pois, supondo que o seja, ainda se desenvolve num plano diferente do plano da arte. Prova disso é a incrédula surpresa dos poetas quando leem certos comentários sobre a sua obra. Eles não se queixam de ter sido mal compreendidos, e chegam mesmo a ser gratos ao crítico por haver se interessado por sua obra, e amiúde lho dizem, mas ao mesmo tempo dão a entender, que não veem qualquer relação entre o sentido que eles próprios atribuem ao poema e o que os outros lhe atribuem. O momento mais penoso é quando o crítico, estimulado pelo jogo, intima o poeta a comentar o próprio poema: pois o *sentido* de um poema não é coisa que se possa explicar em prosa. Quando o poeta diz: "*They are all gone away, / There is nothing more to say*", ele realmente não tem mais nada a dizer. Para quem escuta a poesia, tudo está dito.

O segundo gênero de filistinismo é o que se inspira do amor de conhecer, primeiro sob a forma de erudição, com a qual por muito tempo se contentou em matéria de arte, depois sob a forma de ciência propriamente dita, cujo patronato, hoje em dia, qualquer empresa deve reivindicar para ser reconhecida como um saber digno desse nome. A arqueologia, a história da arte, a sociologia, a psicologia e, grosso modo, a massa confusa do que não sem certa indulgência chamamos de "ciências humanas" se debruçaram avidamente sobre a arte para dividi-la entre si e disputar os seus despojos. É supérfluo dizer, evidentemente, que não há nada a objetar a isso. Todas as atividades do homem estão sob a jurisdição da história, todas as suas obras e todos os seus restos pertencem de direito à arqueologia, inclusive os crânios de nossos avós, tudo o que é da alçada do comportamento humano é por definição da alçada das ciências humanas. Dispomos, pois, agora de todas as ciências possíveis, de todas as artes que o homem inventou até aqui. A quantidade dos que falam ou escrevem sobre belas-artes é enorme, mas saber se falam mesmo ou só creem falar sobre esse assunto é questão difícil e, de resto, algo perigosa.

Basta-nos a mínima reflexão, porém, para descobrirmos o sentido do problema. Que relação pode haver entre, de um lado, esculpir uma estátua, pintar um quadro ou escrever um poema, e, do outro, contar a história da escultura grega, da pintura italiana ou da poesia inglesa? Consagrar a vida ao estudo de coisas que já estão feitas não proporciona qualquer experiência da maneira de fazê-las, nenhuma inteligência do ato que as produz. Digamos mais, e é aí que está o fundo do problema, um espírito cujas inclinações levam ao estudo em geral e em particular ao estudo das circunstâncias que presidiram ao nascimento das obras de arte, incluindo o que hoje se chama de psicologia do artista, é inteiramente diferente daquele espírito cuja factividade conferiu existência a tais obras. O erudito e o artista não estão simplesmente muito longe um do outro; na mesma linha, eles se movem e operam em planos diferentes que, a despeito das eventuais intersecções, não coincidem nem coincidirão jamais. A obra de arte que arqueólogos e eruditos esquadrinham com um interesse apaixonado, e amiúde com penetração, não é a que o artista produziu. Tudo o que dizem dela a pressupõe, mas não é dela que o dizem, pela simples razão de que toda a gênese da obra se deu no próprio pensamento do artista, e eles chegam tarde demais para dizer alguma coisa a esse respeito. Como dissemos, tais coisas não estão no mesmo plano. Eis por que todas as disciplinas que parasitam a arte consideram-lhe as obras desde fora, e estudam-nas em função de algum aspecto que lhes é estrangeiro. Quer se trate do tempo, do meio social, do temperamento pessoal do autor, de uma ciência natural ou humana, o pesquisador cujo desejo de saber fá-lo voltar-se ao estudo histórico das artes que tanto ama pode muito bem aprender tudo o que é possível saber a seu respeito, e no-lo ensinar, mas o objeto de sua investigação será sempre história, não arte. O mal está, porém, nisso: caso lhe digamos tais coisas, o erudito se indigna como de um ataque contra a própria história, e, defendendo-se de um reproche que lhe não fazemos, arrisca-se a cair no mais "respeitável" dos filistinismos, o de tomar a beleza pelo conhecimento erudito das obras e dos autores. Seria indelicado, e mesmo cruel, citar casos concretos de espíritos excelentes cujas funções quotidianas colocam em relações constantes com as obras-primas da literatura ou das artes plásticas e essa mesma familiaridade, fundada no hábito de abordá-las sob um ângulo sem qualquer relação com a sua essência, os desvia a ponto de cegá-los para a natureza do que amam e servem com fidelidade exemplar.

O filósofo se limita aqui a definir situações abstratas e exemplares, a realidade, porém, é felizmente mais sutil e admite muitas nuanças. Não convém julgar a sensibilidade de um espírito para a beleza por aquilo que parece pensar a respeito quando fala sobre o assunto. A linguagem, que é feita para exprimir conhecimentos, tende naturalmente ao filistinismo. Quando falamos, explicamos, mas, sob o nível superficial da palavra, há frequentemente um testemunho silencioso, profundo, talvez inconsciente, que de súbito recebe e acolhe a beleza, um encontro breve e misterioso do qual não se pode falar sem trair a ilustre visita. Assim como o mal absoluto, o filistinismo absoluto é impensável e impossível; tal como o mal, contudo, subsiste no bem, a cegueira para o belo evidencia a percepção confusa que dele temos precisamente na necessidade de substituí-lo por outra coisa. Suas formas cultivadas são de longe as mais perigosas, porque corremos um grande perigo de nos contar entre o número dos justos quando temos a consciência de "andar na verdade", como se diz, quando em verdade se trata de andar na beleza, e a verdade sobre a beleza, além disso, não é a beleza.

É isso o que faz do terceiro tipo nobre de filistinismo – o ensino –, a forma mais perigosa de todas, pois, na medida em que se estende àquilo que se pode saber das belas-artes, erige e organiza o filistinismo em instituição privada ou pública, sustentada por fundos do Estado, se preciso, e funcionando expressamente em vista de divulgar, como conhecimento, disciplinas que não admitem outra iniciação real além da mera prática. Nesse sentido, pode-se dizer sem paradoxo algum que o pior inimigo das belas-artes é o nosso sistema educacional, baseado no ensino das ciências e das letras. Não se trata de um protesto contra um fato em si mesmo excelente e de resto inevitável. No início, e antes de tudo o mais, existe o ser; depois dele, o melhor que pode haver é a verdade, sem a qual, para nós, o ser seria como se não fosse; precisamente porque é o melhor, a verdade implica o bem, que é, em nós, o amor do ser; o belo se acrescenta a esses transcendentais como uma espécie de graça suplementar, a flor do ser, realçada por sua mesma qualidade intrínseca, mas impossível sem a raiz. Se a natureza não fosse bela, ainda que fosse bela e boa, seria uma morada menos feliz, decerto, mas permaneceria aquilo que é. A beleza da arte, esse luxo com que a engenhosidade do homem embeleza, por sua vez, a mesma natureza, é ainda menos importante. Infinitamente preciosa pela espiritualidade que impõe à sua matéria, testemunho comovente da primacial fecundidade criadora de Deus, a arte e as belezas precárias com que adorna o mundo e a vida não deixam de ser mais uma graça que uma necessidade. Uma educação fundada nas belas-artes que não deixasse ao resto senão o atual lugar das belas-artes em nosso próprio sistema educacional conduziria a um desastre. Não que a empresa em si seja impossível ou má; com efeito, não há outra educação artística possível, se por "educação artística" se entende aquela cujo fim é formar artistas. Uma educação, porém, em que tudo o que não é arte fosse ordenado em vista dela conviria apenas a um número muito reduzido de servos eleitos da beleza, cuja vocação pessoal fosse antes produzi-la que usufruir-lhe as benesses. Portanto, as coisas são como devem ser, ou quase isso, mas corremos o risco de crer que são diferentes do que são.

 A justificada preponderância da verdade sobre a beleza nos impede de conceder às artes mais que um modestíssimo lugar nos programas de ensino; não se trata de um mal, pois, ainda que o número de grandes artistas seja pequeno, é o bastante para satisfazer nossa fome de beleza. O pouco que se ensina de arte nas escolas antes pode impedir que um artista nasça, porém, do que obstar o seu desenvolvimento. E chega mesmo a favorecer que rapazes e garotas aos quais se apresenta uma falsa imagem da arte se considerem artistas, imagem de que por isso mesmo jamais se desfarão. Essa noção deformada da arte consiste quase sempre em tomá-la por expressão de um conhecimento: noção tanto menos inevitável quanto ensinar consiste justamente em comunicar conhecimentos. Dá-se, pois, inevitavelmente, que a arte seja representada no ensino por todas aquelas disciplinas que, como dissemos acima, giram à sua volta mas não a tomam por objeto; além disso, mesmo se o que se pretende ensinar é alguma das belas-artes, esse ensinamento tende a reduzir-se a um conjunto de regras mais ou menos gerais, transmitidas, pois, com o auxílio da linguagem, que aos alunos cabe somente aplicar; enfim, e isso é o mais grave, porque aqueles que assim ensinam as belas-artes são eles próprios professores, não artistas, esse erro fundamental sobre a essência do que ensinam se encontra por assim dizer institucionalizado na própria escola. Ao dizer arte, referimo-nos a toda operação que produz beleza. As observações precedentes se aplicam, pois, tanto à poesia quanto à pintura ou à música. E se aplicam às últimas inclusive com maior pertinência, pois, exigindo técnicas particulares, a música e as artes plásticas dispõem de escolas especialmente consagradas ao seu ensino. Se esse fato é ou não uma felicidade, não nos importa considerar aqui, mas o que as escolas se propõem não é nada mais senão oferecer à juventude uma primeira iniciação nas coisas da arte, e isso à margem dos conhecimentos que ordinariamente distribui. Pressupõe-se que os artistas se formam alhures, mas, por outro lado, há todo um conjunto de artes que a escola se gaba de ensinar: as artes da linguagem. Ela encarrega, pois, excelentes mestres de uma tal tarefa, cuja formação pessoal consiste em saber tudo o que se pode saber da arte da escrita sem, contudo, possuir essa arte. Assim se forma a imensa maioria de futuros filisteus, herdeiros espirituais de seus mestres, que falam e julgam a poesia sem serem poetas e que, se críticos de ofício, ensinam os dramaturgos a escrever peças que eles próprios não perdoariam. O filistinismo transcendental, nessas circunstâncias, se torna filistinismo organizado.

Uma possível resposta à nossa observação seria que o ensino da arte nas escolas não pretende produzir artistas, mas formar um público capaz de compreendê-los. Daí, mesmo em colégios e universidades que se interessam por tais problemas, o cuidado de organizar cursos de apreciação – ou degustação – artística. O melhor é não dizer palavra sobre tais cursos, pois podemos ser injustos com as exceções, tanto mais preciosas quanto mais excepcionais. Pode-se, porém, recear que esses professores, que raramente são artistas genuínos, não se contentem com propagar à sua volta os erros sobre os fins, os meios e a natureza das belas-artes. A situação é, pois, nesse caso, puro embaraço. Certa feita, o bom Eckermann disse a Goethe que o que mais admirava na poesia francesa era que "mesmo traduzida em prosa", ela conservava as suas qualidades essenciais. Ele apreciava, pois, essa poesia por aquilo mesmo que a fazia prosa, impedindo-a de ser poesia. Esse homem excelente falava, contudo, da arte, e apreciava-lhe as obras incondicionalmente. Mas o que dizer do próprio Goethe? Confiar-lhe-íamos uma classe para ensinar a apreciar as obras de arte? Não música, certamente, pois dela nada entendia, e era consciente disso. Pintura também não, pois ele acreditava entender do assunto e discorria longamente sobre ele, mas pensava que nada, em artes plásticas, é mais importante que o tema, e que todo talento é vão se o tema não vale uma figa. Mas como julgar a qualidade de um tema independentemente do talento que o aborda? Não é o talento, por sua vez, que justifica o tema? Goethe era de opinião contrária justamente por ignorar a essência da pintura, cujo mérito, para ele, estava todo na aptidão para representar um tema o mais fielmente possível.

Não há lugar algum, portanto, onde a arte possa ser ensinada? E não há ninguém que o possa fazer? Sim, há, e os únicos lugares onde os grandes artistas se formaram foram sempre os ateliês. E os únicos mestres sob cuja tutela os artistas dignos desse nome se formaram foram os chefes do ateliê, eles mesmos também artistas. Convém ainda esclarecer o que seja um tal ensino, pois Aristóteles lhe recusaria esse título. A bem da verdade, trata-se de aprendizagem. O mestre não faz mais que constituir um grupo e iniciar os aprendizes no trabalho. Não se excluem princípios e normas, mas eles se aprendem quando se aplicam, e se se quiser que essa aprendizagem seja uma ciência, será certamente uma "ciência obreira", como dizia um pintor contemporâneo, ou bem, no sentido pleno e profundo da expressão, um *savoir faire*, que se adquire apenas quando se faz. Quanto ao talento, constata-se ou não a sua presença, mas não é raro reconhecê-la na facilidade com que o aprendiz se torna um mestre nas técnicas da sua arte. O gênio, por sua vez, como o Espírito, "sopra onde quer", e além disso é raro, mas a finalidade do ensino não é (nem poderia ser) fazê-lo nascer. Já é muito que o não sufoque e lhe coloque à disposição o tesouro acumulado de técnicas adquiridas, para que faça delas o que bem entender. O essencial é respeitar desde a primeira iniciação o primado do fazer sobre o conhecer que caracteriza a própria arte. Uma classe de desenho ou de solfejo ensina infinitamente mais às crianças sobre pintura ou música do que visitas a museus e livros e mais livros, ilustrados ou não, de história ou filosofia da arte. As notas que a criança tateia na gaita, por mais hesitantes que sejam, ainda é música; a despeito do seu enorme interesse, *Beethoven e seus Três Estilos*, de W. von Lenz, é tudo, mas música não é. A gaita canta, o livro não.

À falta de poder fazer todo o bem que gostaríamos, seria inteligente ao menos evitar o mal, o que se pode obter de si mesmo, se não dos outros, respeitando escrupulosamente a essência da arte em geral e a de cada arte em particular, não só na teoria, o que já não é fácil, mas também na prática. Quando grandes artistas se dignam a nos fazer uma ou outra confidência, percebemos que eles próprios se sentem propensos à modéstia e ao respeito dos limites da especificidade das artes. O próprio Goethe, que ingenuamente nos confessou não haver nada mais importante em arte do que os temas, aos 3 de novembro de 1827 o ilustrou a Eckermann de modo particularmente interessante. Pois desta feita Goethe não falou de pintura, mas de poesia, assunto do qual convém supor que entendesse muito bem, e o falou para censurar os pintores do tempo por se haverem enganado sobre o tema de sua balada *Der Fischer*. Em vão procuraríamos em Goethe uma forma mais perfeita que a dessa balada, e bem compreendemos, pois, que pintores se tenham interessado nela. Tal como eles a liam, a balada de Goethe contava uma história, o que faz toda balada, e tal como compreendiam a pintura, o objetivo principal de um quadro era representar algum momento crítico de uma história; esses pintores não podiam, pois, ler o poeta sem imaginar esta mulher que surge da água diante do pescador e o seduz para a morte:

> *Aus dem bewegten Wasser rauscht*
> *Ein feuchtes Weib hervor.*
>
> [E sai da agitação do mar
> Uma donzela a escorrer.][2]

---

[2] Johann Wolfgang von Goethe, *Obras Escolhidas de Goethe* - Poesia. Trad. João Barrento. Lisboa, Círculo de Leitores, 1993.

Tratava-se de uma tentação irresistível, pois eles sabiam pintar um riacho, um pescador, e mesmo, se preciso fosse, uma mulher encharcada falando ao pescador. O quadro estava pronto, e o seu sentido seria claro graças à referência à balada de um poeta ilustre, porque em ambos os casos o tema seria o mesmo. O que Goethe, porém, pensava a respeito? Nada de bom, pois, se não estava certo do papel do tema em pintura, sabia muito bem o que significava em poesia. O erro dos pintores que ilustraram o seu poema fora conceder muito espaço àquela mulher, cuja importância, a despeito do papel que representa, é praticamente nula. Mas o que pintar, então? Nada. "Eles pintam minha balada sem se dar conta de que absolutamente não se presta à pintura. O que se exprime nela não é nada senão a sensação da água, essa graça que, no verão, convida-nos ao banho. Não há nada além disso no poema, e como, pois, o poderiam pintar?" Isso é impossível, com efeito, e esse mesmo tema só se pode tornar poesia encarnando-se em palavras dissimuladas, traiçoeiras, "poéticas". Era preciso dizer ao bravo Eckermann alguma coisa que pudesse compreender, mas o murmúrio da água fresca não convidava Goethe a um prosaico banho, senão ao feliz abandono de si pelo qual um eu nostálgico aspira a se desfazer, fundindo-se com a natureza:

> *Sie sprach zu ihm, sie sang zu ihm;*
> *Da war's um ihn geschehn;*
> *Halb zog sie ihn, halb sank er hin*
> *Und ward nicht mehr gesehn.*

> [E ela falou, e ela cantou,
> Ele não resistiu:
> Atrai-o ela, ele se afundou,
> E ninguém mais o viu.][3]

Alguns momentos na companhia de Goethe nos instruem mais sobre a essência da arte que muitos cursos e muitos livros. Mas nem ele nos conduz de uma vez até o fim, pois o verdadeiro tema de que fala o poeta não é a emoção germinal de que brotou, é o próprio poema. A reflexão chega aqui ao termo da

---

[3] Ibidem.

ontologia da arte. O fato de retornar por onde veio bem o indica. É assim que se dá em metafísica, porque ela se move toda no interior do ser que, se justificar não se pode, convém aceitar. De qualquer forma que o aborde, o pensamento, ao fim e ao cabo, deixa o homem e o mistério face a face. Isso não é, porém, tempo perdido, pois assim como o ser, a mais sublime maneira de conhecer a arte é saber que a não conhecemos.

APÊNDICE

Uma antologia do filistinismo

A palavra "filistinismo" tem um sentido nitidamente pejorativo que não se pode eliminar, assim como "câncer", "lepra" e outras do gênero, mas cuja conotação de reproche moral ou intelectual, por sua vez, se pode ao menos deixar de lado. Somos tão responsáveis pelo filistinismo que temos quanto por uma doença congênita. É verdade que alguns têm um filistinismo agressivo, mas a doença raramente nos torna agradáveis. De resto, todos somos filisteus em algum lugar, e, naturalmente, é-nos difícil de saber que lugar é esse. A vivacidade de nossas reações negativas contra certas formas de arte e a violenta intransigência com que condenamos em vez de simplesmente ignorar são da própria essência do filistinismo. Esse povo, os filisteus, eram de direito os donos de um país do qual se quis expulsá-los; como ele, nós também nos achamos no direito de usufruir de certas formas de beleza que um longo hábito nos tornou familiares; também como ele, nós pegamos em armas para expulsar o invasor, e ao fim e ao cabo somos derrotados, nunca, porém, aos nossos próprios olhos (ou apenas raramente), possuindo o eterno consolo de estimar a nossa raça indestrutível. Os filisteus jamais serão exterminados.

Nosso desígnio é, pois, bem diferente do de Robert Schumann ao fundar a liga dos Davidsbündler. Ele exortava seus companheiros a destruir aqueles que considerava os inimigos da arte; nós, porém, propomo-nos simplesmente a descobrir o filisteu em nós mesmos, o filisteu que trazemos dentro de nós. Não basta saber-se doente para sarar. É até possível que nos saibamos doentes incuráveis, mas o saber ensina a modéstia, e pode inclusive nos dar a certeza de que em algum lugar do mundo há um certo gênero de beleza do qual estamos excluídos, ou bem por natureza, ou bem pelo efeito de hábitos e preconceitos inveterados. Ainda que a não consigamos enxergar, já é alguma coisa saber que a beleza está onde está.

Dissemos, e agora o repetimos, que o filistinismo consiste essencialmente em não ver a beleza artística lá onde está, e em vê-la onde não está. Existe, pois, uma infinidade de filistinismos possíveis, desde o do artista de gênio cujo próprio gênio cega para as artes que não a sua, até o do simples amante da arte, ou que acredita sê-lo, o qual procura os seus prazeres em tudo o que as obras comportam de significação inteligível, de ensinamento moral, patriótico, social ou religioso, de beleza natural, de utilidade prática ou de valor pedagógico – numa palavra, em tudo o que, nelas, não é beleza criada pelo artista e as faz serem o que são.

A única utilidade prática da filosofia da arte é situar exatamente o objeto da apreensão estética. A única justificação de uma antologia do filistinismo é confirmar as conclusões da filosofia da arte colocando o dedo, por assim dizer, na própria natureza dos erros a que nenhum de nós é imune, mas que vemos melhor nos outros que em nós mesmos. Recolhidos ao sabor das circunstâncias, sem intenção nem plano, os exemplos que seguem pareceram assumir um valor representativo que os pode tornar úteis. A única regra que levamos em consideração ao recolhê-los foi admitir apenas e tão somente os erros aparentemente de boa origem. O filistinismo dito nobre é o único que interessa à reflexão filosófica; se o filisteu calha de ser grande artista, tanto melhor, pois o seu exemplo ensina quando menos que não é jamais na posição de artista que ele é um filisteu.

Nessa galeria de filistinismos, os modelos falarão por si mesmos. Num ou noutro caso, a sutileza do problema ensejou um comentário da parte do compilador. O leitor perceberá que esse comentário permite surpreender quem comenta em flagrante delito de filistinismo. O leitor é, pois, convidado a situar ele próprio a causa dos erros acerca do objeto da arte em cada um dos casos aqui submetidos ao seu julgamento. Os títulos apenas indicam caminhos e sugerem orientações. O mais interessante seria que, depois de refletir, o crítico não encontrasse nenhum traço de filistinismo nos exemplos que considerou. Ter-se-ia então de concluir simplesmente pelo filistinismo de quem os compilou. O autor se conhece suficientemente para considerar tal hipótese sem surpresa nem inquietação, pois a verdade da sua filosofia da arte é independente dos erros da sua inclinação. Se ousasse citar como exemplo as suas próprias limitações, ele ficaria antes orgulhoso de se encontrar em companhia de filisteus tão distintos.

I. O filósofo

Os filósofos vão às vezes a algum espetáculo de balé, ainda que apenas para se distraírem da filosofia, à qual é preciso saber dar uma folga. Mas ela se recusa a folgar e acompanha o filósofo ao espetáculo. Se ele não se colocar a questão enquanto assiste à apresentação, ela sem dúvida se colocará por si mesma um pouco mais tarde: o que é a dança? Não se trata de uma questão que nos seja própria. Nós nos perguntamos somente que tipo de reflexão essa arte pode sugerir a um filósofo, e encontraremos um excelente exemplo em *The Dynamic Image: Some Philosophical Reflections on Dance*, de Suzanne K. Langer, a autora de *Philosophy in a New Key* e *Problems of Art*. Nada do que diz respeito à estética lhe é estrangeiro.

Admitindo que possamos falar de modo legítimo de "criação artística", concordaremos sem dúvida ser dança aquilo que os dançarinos criam, mas o que é isso que criam? Não os materiais da dança, certamente, isto é, os seus corpos, os trajes, o palco, a gravidade, nem qualquer das condições físicas necessárias para que a dança exista. Se, pois, os dançarinos criam algo ao criar a dança, convém que acrescentem alguma coisa às condições físicas já enumeradas. Depois de colocar o problema nesses termos, como verdadeiro filósofo, nosso autor se vê forçado a concluir que, se não é algo físico (mas é criável), "a dança deve ser uma aparência, ou bem uma aparição".

O raciocínio está correto, mas a conclusão não pode valer mais do que as premissas, e não se vê por que os dançarinos não poderiam criar nada de material. O que não poderiam criar é a matéria da sua arte, mas daí não se segue que aquilo que criam, isto é, a própria dança, não seja material. Se não a encontram já feita e pronta, se a sua arte parte de um nada de dança para fazer com que a dança exista, ao dançar eles acrescentam à natureza alguma coisa que sem eles não existiria. O fato de que os seus elementos sejam materiais não faz com que a dança preexista ao dançarino na natureza, não impede que ela seja uma criação.

É curioso que um filósofo tão perspicaz não tenha pensado nisso. Um dos exemplos citados dever-lhe-ia sugerir a resposta correta a esse problema. O dançarino tem o corpo e a mobilidade à sua disposição, assim como o cozinheiro tem ovos e farinha para o bolo, ou o costureiro lã e fios para as meias. Não obstante, nossas mães e tias e avós não "criam" exatamente o bolo, mas, quando se trata de obras de arte, o termo "criação" se emprega, por sua vez, de maneira muito exata. A observação procede, mas os fatos enumerados nos mostram a razão dessas nuances de linguagem. A palavra "criação" sugere ordinariamente a noção de novidade. A mãe de família não cria bolo nenhum seguindo pela centésima vez uma receita tradicional, o industrial não cria nada ao produzir seu milionésimo par de meias: mas o inventor da máquina de costura e o chefe de cozinha que inventa uma nova sobremesa fizeram, sim, sem dúvida, uma criação. É essa a diferença entre "criação" de um balé e sua centésima apresentação. A dança, pois, não difere da culinária ou das artes industriais por sua imaterialidade, de vez que é produzida pelo dançarino que dispõe do seu corpo como um músico do instrumento. Por meio do movimento, a sua arte e a sua vontade fazem brotar a dança do nada, e nele a mergulham de novo apagando o precedente por um novo movimento. A dança se cria materialmente como a música ou qualquer outra arte. Só pode duvidar disso quem nunca viu um dançarino no palco. Mas o filósofo duvida porque tende a fazer da arte um qualquer gênero de conhecimento, ou de símbolo, ou qualquer coisa menos a produção de uma única realidade concreta que existe por meio da atividade do artista.

Sigamos, porém, as meditações de um espírito filosófico, e procuremos definir a dança. O filósofo é um intelectual – é, pois, um homem do saber e da palavra, para quem tudo o que existe porta uma mensagem qualquer. Para ele, compreender o que uma coisa significa é compreender o que ela é. No caso da dança, o filósofo não lhe encontrará o sentido, pois, nos passos, saltos e piruetas considerados na sua materialidade. Os movimentos dos seus braços e pernas não é o que interessa ao espectador; o que lhe interessa é a *imagem dinâmica* que esses movimentos criam, sejam individuais ou coletivos, e que tanto mais completamente se distingue deles quanto mais a dança é perfeita. O grande dançarino, dançarina ou a companhia de balé perfeitamente ordenada fazem-nos esquecer todo o trabalho muscular, todo o esforço corporal necessário para produzir a dança, e sob os nossos olhos só resta uma única imagem em movimento, que é a própria dança. Não se trata de uma ilusão, pois todos esses elementos existem, mas dança em si só existe virtualmente, nesse sentido em que, como imagem, requer uma sensibilidade em que se forma e que a apreende. Imagem dinâmica, a dança é também, pois, uma realidade virtual, *a virtual entity*.

Mas essa entidade virtual é imagem de quê? Não de movimentos reais, que como tais nos não interessam, mas daquilo por que a dança se cria. O seu objeto, a sua razão de ser, é comunicar-nos o sentimento de que está carregada. "Nem todos os dançarinos experimentam necessariamente esse sentimento, particular ou coletivamente considerados. Ele pertence à própria dança. Uma dança, assim como qualquer obra de arte, é uma forma perceptível que exprime a natureza do sentimento humano, isto é, seus ritmos e conexões, suas crises e rupturas, a complexidade, enfim, do que chamamos de 'vida interior' de um homem, sua experiência corrente, direta, a vida tal como a sente quem vive."

Essa não é toda a verdade, pois nossos sentimentos são o que são, e não temos vontade nenhuma de assistir a gesticulações e saltos que os tentam exprimir. O que a dança exprime é antes uma "ideia"; é a ideia da maneira como os sentimentos, as emoções e todas as outras experiências subjetivas vão e vêm: o seu nascimento e crescimento, a sua síntese complicada que confere à nossa vida interior a sua unidade e identidade pessoais. O que chamamos de "vida interior" de uma pessoa é a história interior da sua própria história, é a impressão que a vida lhe causa.

Tudo então está quase tão claro quanto pode ser, e há sem dúvida muita verdade no que diz o nosso filósofo. Salvo erro de interpretação, essa visão da dança conduz a concebê-la como análoga à música, cujo material está lá apenas em vista da virtual imagem sonora que pode produzir em ouvidos dispostos a percebê-la, mas isso equivale a substituir a filosofia da arte pela estética, pois a dança só se considera aqui do ponto de vista do espectador e como meio de comunicação entre ele e o coreógrafo. Assim considerada, a dança exprime alguma coisa; como as outras artes, exprime a sua mensagem, não por meio da linguagem reservada à comunicação de conhecimentos, mas por símbolos capazes de apresentar aos espectadores a natureza e as formas da vida sensível e sentimental. Nosso filósofo atribui a maior importância à noção de símbolo, que lhe permite unificar os campos até então distintos da arte e do conhecimento. Com efeito, o que a linguagem é para o pensamento, é o símbolo para o sentimento: "As obras de arte são, pois, formas expressivas, e exprimem a natureza do sentimento humano". É nesse sentido, evidentemente, que convém entender estoutra fórmula do mesmo filósofo: "Qual é o objeto da obra de arte, da dança, da imagem dinâmica virtual? É exprimir as ideias do seu criador sobre a vida imediata, que emociona e comove. É exprimir diretamente o que é *sentir*".

Até que enfim chegamos ao ponto! Eis o que nos resta da dança quando um filósofo a contempla da sua poltrona. Todo o seu inoportuno material é colocado entre parênteses para deixar em plena vista a ideia do coreógrafo (que não dança) a respeito da vida das emoções e das paixões, tal como ela se *objetiva* na imagem dinâmica virtual causada pela evolução dos bailarinos sobre o palco. Quando pensamos que essas considerações foram publicadas pela primeira vez na revista *Dance Observer* (XXIII, 6, julho de 1956), e destinadas a um público de artistas "intelectualmente bem-dotados", surpreendemo-nos a nós mesmos em divagações. Isso talvez desculpe a liberdade com que os discutimos, pois, conquanto intelectualmente bem-dotados — como, aliás, todo verdadeiro artista —, os dançarinos sabem que não se dança com o intelecto, mas com as pernas. O que acontece, porém, é que os artistas costumam deixar-se impressionar pelo que um filósofo diz. Mesmo quando se trata de arte, da qual têm um conhecimento direto, íntimo e vivido, os artistas esperam dóceis pelas luzes de um homem que fala do assunto por ouvir dizer e que, à sua maneira, é também um profissional. O artista crê que o filósofo lhe falará de arte, quando só de filosofia lhe falará. Talvez nós filósofos devêssemos pensar na desordem que nossos discursos, amiúde irrefletidos, podem criar no espírito dos outros. Os artistas têm uma sadia reação de defesa que consiste em não reconhecer no que dizemos nada daquilo que eles próprios chamam de arte, e simplesmente fechar os seus ouvidos.

Ora, são eles que estão com a razão. O dançarino sem fôlego, a "linha" que volta em boa ordem, mas ofegante, aos bastidores de Radio City depois de vinte minutos de "precisão", sabem muito bem que a dança não é uma imagem dinâmica virtual, mas antes a sequência de esforços musculares e intelectuais coordenados, necessária para produzi-la. Não é inútil que, enquanto alguns filósofos os desconcertam e inquietam, outros se esforcem por assegurá-los do que já sabem. O dançarino tem muito menos chances de se enganar a respeito da dança que o filósofo. Se ele pensa que a sua arte consiste em realizar com aparente facilidade movimentos ordenados de tal sorte que o seu conjunto agrade a quem os vê, reconforte-o o pensamento de que ao menos alguns espíritos meditativos estão de acordo com ele. Posto isso, tudo o que puder encorajá-lo ao estudo e prática de uma arte assim tão difícil se justifica por essa mesma ajuda que lhe venha a conceder. O coreógrafo é livre para pensar que o seu balé exprime uma ideia da vida, conquanto que essa ideia seja antes a dos movimentos que a sua partitura coreográfica prevê e prescreve em vista do "espetáculo"; o dançarino também é livre para imaginar que as belas posturas e belos movimentos do seu belo corpo bem treinado revelam o segredo do mundo; tudo o que puder ajudá-lo a dançar perfeitamente se justifica por isso mesmo, mas a sua inteligência e, se o tiver, o seu gênio estão também nos membros do seu corpo; o espectador, enfim, sendo humano, tem toda a liberdade de imaginar, de divagar com o que vê, e, se nem dançarinos nem espetáculo lhe interessarem, de achar em tudo isso um sentido inteligível: caso fixe, porém, a imaginação na estrutura do cenário, que não é dança senão um pretexto para a dança, ou se perca em elucubrações metafísicas inventadas de graça para aumentar a estatura de uma arte pouco dada à abstração conceitual, suas divagações não terão qualquer relação necessária com essas coisas em si tão precisas quanto passos, saltos e arabescos que os dançarinos vão riscando no tempo e no espaço. E as emoções, ora bolas? A dança não exprime nem tampouco simboliza emoções: ela as causa. Não é necessário que o dançarino esteja desesperado para produzir em mim qualquer emoção semelhante ao desespero; muito pelo contrário, mais vale que esteja de cabeça fresca para conduzir e controlar os seus movimentos, pois, desde que saiba movimentar o seu corpo com beleza e produzir em mim, como que pelo contágio dos seus movimentos, uma sensível impressão de tristeza, pouco importa o que ele mesmo sinta. Somente o seu dever de emocionar justifica-lhe o direito de emocionar-se – desde que essa emoção possa ajudá-lo, evidentemente. Mas Diderot já falou tudo a respeito do assunto no seu *Paradoxe sur le Comédien*.

II. O moralista

Ninguém é filisteu por respeitar a moral, nem tampouco por exigir que o artista e sua obra também a respeitem. O filistinismo do moralista começa quando a sua observância pessoal da moralidade o cega para as belezas da obra da arte como tal. Em vez de dizer, como bem convinha, que algo é belo em si mesmo, mas lhe desagrada porque ofende a moral, o moralista simplesmente nega que isso seja belo pela simples razão de que a ofende. No entanto, dizia Santo Agostinho, encontramos a beleza do número em toda a parte, até nas ações do pecado. Ouçamos o incorruptível Edmond Schérer nos seus *Études de Litterature Contemporaine*, volume IV, capítulo 20, sobre Baudelaire. Depois de explicar que o romantismo de Victor Hugo, malgrado alguns defeitos, fora uma reação necessária à anemia do academicismo, sentencia:

"Os vícios se acentuam com a idade. Os imitadores imitam apenas os defeitos do modelo. O romantismo teve uma segunda época, na qual exagerou precisamente esse traço que acabamos de assinalar. Aos artistas sucederam os ornamentistas: e à forma pela beleza a forma pela forma. Ela já transbordava do fundo, quem sabe; então o oprimiu, o suprimiu, e tomou o seu lugar. De adjetivo ela passa a substantivo. Deu-se importância capital ao artisticamente secundário. Sacrificou-se tudo ao pitoresco. Não se falou mais ao espírito, mas aos olhos. Atentou-se nos refinamentos, e a glória era vencer as dificuldades. A rima se enriqueceu às expensas do sentido. Correram terra e mar à procura de palavras novas, de palavras raras. Classificaram os escritores de acordo com a riqueza do seu vocabulário. O estilo teve o seu *chic* e o seu *ragout*. E ao passar do ateliê dos mestres ao dos artífices inimitáveis, tem-se a impressão de sair de um antiquário e entrar numa feira de curiosidades.

Mas não se pode parar quando se desce a ladeira. Esta segunda escola devia, pois, levar a uma terceira. Courbet produziu Manet! Uma vez que, em arte, se procura a sensação, quer-se a sensação a todo o custo. Depois do belo, o feio; depois da forma, o disforme. Se não podemos mais encantar, vamos fazer tremer; se não podemos mais seduzir, vamos torturar. Como bêbados que, contra a queimação do estômago, tomassem uns tragos de aguardente; como um Marquês de Sade que temperasse a luxúria com uma pitada de crueldade. E não há razão para que isso acabe. Depois de esgotar o terrível, chegamos ao repugnante. Pintam-se coisas imundas. Insistimos nelas, nelas chafurdamos. Mas essa podridão, por sua vez, apodrece; essa decomposição decompõe-se em algo ainda mais fétido, até que, ao fim e ao cabo, só reste um não sei quê que língua nenhuma consegue nomear. Eis aí Baudelaire.

Ao ouvir

Les charmes de l'horreur n'enivrent que les forts!

[Os encantos do horror só inebriam os fortes.]

lembro que um amigo não se pôde furtar de murmurar entre os dentes:

Les charmes du fumier n'enivrent que les porcs!

[Os encantos do esterco só inebriam os porcos.]

E ele tinha razão. Nesse domínio da sensação a qualquer preço, tudo tem o mesmo valor: não há belo nem feio, verdadeiro nem falso, puro nem impuro: é só a pinça a cutucar o nervo, e o animal satisfeito por esse despertar da sua animalidade."

E na mesma obra, volume VIII, acerca de Baudelaire e sua "escola", p. 86-87, 89-90:

"O burburinho em torno do nome de Baudelaire, o timbre, dir-se-ia, sacramental com que o seu nome hoje soa, parecem-me uma destas mistificações próximas do embuste e do ilusionismo. Há escritores que possuem certos dons sem que por isso sejam artistas, que têm este ou aquele talento, mas não chegam a constituir uma obra; Baudelaire, por exemplo, não tem nada: nem coração, nem espírito, nem ideia, nem palavra, nem razão, nem fantasia, nem verve, nem sequer perícia técnica. Ele é grotescamente impotente. O seu único mérito é haver contribuído para criar uma estética do deboche, o poema do *locus malus*.

(...) Não há reputação mais superestimada, eu repito, que a de *As Flores do Mal*. A despeito da completa ausência, nela, de ideia e de sentimento, de verve e de inspiração, a obra nem sequer apresenta o virtuosismo técnico de um Théophile Gautier. É uma batida penosa e fatigante, é uma falsa reunião de estrofes que beira o burlesco, com expressões cuja impropriedade se assemelha à paródia. A imagem nunca é justa, nunca é bela. A noite se torna em tabique, o céu em tampa. Há passagens com um tom de aposta; nosso ridículo não seria maior se a aceitássemos. O único mérito de Baudelaire, e sua única força, é a coragem que demonstra no vício. Mas precisamente aí parece que há um feitiço; os esquimós, por exemplo, só gostam de peixe podre."

A fórmula definitiva, porém, encontra-se no volume IV dos mesmos *Études de Litterature Contemporaine*, p. 221: "O fato é que Baudelaire não era artista nem poeta. Faltava-lhe tanto espírito quanto alma, tanto seiva quanto gosto. Nenhuma genialidade. Nada de sincero, de simples, de humano. Crendo-se fortíssimo porque era corrompidíssimo, mas, no fundo, um mero filisteu".

Poderíamos citar outros exemplos do moralismo estético de Edmond Schérer, mas o mais importante, depois de notar a desembaraçada desenvoltura com que um crítico prosador pode executar um poeta, é reafirmar que um homem culpável de filistinismo (todos nós o somos) não se pode definir como um puro e simples filisteu. Deve-se notar que esse mesmo Schérer foi um dos primeiros a falar de "poesia pura"; fê-lo numa passagem que nos permitimos reproduzir, pois, a despeito das aporias em que se enreda, ele se recusa a fazer uma ideia muito simplista de um crítico, como ele, infelizmente muito seguro de si no trato com obras de que não entendia absolutamente nada. Ei-la (Op. cit., p. 30-31):

"Os franceses, no século XVIII, perguntavam-se se um alemão podia ter algum espírito; os alemães, por seu turno, se um francês podia compreender a poesia. Quando Madame de Staël foi a Weimar, em 1804, Schiller, que conversara com ela, e que fazia justiça aos seus talentos, exprimiu-se nos seguintes termos sobre o encontro: 'O sentido poético, tal como o compreendemos, falta-lhe por completo; de modo que só se pode apropriar, nas obras desse gênero, do lado apaixonado, oratório e superficial'. A sentença é digna de atenção. Nós, os franceses, fomos levados a confundir a poesia com a eloquência. Nosso gênio prático, que sempre tende a um certo fim, põe de bom grado a imaginação a serviço de uma causa, a inclui entre os expedientes da persuasão, e não compreende absolutamente nada do jogo da fantasia. Somos mais oradores do que poetas, e nossa mesma poesia é oratória. Ou, antes, o era, pois nos recuperamos desse defeito. O romantismo, entre nós, devolveu a cidadania à imaginação, antes banida. Fez-nos conhecer uma poesia imaginativa, a verdadeira poesia, a poesia propriamente dita. Desembaraçou-nos de arrazoar o razoável, algo incompatível com a inspiração artística. Fez-nos gostar do jogo, do capricho, da palavra pitoresca, do adjetivo brilhante – de tal modo que nos levou a poesia ao ponto em que, já poesia pura, deixa de existir para o espírito e se dirige somente para os olhos e os ouvidos, algo como a pintura isolada do desenho e da composição. Pois a poesia, que consiste essencialmente na expressão, está por isso mesmo condenada a exprimir alguma coisa. Necessita de um tema, de um conteúdo. Toda poesia é lírica e traduz um sentimento, ou é épica e conta um fato. O drama é a mistura desses dois elementos, relato e paixão. Quanto à poesia descritiva, não se trata de um gênero à parte: a essência da poesia é descrever, mas quando se limita a descrever, anula-se." O artigo é de junho de 1868. Falar de "poesia pura" nessa data era mérito certeiro: mesmo que fosse para condená-la.

III. *O escritor*

É grande o amor que ele tem pela arte, da qual fala com uma sensibilidade e com uma justeza amiúde admiráveis, e escreve com uma eloquência rica em fórmulas tão tocantes que acabam por seduzir. O leitor, porém, fascinado por um instante, se recompõe e começa a duvidar. O que diz o escritor?

Que antes de o século XIX inventar os museus, um crucifixo não era bem uma escultura, "a Madona de Duccio não era bem um quadro, e nem mesmo a *Palas Atena* de Fídias era uma estátua". Essa ideia seduz, mas é difícil acreditar nela. Há pelo menos um homem para quem uma estátua sempre foi uma estátua, e um quadro, um quadro: a saber, o escultor e o pintor. Ignoramos o que Fídias pensava a respeito da deusa Palas. Talvez fosse animado de uma intensa devoção aos deuses do panteão grego, mas não podia confundir os seus sentimentos pela deusa com o problema de esculpir a sua estátua. Uma tal visão das obras de arte simplesmente negligencia o fato de que cada uma delas, em qualquer época que seja, foi desde logo a obra de um artista e um produto da sua arte.

Nem sequer é verdade que hajamos esperado o século XIX para reconhecer uma estátua em Palas ou em Júpiter. Sempre soubemos que se tratava de estátuas, como as que os generais romanos pilharam da Grécia num sentimento sem qualquer relação com a devoção ou a piedade. Todas aquelas virgens, todos aqueles efebos atletas, guerreiros e convivas em torno de taças de vinho ornando os vasos gregos, figuras que até hoje povoam os museus, eram objetos agradáveis de ver e de tocar aos olhos e às mãos de quem os compraram, cuja mera posse agradava por si mesma, sem referência a nenhuma divindade. É verdade que nesses tempos longínquos os escritores ainda não se haviam apossado da arte como um domínio que lhes estivesse reservado – com exceção, é claro, da própria arte da palavra. A *Epístola aos Pisões*, de Horácio, por exemplo, precedendo de muito as poéticas inglesas e francesas do século XVII, nada deve ao século XIX. Falando como simples espectadores ou leitores, Platão considera as estátuas como coisas feitas ou por fazer, e Aristóteles consagra toda a sua *Poética* ao estudo das obras teatrais consideradas precisamente como obras, sem, de resto, deixar de mencionar as artes plásticas. Para ele, com efeito, absolutamente não se tratava de religião, mas de imitação. E frequentemente o era. Quer hajam imitado ou imaginado os seus modelos, admiramos nos artistas romanos que os seus bustos de César, Bruto, Catão e, menos nobre que eles, Pompeu correspondam tão bem ao que nós mesmos sabemos dessas personagens, do seu caráter e da sua vida. Até a Idade Média não há filósofo nem teólogo, soberanamente indiferente ao que hoje denominamos de filosofia da arte, que não se tenha visivelmente regalado em esculpir pelo simples prazer de o fazer – segundo o testemunho das muitas estatuetas, relevos, estalas e mesmo túmulos cheios de obras que causam a nossa admiração, e que certamente foram consideradas por seus primeiros espectadores como aquilo que eram. Imensa e (ao que parece) vã, porém, é a experiência que se inscreve contra tal simplificação. O medievo foi, evidentemente, um tempo em que ninguém podia mais tomar uma estátua de Palas por um objeto religioso; no entanto, em pleno século XII, o bispo-poeta Hildebert de Lavardin observava abertamente que os homens tornaram os deuses mais belos do que eles jamais se poderiam tornar por si mesmos, e que, se admiramos as suas estátuas, é mercê da habilidade dos escultores, não da sua divindade; a inverossimilhança histórica é confirmada por muitos fatos – muitos e bem visíveis.

Tudo, porém, tem um sentido, e há certa realidade em toda e qualquer ilusão. Um romancista de talento, apaixonado pelas coisas da arte e impaciente para escrever sobre o assunto, volta-se naturalmente para esta forma moderna de epopeia que é a história. Não cremos mais em Júpiter; não gostamos mais de contar as suas cóleras, as suas brincadeiras; mas a *Odisseia*, a *Eneida* e a *Farsália* já eram obras de história. Thiers escreveu uma epopeia do Consulado e do Império, Taine a das *Origens da Revolução Francesa*, Michelet a epopeia da França. Ora, por que não escrever a da imensa aventura que, desde o seu fabuloso início nas cavernas de Lascaux e Altamira, conduziu a arte, progressivamente, ao ponto em que se encontra hoje, consciente da sua essência e dos seus fins, capaz de se pensar a si mesma e calculando as suas chances de futuro?

Essa empresa lhe parece tentadora, mas como se trata de um talento literário, ela supõe uma operação preliminar, que consiste em reunir a totalidade das obras de arte conhecidas, a despeito da sua data ou origem, diante dos olhos do escritor. Coisa impossível outrora, e mesmo recentemente, pois os maiores artistas da Grécia, da Itália e mesmo do início do século XIX viram muito poucas obras de arte (Delacroix nunca viu Roma, Florença ou Veneza). Hoje, contudo, escrever uma epopeia desse gênero entrou no domínio das possibilidades. Os museus efetuaram uma primeira recolha das obras de todos os tempos e lugares; agrupando-as segundo a sua origem, ressaltaram a unidade dos grupos, seus traços comuns – numa palavra, o seu estilo. Mas mesmo os museus ainda são limitados, distantes entre si e às vezes de difícil acesso. Por uma sorte incrível a fotografia e a tipografia colocaram à disposição do público uma montanha de obras, conhecidas ou ainda desconhecidas, acessíveis ou quase inacessíveis – embora Michelangelo não soubesse a centésima parte do que sabemos hoje sobre a escultura dos seus confrades escultores: observação que se aplica à sua própria escultura. *Moisés* e o *Penseroso* estão onde estão; é inútil deslocar toneladas de mármore para estudá-los; toda a obra de Michelangelo nos chega hoje em um ou dois volumes, incluindo o afresco da Capela Sistina, onde, aliás, o podemos estudar sem nos curvar ou forçar o olho através de uma vidraça para admirá-lo à vontade. Todas as obras e todos os estilos estão doravante à nossa disposição.

Isso é bem verdade, em certo sentido, inclusive da verdade que justifica a composição de uma epopeia da arte no mundo, ou sobre a terra. Como tal, um poema épico prescinde de justificativa, já que é uma obra de arte sem outro fim além de si mesma, sua beleza própria e o prazer que proporciona ao leitor que a lê e ao escritor que a escreve. Assim como todo autor de uma qualquer história universal, o autor de uma tal epopeia não inventa mais do que Homero e Virgílio inventaram, nem possui menos mérito. Ao lê-lo, os eruditos sacodem a cabeça e duvidam do que leem. Eles passaram tantos anos para aprender tão pouca coisa que se espantam com a possibilidade de saber tanto a um custo assim tão baixo – mas não têm voz nenhuma, de vez que o seu pouco de imaginação mal se move em estreitos limites; mesmo quando ousam falar do assunto, a arte não é obra sua. Aqui, porém, muito pelo contrário, trata-se de fazer arte com obras de arte, e o que sente a respeito justifica o autor no seu sentimento do direito de dispor estátuas e pinturas que ele mesmo não fez. Anexadas por ele à sua arte pessoal, passam a pertencer-lhe por completo.

Todo artista o compreenderá, e cometeríamos uma injustiça se nos queixássemos de ganhar tantos livros eloquentes, brilhantes, amiúde profundos e, de resto, admiravelmente ilustrados. A arte do autor ganha tudo (para nosso deleite), mas o que é das artes de que fala? Reduzidas à função ancilar de matéria de livro, todas são radicalmente reduzidas à literatura, ou seja, à linguagem, e como hoje em dia só se escreve em vista da impressão, essas artes sofrem o tratamento exigido para que se possam imprimir e conter em livros. Mas em que consiste esse tratamento?

Considerados no seu conjunto, pode-se dizer que os procedimentos a que a arte se submete para que se possa falar e escrever a seu respeito transformam-na em um objeto do conhecimento, isto é, intelectualizam-na. Tirando as estátuas das suas colunas, os afrescos das suas paredes ou tetos, as pesadas catedrais das fundações que as prendem no solo, a fotografia desmaterializou essas obras e, pois, intelectualizou-as. Armado, então, de um instrumento de que pode livremente dispor, o escritor domina sozinho o imenso campo da arte universal. As obras de arte que ele não fez, que seria incapaz de fazer e que em geral ignora como foram feitas estão-lhe agora nas mãos sob a forma de fotografias, pelo que se sente um mestre que delas possa dispor ao seu bel-prazer. Primeiro, em quantidade, pois "a história da arte, desde que, há cem anos, escapou das mãos dos especialistas, é *a* história do *que se pode fotografar*". Diante dessa atitude intelectual, não só a observação das obras no lugar onde estão (nos museus inclusive) deixa de ser necessária, como também se pode saber todo o essencial a seu respeito sem as ver nem ouvir. Depois, em qualidade, pois a necessidade de intelectualizá-las confere o direito de as tornar inteligíveis, comparáveis e, numa palavra, de lhes conferir certo "estilo" que as distingue e torna objetos de intelectualização propriamente ditos. Pois a obra é questão de gosto, mas seu estilo é objeto de conhecimento. A partir daí, não há tratamento a que a obra de arte não se possa legitimamente submeter no interesse da sua intelectualização e, finalmente, do livro. Diz-se-nos que a fotografia culmina a intelectualização da arte; reconhecemos então que ela costuma substituir "o prazer de admirar pelo de conhecer". Mas isso basta? Pois não é o próprio prazer de conhecer que ela elimina, já que o viajante deixará de voltar a Roma para rever o *Nascimento de Vênus* no museu das Termas justamente por causa das fotografias que eventualmente tenha? Em nível mais modesto, por que ele não sairá desse mesmo museu sem observar mais uma vez aquele busto romano de uma garota desconhecida, que certamente não é grande arte, mas cujo encanto não se esgota nas fotografias? Para observar um busto, há que andar à volta dele. Não se anda à volta de uma fotografia. É aí que está o fundo do problema. A partir do momento em que a fotografia substitui a estátua, deixa de haver estátua; fala-se, então, de algo diverso, essencialmente estranho ao domínio da arte, porque a fotografia de uma estátua não tem nada em comum, na sua realidade física, com a obra que estampa.

    Esse equívoco fundamental ressoa até mesmo na apresentação das sombras por que o poeta – ele mesmo outra sombra – substitui as obras reais. Há que ouvi-lo exultar na execução do seu desígnio. Ele pode fazer tudo o que quiser, pois, "como a reprodução não é a causa da nossa intelectualização da arte, mas o seu meio mais poderoso, as suas astúcias e vicissitudes acabam por servi-la". Assim, a intelectualização comanda a reprodução; aquela é o fim dessa, e dessa dispõe ao seu bel-prazer.

Com efeito, por que se afanar? O ângulo sob o qual se tira a fotografia de um sepulcro, a estudada iluminação que ressalta certos traços e joga outros na sombra – efeitos, em suma, que o escultor não quis e a que talvez detestasse submeter as suas obras, submete-lhas o todo-poderoso escritor dublê de fotógrafo. Mas o escritor não para por aí. Completamente inconsciente do liame vital que, na arte do artista, liga o estilo da obra à sua matéria, às suas dimensões, ao seu formato, aquele que deseja transformar as artes plásticas em matéria de escrita imolará despoticamente aos seus próprios fins todas as belezas reais que devem perecer para aparecer no seu livro. Observemos esses eleitos, como entram no paraíso que o escritor lhes destina: "Perderam a cor, a matéria, a escultura, algo do volume, o formato. Perderam quase o que tinham de específico. Mas em benefício do seu estilo comum". Não podendo esculpir com palavras, o escritor passou as estátuas no laminador da prensa. Ou seja, "essas miniaturas, esses afrescos, esses vitrais, essas tapeçarias, esses desenhos de vasos gregos, essas esculturas, enfim, se tornaram pranchas". Diante disso, segundo parece, as obras só perderam a sua "qualidade de objeto"; mas ao deixar de ser um objeto, a obra de arte deixa de existir; ela perde tudo e não ganha nada. Perdendo uma das suas três dimensões, a escultura não perdeu "algo do volume": perdeu o volume; fazendo malabarismo com formatos e dimensões até "perderem a sua escala", as obras não ficaram no "quase", senão, pura e simplesmente, perderam o que tinham de específico; todas essas mutilações, enfim, foram a seu pesar, porque o estilo comum que se lhes quer impor para seu benefício é uma visão abstrata da inteligência, boa na ordem que lhe é própria, é claro, mas estranha a esses seres particulares, individuais e únicos em sua substância que são os objetos feitos pelo artista, obras da sua arte.

Talvez não se possam evitar consequências desse gênero se se continuar a intelectualizar a arte para melhor servi-la. A arte é inteligente pelo simples fato de ser arte, mas suas obras são as de uma sensibilidade inteligente auxiliada por uma vontade eficaz de produzir beleza. E elas se dirigem a uma outra sensibilidade inteligente à qual proporcionam uma das suas felicidades temporais. Nada pode substituir esse dom do objeto que lhe constitui a substância. O estilo de uma medalha de Pisanello é um belo tema de aula, que não se confunde com conhecê-la como obra de arte – isto é, vê-la, pegá-la, sopesá-la, sentir-lhe o belo relevo na palma da mão.[1]

IV. O imaginoso

a. "Eu: E o que será dos nossos balés?

Dorval: A dança? A dança ainda espera por um homem de gênio; ela é ruim por toda a parte, porque malgrado supomos ser ela um tipo de imitação. A dança está para a pantomima como a poesia para a prosa, ou antes como prosódia para o canto. É uma pantomima medida.

Eu gostaria que me dissessem o que significam todas essas danças, como o minueto, o passa-pé, o rigodão, a alemã, a sarabanda, em que se segue um caminho traçado. Este homem se movimenta com infinita graça; não executa nenhum movimento em que se não percebam facilidade, doçura e nobreza: mas o que é que ele imita? Pois não se trata de saber cantar, mas de saber solfejar.

Uma dança é um poema. Esse poema deveria, pois, ter uma representação separada. É uma imitação por meio de movimentos, que supõe o concurso do poeta, do pintor, do músico e do mímico. Ela tem o seu assunto, que pode ser distribuído em atos ou em cenas, as quais podem ou não ter o seu recitativo e a sua arieta."

---

[1] N.B.: Eis os versos de Hildebert de Lavardin a que nos referimos:
Non potuit natura deos hoc ore creare
Quo miranda deum signa criavit homo
Potiusque coluntur artificum Studio
Quam deitate sua.
Ou seja: A natureza não pôde conceber os deuses com o aspecto das admiráveis estátuas que o homem criou e as quais são estimadas mais pelo trabalho dos artistas que pela sua divindade. Outro documento curioso é o guia de Roma do Mestre Gregório, o Inglês, *Narracio de Marabilibus urbi Romae*, Ed. G. Pathey, Berlim, 1869: a seção II é consagrada às estátuas de Roma. Nela, Gregório fala, entre outras coisas, de uma Vênus tão extraordinariamente viva que não pôde resistir a olhá-la várias e várias vezes.

b. "Eu: Bastaria um exemplo para esclarecer-me.

Dorval: Um exemplo? Oh, sim, imaginemos um exemplo. Sonhemos com um exemplo. Ei-lo.

Tema: Um camponês e uma camponesa voltam do campo, à noite. Encontram-se num bosque vizinho da sua aldeia, e se propõem a repetir uma dança que devem executar juntos no próximo domingo, sob o olmo.

Ato Primeiro

Cena 1: Seu primeiro movimento é de agradável surpresa. Testemunham-na com uma pantomima.

Aproximam-se, saúdam-se; o jovenzito propõe à moçoila que repitam o movimento; ela responde-lhe que é tarde, e, pois, teme que se zanguem com ela. Ele insiste, ela aceita; eles depõem seus instrumentos de trabalho no chão: começa o recitativo. Os passos *marchés* e a pantomima são o recitativo da dança. Eles repetem a dança, lembram o gesto e os passos; retomam, recomeçam; e fazem mais: se aceitam, se enganam, se irritam; eis um recitativo que pode ser interrompido por uma arieta de irritação. É a orquestra agora que deve falar, fazer discursos, imitar ações. O poeta ditou-lhe o que deve dizer; o compositor o escreveu; o pintor imaginou os quadros; cabe ao mímico dar os passos e executar os gestos. Donde facilmente se conclui que, se a dança não se escreve como um poema, se o poeta não fez o discurso como devia, se não soube inventar quadros agradáveis, se o bailarino não representa, tudo está perdido."[2]

In: Diderot, *Entretiens sur le Fils Naturel*, 3ème entretien.

V. O leitor

Ernst Hans Gombrich, diretor do Instituto Warburg da Universidade de Londres, onde ensina "a tradição clássica", autor de obras distintas sobre história e teoria da arte, é uma autoridade reconhecida com toda a justiça. Citemos,

---

[2] N.B.: O imaginoso não confunde a dança, como o faz o filósofo, com a "entidade virtual" de uma "imagem dinâmica", mas com o cenário de um balé.

em especial, sua última obra, *Art and Illusion*, onde encontraremos a substância das suas lições sobre o tema proferidas na National Gallery de Washington em 1956, na posição de A. W. Mellon Lecturer in Fine Arts. Um outro signo da sua alta notoriedade foi o convite que o *Saturday Evening Post* lhe fez recentemente para colaborar com a série de artigos que uma publicação assim tão justamente famosa publica sob o título de *Adventures of the Mind*.

Encontraremos a sua contribuição pessoal no número de 29 de julho de 1961, sob o já significativo título de *How to Read a Painting*. Nada mais instrutivo que o comportamento desse grande erudito, cuja vida está inteiramente consagrada às coisas da arte, em presença do problema – simples (em tese) para um homem como ele – de interpretar o sentido de um quadro. Ele certamente não ignora, façamos-lhe justiça, que "os artistas sempre foram poetas, ciosos de realizar um belo equilíbrio de formas e cores, e conceber a sua parte na superfície por pintar de um modo agradável de ver". Com isso, ao que parece, pode-se responder à questão. O ilustre erudito acaba de responder-lhe: é preciso olhar um quadro como um conjunto de formas e cores distribuídas sobre uma superfície pintada de maneira a agradar aos olhos. Se sentirmos esse prazer ao olhar o quadro, tê-lo-emos compreendido.

Mas isso, sem dúvida, seria ainda muito simples. Como todos os homens de sua geração, E. H. Gombrich sofreu o impacto do cubismo. Nenhuma outra geração terá de sofrê-lo de novo, e por maior que seja o esforço da sua imaginação, aqueles que o não sofreram jamais conceberão exatamente o que foi esse impacto. Hoje estamos habituados a distinguir entre as noções de pintura e de representação, mas isso devemo-lo ao cubismo, e todos os que se acharam expostos a ele numa idade em que os seus hábitos visuais lhes não permitiam distinguir entre uma e outra ainda se lembrarão do impacto que o cubismo representou. De resto, a noção tradicional de pintura permanecia intacta. O professor E. H. Gombrich poderia dizer simplesmente que se trata de um equilíbrio de formas e cores distribuídas sobre a superfície por pintar de modo a agradar aos olhos. Ao que poderíamos então justamente objetar que essa maneira nova de pintar não era agradável de ver. Objeção aliás irrefutável, invencível e que bastaria para resolver a questão. O ponto capital é precisamente que não se parou por aí, pois houve alguma coisa ainda mais surpreendente que o cubismo para os partidários da pintura tradicional: foi o seu sucesso. É necessário explicá-lo, portanto, ou seja, achar-lhe um sentido. Ora, mas só a linguagem pode ter um sentido, e toda linguagem se pode ler e escrever. Uma vez admitido, porém, que o sentido de uma pintura não está em si mesma, como pintura, só resta perguntar-se *How to Read a Painting*.

Nesse ponto, toda uma vida de familiaridade com a arte, suas teorias e sua história, não poderia proteger quem coloca tal questão do risco de se desviar. O que faz o grande erudito? Ele sabe ler. Profissionalmente, ele está habituado a procurar um sentido nas coisas e amiúde o encontra naquilo que lê. O sentido de um quadro deve, pois, resultar de uma leitura, e se os pintores se tornam incompreensíveis é talvez porque mudaram a própria escrita. Deve-se então reaprender a ler para voltar a compreender-lhes o sentido, ou, simplesmente, para compreendê-los.

O que fizeram os cubistas? Eles têm precedentes – entre outros o da poesia. Qual é a receita? Diz-nos o poeta de *Alice no País das Maravilhas*: "Escrever uma frase, cortar o final, misturar as partes e colocá-las na ordem que aparecerem; a ordem das frases não faz a mínima diferença". Durante muito tempo os pintores representaram as coisas tais e quais costumamos vê-las. Pintavam, digamos, em prosa, como Monsieur Jourdain, sem o saber. Para dizer "temperança", pintava-se uma dama despejando água no seu vinho. Era o tempo dos "emblemas" ou dos "atributos". A moda passou, sobretudo quando a fotografia permitiu a qualquer um que fizesse tal e qual. Os impressionistas inventaram um método. Colocou-se a sua competência em questão e declarou-se que não sabiam pintar, mas os artistas responderam: "Recuai um pouco, fechai um pouco os olhos, e então olhai". Foi o que se fez: o milagre se produziu e o público se deixou vencer. O público aprendera a ler a nova pintura, os pintores ganharam a partida.

Outra foi a estratégia dos cubistas, mas o espírito foi o mesmo. "Em vez de desenhar a imagem produzida por um cômodo negro, o artista superpõe e telescopia fragmentos de representações segundo uma ordem que lhe é própria" – eis o que se lê em Picasso, *Nature Morte*, 1911. Não basta mais ajustar a visão para encontrar o objeto em cima da mesa. Ele é como o fantasma do pai de Hamlet: "Ali, acolá, por toda a parte".

A fim de explicar esses quadros, há quem imagine que eles o introduzem numa ordem de realidade superior à atingida pela mera fotografia. Talvez Braque e

Picasso hajam sido inspirados por crenças místicas desse teor quando inventaram o seu estilo, "mas o continente que encontraram na sua viagem de descoberta não foi o país imaginário da quarta dimensão, senão a realidade fascinante da ambiguidade visual". Todo conjunto de cores e linhas pode-se interpretar de muitas maneiras diferentes. Como ler um quadro cubista? A receita é a mesma que para a poesia: "Pintai um objeto, cortai-lhe o final, misturai as partes e colocai-as na ordem que vierem surgindo; a ordem dessas partes não faz a mínima diferença".

Tal é, pois, a lição que se tira da revolução cubista. Seus autores exploraram o arquiconhecido (e já bem explorado) fenômeno da ambiguidade, inerente às aparências visuais. Em 1939, Pável Tchelitchev desenha um tronco de árvore que também pode ser uma mão ou um pé. É o olho do espectador que escolhe. Em 1955, M. C. Escher grava uma litografia intitulada *Côncavo e Convexo*, na qual, segundo se comece a lê-la do alto ou de baixo, as escadas e os arcos retrocedem, as personagens que subiam passam a descer, ou, numa palavra, tudo muda de sentido de acordo com a ordem que preside à leitura das linhas. Nada mais natural: "Lê-se um quadro como se lê uma linha impressa; colhemos letras ou índices que ajustamos até nos parecer ver sob os signos na página o sentido que recobrem. Assim como, ao ler, o olho não se desloca a uma velocidade constante ao longo das linhas, recolhendo o sentido letra por letra e palavra por palavra, assim também nós deslizamos o olhar sobre o quadro, buscando que ele nos instrua". Assim como os sinais de uma partitura permitem a um olho treinado que reconstrua a obra musical, nosso olho se acostuma a decifrar com um só olhar o que representam os quadros cubistas. As partes do violão se reencontram, o verticilo e as tarraxas do violino reencontram o cavalete e as cordas, as partes da lâmpada se reúnem e não há traço de um rosto, por mais disperso que esteja – nariz, olho, orelhas –, que não ache testa, bochecha e queixo para reconstituir um retrato.

Tal é o sentido da pintura cubista, e tal é a maneira de ler as obras do gênero. Quando se aprende a ver que a asa da direita pertence ao vaso da esquerda, e que esse por sua vez se encontra sobre o fragmento de mesa cujos pés horizontais se fixam num piso vertical, compreendeu-se o sentido da tela. Picasso, Braque e o delicioso Juan Gris absolutamente não perderam o seu tempo. A reforma cubista é uma versão erudita do jogo (tão caro às crianças) de decifrar figuras habilmente dissimuladas em certos desenhos.

Adultos, meus irmãos, sejamos honestos. Admitamos que esse jogo infantil ainda nos agrada: onde está o moleiro? Cadê o guarda florestal? Os prazeres simples são os melhores, mas é preciso ser muito erudito para assimilar o cubismo, e mesmo a arte abstrata, à decifração de um código secreto ou de uma página impressa com letras baralhadas. Que perigo para nós intelectuais! À força de ler e querer compreender, nós desaprendemos a ver e, num feliz abandono ao charme das aparências, consentir a olhar pelo prazer de ver.

VI. *O sentimental*

Eis aqui a erotomania imaginária, uma das mais difundidas precisamente porque, de todas elas, é a de mais fácil satisfação. A imaginação está cheia de vãos objetos do desejo, sempre cambiantes (mas às vezes estáveis) como as "encantadoras jovens" que tanto perseguiram Rousseau que ele teve de se livrar delas, encarnando-as nas heroínas da *A Nova Heloísa*. A Chateaubriand não faltaram amantes, mas as únicas a que permaneceu fiel foram as sílfides que povoavam a sua imaginação. A arte pode servir de afrodisíaco, seja para iluminar o desejo, seja para o entreter, seja inclusive para encher o espírito de vicariantes satisfações, pequenos ou grandes excessos cuja substância é feita de imagens e que, pela facilidade de satisfação que comportam, podem minar um caráter de maneira tão certa quanto a real prática do vício. O deleite moroso dos teólogos representa muito bem o perigo de que falamos.

Toda arte é uma ocasião de tal perigo. A música transmite à imaginação a intensidade do seu poder emotivo, que pode ser reforçado por diversos estimulantes, incluindo a droga. Lembro-me de ter ouvido a Laurent Tailhade, cujas confidências naquele dia foram solicitadas por Georges Dumas no interesse de seus alunos, que ninguém saberia jamais o que é o *Sansão e Dalila*, de Saint-Saëns antes de "ouvi-lo depois de uma dose de morfina". Um estágio além desse, cheio de desejo, foi a vez de *Tristão e Isolda*, de Wagner, saciá-lo. Mas encontraríamos exemplos ainda mais surpreendentes dessa aliança entre música e sexualidade, tão essencial aos poderes do som que a Igreja nunca parou de lutar contra a corrupção que sempre ameaça uma arte, como a música, de que tanto se valem todas as religiões. É a única desculpa que se pode imaginar para a horripilante fabricação de castrados em vista da música de igreja. Quem não conhece o poder de um só timbre de som de certas vozes femininas que, para usar uma expressão mais exata que vulgar, "tocam nas entranhas"? Era justa nesse ponto a opinião de Platão quando protestava contra o abuso de músicas que amolecem e debilitam, e os Pais da Igreja muitas vezes denunciaram esse perigo.

As artes representativas estão ainda mais expostas a esse risco. À medida que representam, a tentação de procurar na sensualidade do espectador um cúmplice sempre pronto a lhes dar o seu concurso é-lhes quase irresistível. Contrariamente ao que se costuma crer, ao que toca ao pintor, por exemplo, ele não se encontra em perigo. Pois a sua imaginação não se ocupa da beleza da mulher que pinta, mas sim de pintá-la, e não há nada mais prosaico do que misturar cores ou espalhá-las numa tela com a ajuda de pincéis. Supondo que tenha um modelo diante dos olhos, nada dessa carne passará para a superfície plana em que a sua arte pinta a imagem; ela pode, aliás, mover-lhe os instintos menos artísticos, de vez que é essencialmente estrangeira à sua arte. E isso continua verdadeiro até mesmo para o mais inevitável dos perigos do artista, que consiste em confundir a beleza natural do modelo com a da obra que tal modelo lhe inspira. Neste nível, aliás, o espectador está fatalmente perdido. O gênio diabólico de alguns pintores, desde os mestres da Renascença italiana, para fazer crer que as criaturas da sua arte não fazem mais que imitar docilmente certos modelos excepcionais da própria natureza é uma das fontes mais comuns de confusão entre a ordem da beleza natural e a da beleza artística. Com efeito, nos dois casos há beleza, e a da natureza nos pode emocionar tanto quanto a da arte; como não se deixar levar pelo artifício que reforça uma com a outra e as faz praticamente coincidir?

O espectador precisa ter um ascetismo estético verdadeiramente heroico para se defender desse artifício, pois, enfim, que mal há nisso, e se a ilusão é agradável, porque renunciar a ela? O robusto bom-senso do agricultor ianque, por exemplo, sabe se defender de tal embuste: *"There ain't no such women!"*, diz ele com toda a sobriedade. O cubismo e a pintura abstrata encontraram a resposta pictórica ao problema, e o pintor Ozenfant deu-lhe a fórmula perfeita: "Acima da arte de Eva", escreveu em *Art*, "há a arte de Apolo, em que Vênus nada tem a fazer", e, ainda mais imperialmente breve: "Cézanne deu-nos maçãs e peras que nada deviam a Eva". É verdade, mas, visto que somos homens, se se nos oferece uma maçã de Cézanne ou Eva, há muitas chances de que o nosso olhar se volte para a mãe de todos nós. Esse filistinismo não tem nada de erudito ou nobre, mas está muito enraizado em nossa própria natureza para que alguém se gabe de lhe ser imune. Ingres é um extraordinário exemplo dessa coincidência entre beleza da natureza e da arte. A comparação dos seus estudos de nu para *A Fonte* com a obra acabada faz-nos ver em quão pouco se esteia a imensa distância que separa uma da outra; somos desculpáveis por nos deixar enganar.

Um interessante exemplo de tal filistinismo por assim dizer inato encontramo-lo na pessoa e nos gostos de Stendhal. O caso é tão mais interessante de observar quanto mais o autor de *A Cartuxa de Parma* e *O Vermelho e o Negro* está certo de esmagar o seu crítico. Além disso, o fato é que, de início em Grenoble, depois no Louvre no ateliê de Regnault, o jovem Beyle praticou aquela arte do desenho pela qual sem dúvida censuraria a maioria dos que a exercem, ironicamente, à moda de Beyle. A circunstância de que a sua *Histoire de la Peinture en Italie* deva muito às suas experiências pessoais — o que foi amplamente demonstrado por Paul Hazard e Paul Arbelet — não lhe dá nenhum crédito suplementar. Feitas, porém, as contas, os erros de apreciação desculpáveis num Stendhal são-no ainda mais nos homens comuns. Convém que se diga que o seu caso parece feito para legitimar o pessimismo dos que se perguntam, dos milhares de visitantes dominicais que saem dos nossos museus, quantos realmente viram alguma pintura. Pode-se ainda perguntar se não seria possível ver e falar de pintura uma vida inteira sem ter a mínima ideia do que ela seja.

O autor da *Histoire de la Peinture en Italie* amava a pintura apaixonadamente, assim como amava a Itália com o mesmo amor — o qual, nele, era idêntico ao amor da mulher e do prazer com que ela sempre encanta a imaginação quando não pode dá-lo aos sentidos. Paul Arbelet notou com perspicácia que Stendhal "não se ocupa da cor" e que "não se deleita com combinações delicadas ou tons raros", o que nunca é bom sinal. O mais grave, porém, é que "Beyle negligencia a cor porque tem pouca significação para o coração ou para a inteligência"; seu único amor é a linha e, "na linha, o que exprime de humano, ou seja, para ele, o que é sensível e apaixonado". Numa palavra, a pintura o interessa antes de tudo por aquilo que tem de sentimental, e como para esse amigo dos ideólogos a sentimentalidade se confunde com a sensualidade, ele procurou e amou na pintura o que pudesse satisfazer a sua própria, e, a esse respeito, ele é de fato representativo. Chego a pensar que Beyle aceitaria de bom grado esse papel, já que se aceitava a si mesmo tal como era.

Sua sinceridade nesse ponto era tão contagiante que o seu historiador, perspicaz, mas com profunda simpatia pelo historiado, deixou-se contaminar por seu herói. Com efeito, no prefácio à sua edição da *Histoire de la Peinture en Italie*, Paul Arbelet observa que "um eterno apaixonado como Stendhal é também, sem que o saiba, um conhecedor". Ledo engano! Um eterno apaixonado, como Stendhal, passeia indiferente pelas ruas de Siena ou pelos canais de Veneza, já que a única beleza natural que os seus olhos retêm é a das mulheres, e a única beleza artística a de criaturas femininas que prometem aos seus olhos o que a natureza jamais cumprirá. Certamente que belos corpos nus são do seu agrado, belos rostos femininos o atordoam, e ele não precisa de mais para saber de antemão que uma pintura é bela. Precisa apenas que o tema dessa pintura seja uma Vênus ou mesmo uma qualquer Madona como, por exemplo, a de Guido, da qual se lê no seu *Journal d'Italie* que "se ela alçasse os olhos, qualquer um ficaria louco de amor". Eis aí o garotão de doze ou treze anos que, segundo o testemunho do mesmo historiador, descobriu a pintura e a beleza ao ver um quadro perdido no ateliê de M. Le Roy, seu primeiro professor de desenho. "Tratava-se de uma paisagem em que três mulheres nuas se banhavam num riacho." Ele não precisava de mais para que a pintura se tornasse aos seus olhos a inspiradora daquele gênero de emoção que Stendhal procurou a vida toda na poesia e na música tanto quanto na pintura: "uma mistura de sentimentos ternos e de voluptuosa doçura".

Muito longe de haver nascido um conhecedor sem o saber, na rota da arte e suas alegrias um homem desse feitio está sempre às turras com um obstáculo tanto mais difícil de contornar quanto mais congênita a sua incapacidade de sequer suspeitar da sua presença. Essa mistura fatal de devassidão e pintura se exprime maravilhosamente na mensagem secreta que ele se crê encarregado de transmitir aos *happy few*, entendendo essa expressão, em 1817, como "aquela parte do público com menos de trinta e cinco anos, mais de cem luíses de renda, e menos de vinte mil francos". A felicidade que lhes deseja, no caso de serem artistas, é saber unir, como fizeram tantas vezes os grandes pintores, "o objeto da sua paixão com o triunfo do seu talento". Para Rafael, foi sem dúvida uma felicidade pintar "sua sublime Santa Cecília", mas uma não menor o pintá-la "com Fornarina como modelo". Para nós, que temos apenas as obras, resta aprender a realçar o prazer que elas nos dão associando-o a estoutro prazer de lhes invejar os modelos.

Não se trata aqui de invocar Stendhal para julgá-lo, mas de interrogá-lo para melhor nos conhecer a nós mesmos, já que, sendo homem, ele é também um de nós. Estaríamos muito enganados se o estimássemos sem qualquer sensibilidade verdadeira para a pintura. Ele é seduzido por aqueles quadros de Correggio que "agradam à vista tão logo pousa neles"; vistos de longe, na galeria de Dresden, "eles agradam independentemente do objeto que representam, eles atraem o olho por uma espécie de instinto"; como o espetáculo de belas noites de verão, que nos fazem sonhar, "eles são quase música". Com efeito, "Correggio aproximou a pintura da música", mas, justamente, o prazer físico que essa última proporciona está nela mesma, e se a pintura proporcionasse o mesmo prazer seria uma arte diferente da que é. Eis, no fundo, por que Stendhal não se dá conta de atingir a própria essência da pintura quando a música de Correggio passeia nos seus olhos.

Ademais, nosso Stendhal se mete a sonhar. Poder-se-ia, por acaso, juntar algum prazer físico àquele que, segundo ele mesmo, a pintura não tem? Sim, mas então "esse prazer estaria ao lado, não no interior da pintura". É pensando nisso que Stendhal escreve com profundo pesar a frase em que o seu gosto se exprime com uma simplicidade e uma perfeição insuperáveis: "A amantíssima amada que possuísse a *Madonna della Seggiola*, de Rafael, ou a *Noite de Dresden*, só permitiria que o seu amante visse esses quadros na sua presença, e naqueles momentos felizes em que uma sensibilidade profunda e viva se apodera de toda a nossa alma".

Muitas vezes me pergunto por que Stendhal odiava tanto os burgueses, os de Grenoble ou de alhures. Pois se se tomar a palavra no sentido que ele mesmo costuma lhe dar, nosso historiador da pintura italiana se parece muito mais com eles do que sequer imagina. Como a burguesa, sua imaginação não espera da pintura senão que jorre "esse misto de ternura e volúpia, sem nenhuma ideia dura ou triste, mas aquelas que nos obrigam a fruir esta vida tão curta". Não se poderia pensar menos em pintura tendo visto tantos quadros como ele viu.

VII. O meditativo

"Além do mais, falta à música certa civilidade, de modo que, sobretudo mercê da natureza dos seus instrumentos, o seu raio de ação é maior do que se deseja (na vizinhança), e então como que se mete na liberdade dos outros que não pertencem à sociedade musical, e incomoda; o que as artes que falam aos olhos não fazem jamais, de vez que, quando não queremos sofrer a impressão que nos causam, basta que lhes tiremos os olhos. O caso aqui é quase como o deleite de um perfume que se alastra. Quem tira da algibeira o seu lenço perfumado regala a todos à sua volta contra a vontade geral, e os obriga a fruir de tal perfume quando respiram; eis por que esse costume saiu de moda."[3]

In: KANT, Crítica do Juízo, § 53.

VIII. Acadêmicos

A academia francesa dá o tom. Escutemos Voltaire poeta épico; o começo e o fim de *La Henriade* bastarão para ilustrar como o seu autor concebia a poesia.

> Eu canto o herói, aquele que na França
> Reinou, já por direito de conquista,
> Já por lei, e razão de nascimento,[4]
> Que dos próprios trabalhos aprendera
> A governar, e bem que perseguido,

---

[3] Nota de Kant: "Aqueles que, pelos cultos domésticos, recomendam o *Cântico dos Cânticos*, não pensam no incômodo que causam ao público com algo que é ademais barulhento (sem contar o seu farisaísmo), obrigando assim os vizinhos a ouvi-los ou a interromper sua meditação".

[4] N.B.: Notem que o segundo e o terceiro versos, segundo os editores, são um empréstimo ao poema do abade Cassagne, *Henri le Grand, au Roi*, Paris, 1661. O verso era muito prosaico, de modo que foi impossível lhe resistir.

O perdão soube unir sempre às vitórias,
Confundiu a Mayenne, a Liga, o Ibero,
E foi senhor e pai dos seus vassalos.
[...] Com frouxa mão Valois sustinha as rédeas
Do Estado flutuante; as leis sem força
Se viam, os direitos confundidos,
Ou diga-se antes que ele não reinava;
Não era mais o príncipe glorioso,
Nos combates instruído desde a infância,
Que a Europa respeitou pelas vitórias,
E que a Pátria livrou de opressões tantas:
Valois, de quem do norte os povos vendo,
E admirando as ínclitas virtudes,
A seus pés ofertavam os diademas;
Tanto brilhou no emprego menos digno,
Como então se eclipsou no mais excelso:
De intrépido guerreiro ele se torna
Um rei fraco: no trono adormecido,
E entranhado no seio da moleza,
Da coroa o peso, como que o oprimia.
Queluz e d'Épernon, Saint-Mégrin, Joyeuse,
Mancebos voluptuosos, que reinavam
Debaixo do seu nome, corruptores
Políticos de um rei efeminado,
Só cuidavam no luxo, e nos prazeres,
Precipitar seus lânguidos letargos.
[...] Desde então se admirou feliz, glorioso,
Um reinado, que tendo o seu princípio
Tão tarde, tão depressa teve o termo:
O espanhol assustou-se; justamente
Roma já mitigada, não duvida
Adotar a Bourbon; Roma se há visto
Dele amar-se. A discórdia tornou logo
A entrar na noite eterna; enfim Mayenne
A um rei reconhecer foi reduzido;
E já mudado em tudo, submetendo
Seu coração fiel, suas províncias,
Do mais justo dos príncipes foi ele
O vassalo melhor, que a França vira.

(Tradução de Tomás de Aquino Belo e Freitas,
publicada na cidade do Porto em 1789)[5]

---

[5] Os exemplos que seguem, à falta de uma tradução portuguesa que lhes ressalte o aspecto poético, virão no original francês, acompanhados de tradução vernácula em prosa. (N. T.)

Passemos ao século XIX; segue um excerto do Roman de Jeanne, poema de François Coppée lido pelo mesmo autor, membro da Academia Francesa, na sessão pública anual das cinco academias, aos 25 de outubro de 1886.

> *Elle s'appelait Jeanne; elle avait dix-huit ans.*
> *Son père n'était plus, et, depuis quelque temps,*
> *Elle logeait avec sa mère, aveugle presque,*
> *Dans une vieille rue encore pittoresque,*
> *Tout au bout du pays latin, dans le quartier*
> *De l'étudiant pauvre et du petit rentier,*
> *Entre le Panthéon et le Jardin des Plantes.*
> *Là, les heures du jour passent, calmes et lentes.*
> *C'est la province, avec son charme habituel,*
> *Mais avec un accent plus intellectuel;*
> *Là, souvent, le flâneur à la main porte un livre.*
> *C'est le dernier endroit où le rêveur peut vivre*
> *Dans ce Paris tout neuf, qui tourne au Chicago.*
> *Quel silence ! Le pas éveille encor l'écho.*
> *Je sais par là des coins pleins de mélancolie*
> *Où persiste l'ancien réverbère à poulie;*
> *Et, dans une ruelle où j'ai souvent erré,*
> *Par une porte, on voit un jardin de curé*
> *Au fond duquel se dresse, entouré de feuillages,*
> *Napoléon premier, fait tout en coquillages.*

[Jeanne era seu nome; ela tinha 18 anos.
Seu pai, falecido, e há algum tempo
Morava com sua mãe, que era quase cega,
Numa rua velha, mas charmosa,
Nos confins de um lugarejo latino, no alojamento
De estudantes de pouca renda,
Entre o Panthéon e o Jardin des Plantes.
Lá, as horas passavam calmas, devagar.
É a província com seu charme habitual,
Mas com um ar mais intelectual.
Lá, às vezes, o ocioso leva um livro.
Eis o último lugar para um sonhador:
Nesta Paris moderna, que mais lembra Chicago.
Como é silencioso! Dos passos ainda se ouvem ecos.
De lá eu conheço cantos muito tristes
Onde persiste o reverberar de alguma máquina;
E, numa rua, por onde algumas vezes errei,
Por uma porta, vê-se um jardim de paróquia,
Ao fundo do qual, em meio a folhagens,
Napoleão I, todo feito de conchas.]

O que os músicos do Instituto aguardaram por tanto tempo da parte do artista não poderia ser mais bem expresso que por umas quantas linhas tomadas de empréstimo ao *Relatório sobre as Remessas de Roma à Academia de Belas-Artes pelo Jovem Compositor Charles Gounod em 1841*:

"Seu trabalho denota um certo sistema, uma espécie de decisão de sacrificar mesmo as mais essenciais regras da composição ao desejo de conseguir certos efeitos. Eis aí um propósito que a Academia não poderia aprovar; pois o que amiúde se dá é que, seguindo-o, violam-se as regras da arte, o que é sempre uma falta, e se fica sem os efeitos, que são o pretexto dessa causa, e mal poderiam ser-lhe a desculpa."

Agora, os versos falarão por si mesmos.

Em 1839, o jovem Gounod ganhara o primeiro grande prêmio de composição com uma cantata composta sobre um texto anônimo intitulado *Fernand*, cena lírica; a cena se passa em Granada na noite de 2 de janeiro de 1492, a véspera da tomada da cidade. Eis um exemplo:

> Recitativo (Fernand):
> *La nuit a déployé ses voiles;*
> *Sur Grenade et sur ses remparts*
> *Déja tombe de toutes parts*
> *L'obscure clarté des étoiles.*
> *Nuit glorieuse et que suivra*
> *Un jour plus glorieux encore!*
> *Demain, quand renaîtra l'aurore*
> *Entre nos mains Grenade tombera.*
> *Grenade aux palais d'or, à la verte campagne,*
> *Grenade la perle d'Espagne*
> *Qu'au sceptre de nos rois la gloire attachera.*
> *Et moi, prenant demain ma part de la conquête,*
> *J'enlèverai Zelmire aux enfants du Prophète*
> *Et Zelmire m'appartiendra.* [...]
>
> Recitativo:
> *On approche, ce sont mes compagnons fidèles*
> *Qui perçant de la nuit le silence jaloux,*
> *Sur ces remparts veillent autour de nous.*
> *Sentinelles,*
> *Prenez garde à vous!*
>
> [A noite depõe seus véus.
> Sobre Granada e suas muralhas

>   caiu de todas as partes
>   a escura claridade das estrelas.
>   Noite gloriosa à qual se seguirá
>   um dia ainda mais glorioso!
>   Amanhã, quando renascer a aurora,
>   diante de nós Granada perecerá.
> Granada dos palácios de ouro, na verde campanha,
>   Granada a pérola de Espanha
> cuja glória estará no cetro de nosso rei.
> E eu, amanhã, tomando minha parte na conquista,
> erguerei Zelmire aos filhos do Profeta
>   e Zelmire me libertará.[...]
> eis que se aproximam meus companheiros fiéis
> que perturbam o silêncio ciumento da noite,
> e que olham por nós sobre essas muralhas.
>   Sentinelas,
> assumi a guarda!]

Da cantata de 1840, *Loyse de Montfort*, texto de Émile Deschamps:

> *Malheur! Malheur! C'est la fanfarre*
>   *De Henri de Navarre!*

> [Que tristeza ! Que tristeza ! É a fanfarra
>   De Henrique de Navarra!]

Da cantata de 1843, *Le Chevalier Enchanté*, de um membro da Academia de Belas-Artes:

(Juntos)

| Yseult:
Mon ami je t'implore,
Tristan écoute-moi;
Ma voix t'appelle encore,
Tristan reveille-toi. | Gauvain:
Merlin, je t'en supplie
Écoute, sois clement
Vois comme elle est jolie,
Et rends-lui son amant. |

[(Juntos)

| Isolda:
Meu amigo, eu te imploro,
Escuta-me, Tristão;
Minha voz ainda te chama,
Desperta, Tristão! | Gauvain:
Merlin, eu te suplico,
Escutai-me, sede clemente,
Vede como é bela,
Trazei seu amante de volta.] |

Da cantata de 1882, *Edith*, cena lírica, de M. Guinand:

(Le Moine, s'arretant)
La tâche est au-dessus de toute force humaine!...
La lune, en grandissant dans sa pâle clarté,
De fantômes tremblants semble couvrir la plaine...
L'esprit s'égare, épouvanté!...
Je ne suis plus poursuivre une recherche vaine...
J'ai, pour trouver son corps,
Troublé bien des sommeils, ouvert bien armures.
Inutiles efforts!...
Les noms de ces illustres morts
Sont à jamais perdus au fond de leur blessures.

[(O monge, que para)
A tarefa está acima de toda força humana!...
A lua, aumentando seu brilho pálido,
parece cobrir o chão de fantasmas trêmulos...
O espírito se perde, apavorado!...
Eu não mais procuro em vão...
Eu, para encontrar seu corpo,
Um corpo inanimado, abro ao máximo a armadura.
Debalde!...
Os nomes destes mortos ilustres
Jamais se perdem no fundo de suas feridas.]

IX. *Homenagem ao patriarca*

a. "Na poesia dá-se o mesmo que na pintura, e as suas imitações da natureza nos tocam somente na medida em que a coisa imitada nos cause impressão, caso a vejamos realmente. Uma anedota em verso cujo tema não fosse agradável em si mesmo não faria ninguém rir, por mais bem versificado que pudesse ser. Quando uma sátira não ilumina alguma verdade da qual o leitor já tivesse uma qualquer noção, por mais confusa que fosse, e quando não contém máximas dignas de figurarem como provérbios, por causa da grandeza do sentido que condensam, o máximo que se pode fazer é louvar-lhe a correção da escrita; mas dela não se retém nada de útil, donde a pouca vontade de elogiá-la ou relê-la... Um poeta dramático que coloque suas personagens em situações pouco interessantes não há de comover o espectador, ainda que esse último conheça de antemão as personagens. Como é que a cópia há de tocar, se o mesmo original não toca em nada?"

In: Du Bos, *Refléxions Critiques sur la Poésie et la Peinture*, 7ème édition, tome I, p. 56-57.

b. "Há dois tipos de verossimilhança em pintura, a verossimilhança poética e a verossimilhança mecânica. Essa última consiste em não representar nada que não seja possível, segundo as leis da estática, da mecânica e da óptica. Esse tipo de verossimilhança consiste, pois, em não tratar a luz diferentemente do que ela se comporta na natureza: por exemplo, em não iluminar aqueles corpos que outros corpos interpostos a impeçam de iluminar. Consiste também em não mudar sensivelmente a proporção natural dos corpos; e não lhes dar mais força que a que verossimilmente lhes possa caber.

A verossimilhança poética consiste em dar às personagens as paixões que lhes convêm, segundo a idade, a dignidade e o temperamento que eventualmente possuam, e o seu interesse nas ações. Consiste também em observar aquilo que os italianos chamam de "Il costume", isto é, em conformar-se com o que se sabe a respeito dos modos, hábitos, edifícios e armas particulares de cada povo que se quer representar. A verossimilhança poética consiste, enfim, em atribuir às personagens de um quadro os seus conhecidos rosto e o caráter (se é que o têm), quer sejam tomados de empréstimo ou imaginados."

Op. cit., p. 267-269.

c. "Muito pelo contrário: nada é mais fácil ao pintor inteligente do que nos mostrar a idade, o temperamento, o sexo, a profissão e mesmo a nacionalidade das suas personagens, servindo-se dos trajos, da cor da pele, da barba e dos cabelos; do seu comprimento e da sua espessura, da sua disposição natural, e da postura do corpo, da atitude, do rosto, da fisionomia, do brilho, do movimento e da cor dos olhos, e de muitas outras coisas tornam o caráter de uma personagem reconhecível. A natureza incutiu-nos um instinto para que discerníssemos o caráter dos homens, mais rápido e mais penetrante que nossas reflexões sobre os índices e signos sensíveis desses caracteres. Ora, a diversidade dessa expressão imita maravilhosamente a natureza, a qual, a despeito da sua uniformidade, está sempre marcada em cada um de algo particular. Onde não se encontra a diversidade, não se encontra mais a natureza — mas antes a arte. O quadro no qual muitos rostos e expressões são os mesmos jamais seguiu a natureza."

Op. cit., p. 96-97.

d. "É preciso que creiamos ver, digamos assim, só de escutar os versos. *Ut pictura poiesis*, diz Horácio."

Op. cit., p. 294.

e. "*Pictoribus atque poetis / quidlibet audiendi semper fuit aequa potestas.*[6] Digo que essa licença dada a pintores e poetas o é precisamente, nas palavras do próprio Horácio, *sed non ut placidis coeant inmitia*.[7] Ou seja, tal licença não chega a ponto de permitir que se incluam num mesmo quadro coisas incompatíveis, como a chegada de Maria de Médici a Marselha, com tritões fazendo soar as suas conchas no porto de chegada, quando muito bem suporíamos um *lieu pitoresque*, assim como Corneille queria-nos fazer supor um *lieu théatral*. Se Rubens precisasse de figuras nuas para valorizar os seus desenhos e o seu colorido, poderia introduzir uns miseráveis que ajudassem no desembarque, colocando-os na atitude que melhor lhe parecesse."

Op. cit., p. 198.

Enfim, o abbé Du Bos, espírito erudito e homem de grande fineza e de gosto, aqui comparece precisamente para nos lembrar que, se algum filistinismo nos acomete a todos, nenhum de nós se pode totalmente definir como filisteu.

---

[6] "Sempre esteve no poder de pintores e poetas ousar o que bem entendessem." (N. T.)

[7] "Para que seres indóceis não convivam com os dóceis." (N. T.)

ÍNDICE ONOMÁSTICO

Aristóteles, 13, 26, 63, 67, 71, 82, 83, 85, 86, 87, 88, 98, 107, 111, 117, 120, 128, 129, 130, 140, 144, 145, 160, 165, 185, 200
Avicena, 101
Bacon, 99
Beda, 158
Bergson, 112, 113, 115, 129, 130
Bernini, 118
Boileau, 34, 63, 64, 67, 167
Chesterton, 89
Cícero, 40, 42, 63
Comte, 106
Coppée, 217
Danjon, 217
Dante, 100, 159, 163
Debussy, 78
Descartes, 32, 91, 99, 169
Diderot, 196, 206
Du Bos, 36, 41, 222
Eckermann, 185, 186, 187
Einstein, 101
Espinosa, 79, 132, 146
Ficino, 128, 129
Focillon, 109
Gombrich, 206, 207
Gounod, 60, 218
Haydn, 82, 159, 163
Hegel, 131, 139
Ingres, 49, 72, 180, 212
Kant, 23, 24, 79, 100, 215
Lamennais, 166
Leibniz, 91, 111, 133, 139, 146, 167, 175
Leonardo da Vinci, 15, 61, 98, 101, 130
Madame de Staël, 136, 198
Malebranche, 32
Mallarmé, 22, 119, 143, 153, 169, 171
Max Jacob, 76
Meyerson, 91
Mozart, 25, 43, 81, 113, 114, 159, 163
Nietzsche, 127, 134, 135, 136, 138, 143
Parmênides, 131, 132
Picasso, 208, 209
Platão, 13, 18, 26, 72, 79, 91, 127, 128, 129, 130, 132, 133, 134, 135, 140, 141, 142, 144, 145, 160, 200, 211
Plotino, 26, 39, 145
Poe, 127, 167, 168, 171
Ravaisson, 129, 130
Rodin, 78, 79
Santo Agostinho, 28, 40, 57, 145, 196
Scarron, 176
Schelling, 136
Schérer, 196, 198
Schiller, 136, 198
Schopenhauer, 71, 129
Schumann, 54, 55, 189
Séailles, 79
Sócrates, 13, 18, 98, 135
Stendhal, 46, 47, 52, 79, 212, 213, 214
Taine, 23, 56, 106, 201
Valéry, 76, 90, 97, 98, 101, 104, 110, 119, 163, 166, 168, 169, 170, 171
Vasari, 61
Veronese, 154, 157
Voltaire, 57, 58, 215
Wagner, 22, 52, 57, 111, 113, 119, 136, 210
Whitehead, 65
Widor, 60

Para saber mais sobre estética, leia também:

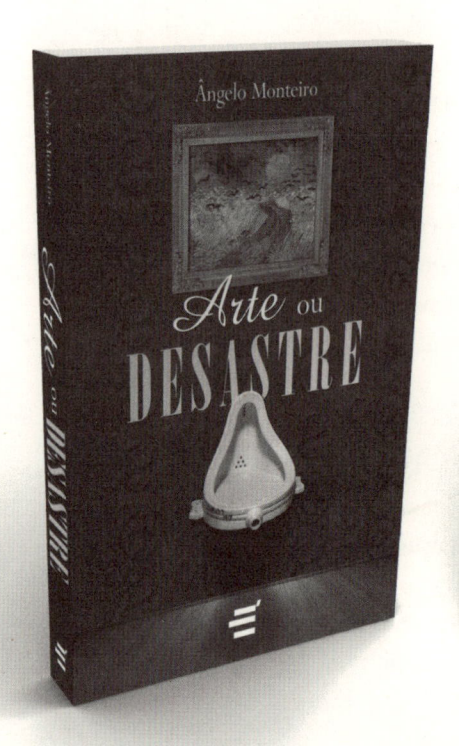

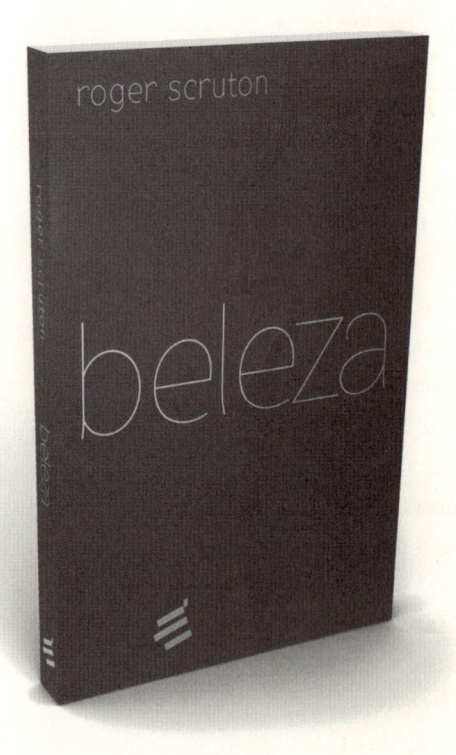

Em *Arte ou Desastre*, o poeta e filósofo Ângelo Monteiro analisa as telas vazias do pós-moderno e denuncia o vazio espiritual que daí decorre. O livro surge de uma invocação dos grandes autores em defesa do Bem, do Belo e do Verdadeiro. O autor tem uma visão bastante negativa da chamada arte pós-moderna e explica por quê.

Roger Scruton nos convida aqui a refletir a respeito da beleza e do lugar que ela ocupa em nossas vidas. Sua abordagem não é histórica nem psicológica, mas filosófica, levantando questões a respeito da subjetividade da beleza, dos critérios para julgar uma obra de arte, da existência de um fundamento racional para o gosto, da relação entre tradição, técnica e gosto, entre outras.

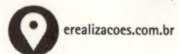

facebook.com/erealizacoeseditora   twitter.com/erealizacoes   instagram.com/erealizacoes   youtube.com/editorae

issuu.com/editora_e   erealizacoes.com.br   atendimento@erealizacoes.com.br